मीडिया लेखन

मीडिया लेखन

सुमित मोहन

वाणी प्रकाशन

वाणी प्रकाशन

4695, 21-ए, दरियागंज, नयी दिल्ली 110 002

फ़ोन : +91 11 23273167 फ़ैक्स : +91 11 23275710

शाखाएँ

अशोक राजपथ, पटना 800 004, बिहार

कॉफ़ी हाउस कैम्पस, महात्मा गांधी मार्ग, इलाहाबाद 211 001, उत्तर प्रदेश

महात्मा गांधी अन्तरराष्ट्रीय हिन्दी विश्वविद्यालय, वर्धा 442 001, महाराष्ट्र

www.vaniprakashan.com
marketing@vaniprakashan.in
sales@vaniprakashan.in

Media Lekhan
by Sumit Mohan

ISBN : 978-81-8143-331-2
Media

संस्करण 2005, 2007, 2013, 2018
पाँचवाँ संस्करण 2022

मूल्य : ₹ 395

आर.के. ऑफ़सेट, शाहदरा, दिल्ली-110 032 में मुद्रित

वाणी प्रकाशन का लोगो मक़बूल फ़िदा हुसेन की कूची से

पापा

प्रो. हरिमोहन

और

मम्मी

डॉ. आशा मोहन को

आदर सहित,

जिन्होंने मुझे

साहित्य के संस्कार दिए।

मेरी अपनी बात

नव संचार माध्यमों ने संचार की दुनिया में एक क्रांति उपस्थित कर दी है। नई प्रौद्योगिकी के साथ भाषा में भी बदलाव दिखाई दे रहा है। विशेष रूप से हिंदी भाषा का स्वरूप बदला है। हिंदी के क्षेत्र में विस्तार हुआ है। जो भाषा प्रौद्योगिकी के साथ-साथ नहीं चलेगी, उसका विकास भी नहीं होगा। वह भाषा तो पिछड़ेगी ही, उसका समाज भी पिछड़ जाएगा। ऐसे में मुझे यह आवश्यक प्रतीत हुआ कि प्रयोजनमूलक हिंदी के इस व्यावहारिक पक्ष का मूल्यांकन किया जाए। मीडिया लेखन के सिद्धांतों के संदर्भ में हिंदी के प्रयोग की दिशाओं का अध्ययन किया जाए। यह पुस्तक इस दिशा में एक विनम्र प्रयास है।

कुछ समय से मैं एक टेलीविजन चैनल से रिपोर्टर के रूप में जुड़ा हुआ हूँ। इसलिए मुझे हिंदी भाषा के इस नए प्रयोग क्षेत्र के साथ निकट से जुड़ने का अवसर मिला है। मल्टीमीडिया में कई चीजों का अध्ययन करते हुए भी मुझे हिंदी भाषा में नए प्रयोगों की संभावनाएँ दिखाई दी थीं। कुल मिलाकर हिंदी के लिए यह शुभ लक्षण है। मुझे विश्वास है कि इस विषय में रुचि रखने वाले पाठकों को मेरा यह प्रयास पसंद आएगा। यही मेरे इस प्रथम प्रयास की सार्थकता होगी।

इस अवसर पर मैं अपनी गुरु डॉ. मधुरिमा शर्मा जी, मून टेलीविज़न नेटवर्क के निदेशक श्री राहुल पालीवाल, सी. ई. ओ. श्री राजेश दीक्षित तथा मनोज सक्सेना एवं मनीष गुप्ता और अन्य सहयोगी मित्रों को धन्यवाद देता हूँ, जिन्होंने मुझे सदैव अपना सहयोग प्रदान किया तथा मुझे प्रोत्साहित किया।

इसी क्रम में मैं अपने मित्रवत् अग्रज पंकज शर्मा का आभारी हूँ, जिन्होंने मुझे सामग्री-संकलन में अपना अमूल्य सहयोग प्रदान किया। अपने आत्मीय अनुज अमित मोहन के लिए मेरे पास स्नेह-आशीष के अतिरिक्त और क्या है, जिसने मुझे सदैव प्रोत्साहित किया है।

सहृदय पाठकों के रचनात्मक सुझावों का स्वागत है।

पी-1 गोपाल कुंज
बाग़ मुजफ़्फ़र ख़ाँ, आगरा–282002

सुमित मोहन

विषय-सूची

1

जनसंचार : प्रौद्योगिकी एवं चुनौतियाँ

भूमिका

'जनसंचार' (Mass-communication) व्यापक अवधारणा है। आज के युग में तो यह एक प्रभावशाली प्रौद्योगिकी बनकर उभरी है। इस प्रौद्योगिकी ने हमारी समूची दुनिया को ही बदलकर रख दिया है। लेकिन 'जनसंचार' का मूल 'संचार' है। हम जानते हैं और अच्छी तरह अनुभव करते हैं कि 'संचार' जीवन के लिए बहुत आवश्यक है। इसके बिना हम रह नहीं सकते। हर आदमी अपनी जाग्रतावस्था में लगभग 70 प्रतिशत हिस्सा 'संचार' करने में, अर्थात् बोलने, सुनने, सोचने, देखने, पढ़ने, लिखने या विचार-विमर्श में लगाता है। इसलिए यदि हम यह कहें कि 'संचार' जीवन का पर्याय है, तो अतिशयोक्ति नहीं होगी। यानी, जीवन का दूसरा नाम है 'संचार-संलग्नता', और मृत्यु का नाम है 'संचार-शून्यता'। सूचना के आदान-प्रदान, निर्देशन, मनोरंजन, विश्वास अर्जित करने, विचार-विमर्श, संस्कृति को बढ़ावा देने, भावात्मक एकता बढ़ाने आदि के कार्य 'संचार' से ही संभव हो पाते हैं।

लेकिन 'संचार' की भी कुछ सीमाएँ हैं। ऐसे कई कारण हैं, जो स्पष्ट और निर्बाध संचार में बाधक होते हैं। ऐसे कारकों को हम मनोवैज्ञानिक, यांत्रिक, अर्थवाची, भौतिक, भाषायी तथा सांस्कृतिक आदि वर्गों में रख सकते हैं। 'संचार' और 'जनसंचार' तथा 'प्रौद्योगिकी' के स्वरूप को जानने-समझने पर ये सारी बातें स्पष्ट हो सकेंगी। अतः हम इसी ओर क्रमशः अग्रसर होंगे।

संचार क्या है?

'संचार' का सामान्य अर्थ है—किसी सूचना या जानकारी को दूसरों तक पहुँचाना। लेकिन आज 'संचार' एक तकनीकी शब्द बन चुका है; जो अंग्रेजी के 'कम्यूनिकेशन' (Communication) का हिंदी रूपांतर है। इस शब्द का प्रयोग *'किसी बात को आगे बढ़ाना, चलाना या फैलाना'* के अर्थ में किया जाता है। जब हम 'संचार' शब्द का प्रयोग 'कम्यूनिकेशन' के विशिष्ट अर्थ में करते हैं, तब यह एक पारिभाषिक शब्द

बन जाता है। इस स्थिति में 'संचार' के स्वरूप को समझने के लिए हमें अंग्रेजी के 'कम्यूनिकेशन' शब्द का अर्थ जानना होगा।

'संचार' को अंग्रेजी में 'कम्यूनिकेशन' (Communication) कहा जाता है। यह 'कम्यूनिकेशन' शब्द लैटिन भाषा के 'कम्युनिस' (Communis) से बना है, जिसका अर्थ है–to make common, to share, to import, to transmit अर्थात् सामान्य भागीदारी युक्त सूचना एवं उसका संप्रेषण।

'कोलंबिया एन्साइक्लोपीडिया ऑफ कम्यूनिकेशन' में 'कम्यूनिकेशन' शब्द को इस प्रकार परिभाषित किया गया है–''विचारों एवं संदेशों के आदान-प्रदान को 'संचार' कहते हैं, जो चीजों और व्यक्तियों की ढुलाई या परिवहन से अलग है।''

रॉबर्ट एंडरसन ने 'कम्यूनिकेशन' की बहुत ही सरल, सीधी और उपयुक्त परिभाषा दी है। *एंडरसन* के अनुसार, ''वाणी, लेखन या संकेतों के द्वारा विचारों, अभिमतों अथवा सूचना का विनिमय करना 'संचार' कहलाता है।''

व्याकरण की दृष्टि से विचार करें तो 'संचारण' क्रिया से 'संचार' संज्ञा बनेगी। और हम कहेंगे कि–'सचार' के अंतर्गत अनुभवों, विचारों, संदेशों, धारणाओं, दृष्टिकोण, अभिमतों, सूचना, ज्ञान आदि बातों का आदान-प्रदान निहित है।

इस प्रकार 'संचार' वह प्रक्रिया है, जो कि समाज में एक-दूसरे से संबद्ध एवं उद्देश्यपूर्ण है। यह सामाजिक संगठन का आधार भी है। इस संदर्भ में हमें तीन बातों की ओर ध्यान देना चाहिए :

1. यह आदान-प्रदान या सूचना-प्रेषण मौखिक हो सकता है, लिखित हो सकता है अथवा संकेतों के द्वारा हो सकता है। लेकिन जिस रूप में भी क्यों न हो, उसे एक 'अर्थपूर्ण संदेश' (meaningful message) होना चाहिए। बिना 'अर्थ' के कोई भी संदेश 'व्यर्थ' है।
2. इस आदान-प्रदान या सूचना-प्रेषण की प्रक्रिया हमें देखने-सुनने में सरल लग सकती है, किंतु वास्तव में सरल नहीं हुआ करती। यह एक जटिल प्रक्रिया होती है। इसमें हमारे वाक् अवयवों से लेकर अनेक प्रकार की मशीनों का प्रयोग किया जाता है।
3. हमारे द्वारा भेजे गए 'अर्थपूर्ण संदेशों' का प्रभाव दूसरे लोगों पर होना चाहिए। वे कुछ प्रतिक्रिया दें, उनमें कुछ बदलाव आए, उनके और हमारे बीच एक सामान्यता (Commonness), साझेदारी या समझ बने; यह भी आवश्यक है।

इस विचार से हम 'संचार' की एक संक्षिप्त परिभाषा देना चाहें तो कह सकते हैं कि, *''संचार एक जटिल प्रक्रिया का परिणाम है, जिसके द्वारा एक व्यक्ति से दूसरे व्यक्ति के बीच 'अर्थपूर्ण संदेशों' (meaningful messages) का आदान-प्रदान किया जाता है। ये अर्थपूर्ण संदेश 'संदेश भेजने वाले' और 'संदेश पाने वालों' के बीच*

एक सामान्यता, समझदारी या साझेदारी बनाते हैं।"

इस प्रकार हम देखते हैं कि 'संचार' से अर्थपूर्ण संदेश या सूचना एक व्यक्ति से दूसरे व्यक्ति तक या एक व्यक्ति-समूह से पूरे समाज तक पहुँचती है। इस प्रक्रिया से विचारों का आदान-प्रदान होता है। अर्थात् संचार-प्रक्रिया में स्रोत और श्रोता के मध्य सूचना या संदेश का संप्रेषण होता है।

यह सब हम किसलिए करते हैं? इस प्रश्न का उत्तर हमें मिलेगा 'संचार' के कार्यों को समझने के बाद।

तो आइए हम समझें कि 'संचार' के मुख्य रूप से क्या-क्या कार्य हैं।

'संचार' के कार्य

'संचार' के कार्यों के मूल में छिपा है हमारा उद्देश्य। यों तो हम समाज में रहते हुए स्थिति और आवश्यकतानुसार परस्पर 'संचार' करते हैं। हमारी आवश्यकताएँ असीमित हैं। इसलिए संचार के उद्देश्य भी असीमित हैं। लेकिन हम प्रायः निम्नलिखित उद्देश्यों की पूर्ति के लिए संचार का सहारा लेते हैं :

1. जब हमें किसी को कोई जानकारी या सूचना देनी हो। या हमें किसी से कोई जानकारी लेनी हो। जैसे—पत्र लिखना, टेलीफोन पर बातचीत करना, समाचारपत्र-पत्रिकाएँ पढ़ना, समाचार सुनना या देखना आदि।
2. जब हमें अपने विचारों, मतों या अवधारणाओं को दूसरों तक पहुँचाना हो।
3. जब हमें किसी को अपने विश्वास में लेना हो।
4. जब हमें किसी से प्यार करना हो, घृणा करनी हो, किसी पर क्रोध करना हो या किसी को समझाना हो।
5. जब हमें मनोरंजन करना हो। जैसे—फिल्म देखना, रेडियो सुनना, टेलीविजन के कार्यक्रम देखना आदि।
6. जब हमें अपनी भावनाओं को या संवेगों को ध्वनियों, शब्दों, चित्रों या संकेतों के माध्यम से अधिक से अधिक लोगों तक पहुँचाना हो।
7. जब हमें अपनी भावनाओं या विचारों को औरों की तुलना में श्रेष्ठ सिद्ध करना हो।

कहने का अर्थ यह है कि संचार के बिना हमारे जीवन में कुछ भी आगे नहीं बढ़ता। हमारी गति-प्रगति का मूल आधार ही संचार है। 'संचार' ने हमारे जीवन को बहुत ही सुविधाजनक और तेज बना दिया है। हमें दुनिया में जहाँ-जहाँ भी परिवर्तन दिखाई देता है, समझ लो वहाँ 'संचार' मौजूद है। इसलिए संचार के बिना हमारे जीवन और समाज की कल्पना तक नहीं की जा सकती।

हममें से सभी 'संचार' करते हैं। कोई हमसे अपने सुख-दुखों, मतों, विचारों

या सूचनाओं या फिर मनोरंजन की चीजों की चर्चा करता है, तो हम उस व्यक्ति से जुड़ते हैं। हम दोनों के बीच 'संचार-संबंध' कायम होता है। इस प्रक्रिया में हम दोनों ही 'संचार' का एक पक्ष बन जाते हैं। इसी तरह व्यापक स्तर पर किसी नेता के भाषण के दौरान वक्ता और श्रोता के रूप में हमारा संबंध बन जाता है। अपनी कक्षा में शिक्षक का व्याख्यान सुनते हुए, अपने माता-पिता, शिक्षक या अपने से बड़ों का निर्देश सुनते हुए या फिर मंदिर-मस्जिद-गुरुद्वारे या चर्च में धर्मचर्चा सुनते हुए भी हम 'संचार' से जुड़ते हैं। पत्र, ई-मेल या अखबार पढ़ते हुए, रेडियो सुनते हुए, सिनेमा और टेलीविजन देखते हुए हम व्यापक स्तर पर 'संचार' प्रक्रिया के अंग होते हैं। यहाँ तक कि सड़क पार करते हुए हम सुरक्षा संकेतों को देखते हैं, हॉर्न सुनते हैं, लाउडस्पीकर से प्रसारित हो रही कोई ज़रूरी सूचना सुनते हैं, बल्कि यही नहीं, जब हम अपने आप से ही बातें कर रहे होते हैं, तब भी 'संचार' कर रहे होते हैं! कहने का अर्थ यह है कि संचार का क्षेत्र बहुत व्यापक है। हम इसके घेरे से कभी बाहर नहीं रह सकते! हर कोई, हर कहीं संचाररत है। हमारे आसपास संचार का 'दृश्य प्रपंच' चलता ही रहता है। लोग जाने-अनजाने; सचेत होकर अथवा अचेतन रूप में; किसी भी रूप में संचार में संलग्न रहते हैं। यानी, जैसा कि हमने पहले कहा, हमारे जीवित होने का प्रमाण ही है, 'संचार-संलग्नता'।

अतः वास्तव में 'संचार' अनिश्चित और अनेकार्थक तो है ही, सर्वव्यापी भी है। जीवन का कोई क्षेत्र ऐसा नहीं है, जो संचार की परिधि में न हो। यह ऐसी प्रक्रिया है, जो हमेशा लगातार चलती रहती है। लोकतांत्रिक अर्थ में यह मनुष्यों का, मनुष्यों के द्वारा, मनुष्यों के लिए किया जाने वाला सद्भावनापूर्ण कार्य है।

इसी के अनुसार प्रभावशाली 'संचार' के फलस्वरूप मुख्य रूप से निम्नांकित कार्य संपन्न होते हैं :

1. सूचना का व्यापक रूप में प्रसार-प्रचार होता है और सूचना की एकरूपता बढ़ती है।
2. हम दूसरों को निर्देश भी देते हैं।
3. हमारा मनोरंजन होता है।
4. विचारों के आदान-प्रदान से और विचारों की एकरूपता के कारण दो व्यक्तियों के बीच अथवा व्यापक समाज में विश्वास बढ़ता है।
5. समूह के स्तर पर एकरूपता की ओर गत्यात्मक परिवर्तन (Dynamic Change) आता है।
6. हम एक-दूसरे को प्रभावित करते हैं, आपस में विश्वास अर्जित करते हैं। इससे समाज में विश्वास और भाईचारा बढ़ता है।
7. समाज में सांस्कृतिक प्रगति आती है।
8. समाज में भावात्मक एकता का प्रसार होता है और इससे सामाजिक व्यवस्था बनती है।

सूचना और संचार

'सूचना' और 'संचार' परस्पर जुड़े हुए शब्द हैं। बिना 'सूचना' के 'संचार' की कल्पना नहीं की जा सकती, और बिना 'संचार' के सूचना भी अधूरी है।

एक समय था जब यह कहा जाता था कि *'ज्ञान ही शक्ति है'*–Knowledge is power. लेकिन आज कहा जा रहा है– *'सूचना ही शक्ति है'* The Information is power. जिसके पास नवीनतम सूचना और अधिक से अधिक सूचना नहीं है, वह पिछड़ा तथा कमज़ोर माना जाता है। वास्तव में ज्ञान के अंतर्गत सूचना, विचार, अवधारणा, मूल्य, सामाजिक प्रतीक और व्यवहार सब कुछ आ सकता है।

हम क्यों नित नए समाचार जानने के इच्छुक रहते हैं? क्यों हम सुबह सबसे पहले समाचार सुनते, देखते और पढ़ते हैं? इन सबकी हमें इतनी आदत हो जाती है कि अपने आप ही हमारा सारा ध्यान समाचारों की ओर लग जाता है। इस बात की ओर ध्यान देकर देखें कि जिन टेलीविज़न चैनलों पर दिन में कई बार समाचार आते रहते हैं, उन्हें देख-सुन कर हम कई बार कह उठते हैं–'अरे! कोई नया समाचार नहीं आया!' यानी हमें हर पल नई सूचना चाहिए।

देश-दुनिया में ही नहीं, अपितु हम अपने शहर, गाँव, कस्बे यहाँ तक कि मुहल्ले से भी किसी नई सूचना की अपेक्षा रखते हैं। अपने संबंधियों की कुशल-क्षेम जानना चाहते हैं, अर्थात् उनकी ओर से कोई सूचना मिले, हमारी ऐसी इच्छा बनी रहती है।

इन सब उद्देश्यों की पूर्ति 'संचार' के विभिन्न माध्यमों से ही हो पाती है। सूचना पाने और उसे व्यापक जनसमुदाय तक भेजने से उस सूचना की एकरूपता बढ़ती है। अर्थात् कोई भी सूचना जब सही-सही रूप में भेजी जाती है, तो वह ज्यों की त्यों अपने वास्तविक रूप में दूसरों तक भेजी जाती है। ऐसा होने में ही संचार की विश्वसनीयता है। जो संचार माध्यम इस सूचना को विकृत कर देते हैं, या उसे तोड़-मरोड़ कर उसमें मनचाहे ढंग से परिवर्तन कर देते हैं; वे विश्वसनीय नहीं होते।

एक सभ्य आधुनिक विश्व का नागरिक होने के नाते सूचना पाने का अधिकार हमारा मौलिक अधिकार है। कहना न होगा कि संचार के माध्यम से हम अपने सूचना पाने के इस मौलिक अधिकार को प्राप्त कर पाते हैं।

सूचना ज्ञान की ही तरह अज्ञान और पिछड़ेपन से लड़ने का अदृश्य हथियार है। यह पिछड़ापन सामाजिक, राजनीतिक और आर्थिक किसी भी तरह का हो सकता है। सूचना हमें इस पिछड़ेपन से लड़ने की शक्ति प्रदान करती है। आज जिसके पास अपने आसपास की दुनिया की और जीवन की बुनियादी आवश्यकताओं की जितनी अधिक और नवीनतम सूचना है, वह उतना ही शक्तिशाली और समर्थ है। लेकिन केवल सूचना पा लेना ही हमारी ताक़त नहीं है, उस सूचना का हम कैसे

उपयोग करें, यह महत्त्वपूर्ण है।

संचार एक व्यवस्था है। संचार-व्यवस्था संचार का मूल आधार है। व्यवस्था (system) का अर्थ है किसी खंड-उपखंड से परे एक 'पूर्णत्व' (Completeness)। इन खंडों की प्रक्रिया पूर्णता से ही संदर्भित होती है। इसके बिना खंडों-उपखंडों का कोई मूल्य नहीं। अतः प्रत्येक नियंत्रित व्यवस्था में तीन अंतःक्रियाएँ सम्मिलित रहती हैं—1. सूचना, 2. मूल्य एवं प्राथमिकताएँ, 3. व्यवहार अथवा अभिव्यक्ति। इन्हीं तीन आयामों से युक्त प्रक्रिया को 'व्यवस्था' का नाम दिया जा सकता है।

यहीं संचार की प्रक्रिया का संक्षिप्त रूप सामने रखा जा सकता है। इस प्रक्रिया में सामान्यतः एक सिरे पर 'वक्ता' होता है, जो सूचना का स्रोत है, दूसरे सिरे पर सूचना का प्राप्तकर्त्ता होता है, जो सूचना का लक्ष्य है। बीच में होता है माध्यम। इस माध्यम से ही सूचना या संदेश ग्रहणकर्त्ता तक पहुँचता है। लेकिन 'संचार' की प्रक्रिया तब तक अधूरी ही कही जाएगी, जब तक कि सूचना के ग्रहणकर्त्ता या लक्ष्य (श्रोता) की ओर से कोई प्रतिक्रिया न मिले। इस प्रतिक्रिया को 'फीडबैक' कहा जाता है। वास्तव में 'फीडबैक' संचार को प्रभावी बनाती है।

संचार-प्रक्रिया के अनेक अध्येताओं में से एक *लासवेल* ने संचार प्रारूप को बहुत ही अच्छी तरह समझाया था। उसने सरलतापूर्वक समझाया कि संचार-प्रक्रिया में पाँच प्रश्न महत्त्वपूर्ण हैं—कौन? क्या कहता है? किस माध्यम से? किससे? तथा किस प्रभाव के साथ? इन पाँच 'ककारों' में संचार के पाँच घटक समा जाते हैं। ये घटक हैं क्रमशः—प्रेषक (स्रोत), संदेश (संदर्भ), संचार माध्यम, श्रोता और प्रभाव। यह प्रभाव प्रतिक्रिया से जाना जा सकता है।

यह व्यवस्था का ही अंग है कि संचार की प्रक्रिया विभिन्न तरह के माध्यमों द्वारा संपन्न होती है। जैसे-जैसे हमने औद्योगिक प्रगति की है, विज्ञान ने हमें नित नवीन सुविकसित संचार माध्यम प्रदान किए हैं। हमारी जैसी आवश्यकताएँ हैं, हम उनके अनुसार इन संचार माध्यमों का उपयोग कर लेते हैं। सामान्य वार्त्तालाप और पत्र से लेकर, टेलीफोन, मोबाइल फोन, रेडियो, टेलीविजन, कंप्यूटर, इंटरनेट, सी. डी. तक न जाने कितने ही संचार माध्यम हैं, जो सूचना के प्रसार का काम कर रहे हैं। इन्हें संयुक्त रूप से 'सूचनातन्त्र' कहा जाता है।

यहीं से 'जनसंचार' (Mass-communication) की अवधारणा साकार होने लगती है।

'जनसंचार' (Mass-communication)

व्युत्पत्ति की दृष्टि से 'जनसंचार' शब्द 'संचार' में 'जन' के योग से बना है। 'संचार' सीमित अर्थ का वाचक भी हो सकता है, लेकिन इसमें 'जन' जुड़कर इसको व्यापक बना देता है। इस विचार से सरल शब्दों में कहें तो, कहेंगे कि जब 'संचार' की

प्रक्रिया सामूहिक पैमाने पर व्यापक स्तर पर होती है, तब वह 'जनसंचार' कहलाता है।

'संचार' के कई स्तर होते हैं। मुख्य रूप से ये स्तर हैं–

1. आंतर व्यक्ति स्तर (Intra Personal level)

(व्यक्ति स्तर पर, उसका निजी चिंतन-मनन, अपने आपसे ही बात करना या भूत, वर्तमान एवं भविष्य की घटनाओं पर सोच-विचार व्यक्तिगत आंतरिक स्तर के संचार के उदाहरण हैं।)

2. अंतर्व्यक्ति स्तर (Inter Personal level)

(व्यक्ति-व्यक्ति के बीच संपर्क, बातचीत, टेलीफोनवार्त्ता अथवा एक व्यक्ति द्वारा कुछ लोगों के बीच विचार-विमर्श में अंतर्व्यक्ति स्तर के संचार की स्थिति बनती है।)

3. समूह स्तर (Group level)

(किसी समान उद्देश्य के लिए एकत्र लोगों के बीच सूचना-समाचार या सबके लिए समान रूप से उपयोगी संदेश या निर्देश को प्रसारित करना समूह स्तर का संचार है। जनसभा, संगोष्ठी, वाद-विवाद, परिचर्चा, नृत्य-नाट्य, भाषण, कार्यालयी बैठकें आदि इसके अच्छे उदाहरण हैं।)

4. जन स्तर (Mass level)

(इसके अंतर्गत व्यापक स्तर पर सूचना, समाचार या मनोरंजन को पहुँचाना सम्मिलित है। दुनियाभर में फैले, दूर-दूर तक बिखरे, तमाम तरह के समाज के लोगों तक सूचना या संदेश पहुँचाना आज अनेक तरह के वैज्ञानिक उपकरणों से संभव हो गया है। समाचार-पत्र, पत्रिकाएँ, रेडियो, टेलीविजन, इंटरनेट आदि यही काम करते हैं।)

इस तरह हम देखते हैं कि 'जनसंचार' संचार की एक व्यापक प्रक्रिया है। इसमें व्यापक जनसमूह, तरह-तरह की भाषा-संस्कृति, सोच-विचार, ऐतिहासिक-भौगोलिक अवस्थितियों के लोग सम्मिलित होते हैं।

डेनिस मैक्वेल ने जनसंचार की विशेषताएँ इस प्रकार बताई हैं–

1. जनसंचार के लिए औपचारिक एवं व्यवस्थित संगठन का होना जरूरी है, क्योंकि संदेश को किसी माध्यम द्वारा विशाल जनसमूह तक पहुँचाना होता है।
2. यह संचार विशाल, अपरिचित जनसमूह के लिए किया जाता है।
3. जनसंचार के माध्यम सार्वजनिक होते हैं। इनमें भाषा अथवा वर्ग के लिए कोई भेदभाव नहीं होता।
4. श्रोताओं की संरचना विजातीय होती है। वे विभिन्न तरह के संस्कृति-वर्ग एवं भाषा से संबंधित होते हैं।

5. इस संचार द्वारा दूर-दराज के क्षेत्रों में एक ही समय पर संपर्क संभव है।

'जनसंचार' की अवधारणा वास्तव में आधुनिक युग की देन है। वर्तमान औद्योगिक एवं तकनीकी विकास ने इसे सुदृढ़ आधार प्रदान किया है। प्राचीन समय में जब लोग छोटे-छोटे समूहों में निवास करते थे, तब आमने-सामने के संपर्क से एक-दूसरे से जुड़े रहते थे। वर्तमान समय में स्थिति बदल गई है। लाखों लोगों तक सूचनाएँ एक साथ और त्वरित गति से जनसंचार माध्यमों की सहायता से पहुँच जाती हैं। यह तकनीकी क्रांति का परिणाम है।

जनसंचार समूह संचार से भिन्न वह प्रक्रिया है, जिसमें 'व्यक्तिवादिता' का उन्मूलन हो जाता है। यह संचार-प्रक्रिया औद्योगिक समाज की देन है, क्योंकि पूरी तरह तकनीकी तथा संस्था-आधारित है। इसका चरित्र औद्योगिक हो गया है, इसलिए व्यापक रूप में सूचना, संदेश और मनोरंजन का 'उत्पादन' किया जाता है, फिर उसका 'विपणन'। फिर भी इसका मुख्य उद्देश्य होता है—शिक्षा, जागरूकता और मनोरंजन। इस उद्देश्य की पूर्ति के लिए 'जनसंचार-माध्यमों' का उपयोग किया जाता है।

संचार प्रौद्योगिकी की चुनौतियाँ

'प्रौद्योगिकी' का शाब्दिक अर्थ है—'कला' अथवा 'हस्तकला'। अपने संकुचित अर्थ में 'प्रौद्योगिकी' औद्योगिक क्रियाओं से संबंधित है। लेकिन व्यापक अर्थ में सभी पदार्थों के साथ होने वाली सभी तरह की प्रक्रियाएँ प्रौद्योगिकी के अंतर्गत आती हैं। लेकिन वास्तव में 'प्रौद्योगिकी' का विस्तृत अर्थ है—*चीजों या कार्यों को बनाने अथवा करने का तरीका।* प्रौद्योगिकी का ज्ञान वह व्यावहारिक ज्ञान है, जिसे अक्सर सीखना पड़ता है और हस्तचालित कौशल अथवा प्रयोगात्मक विज्ञान के रूप में इस पर अधिकार करना पड़ता है। उसमें दक्ष होना होता है। यों प्रौद्योगिकी का वास्तविक अर्थ, *"विशिष्ट सैद्धांतिक ज्ञान का व्यावहारिक ज्ञान में रूपांतरण"* है। यह Application of knowledge है। इसे ज्ञान की उस शाखा के रूप में जाना जाता है जिसका सरोकार यांत्रिकीय कला अथवा प्रयोजनमूलक विज्ञान अथवा दोनों के समन्वित रूप से होता है। समग्रतः प्रौद्योगिकी को उस साधन के रूप में देखा जा सकता है, जिसके माध्यम से मनुष्य अपने परिवेश पर अपना नियंत्रण रखता है।

'प्रौद्योगिकी' ने सदैव ही मानव-समाज की दिशा बदली है। इसने मानव को अपने परिवेश तथा परिस्थिति के प्रति सचेत रहने की दृष्टि दी है। प्रौद्योगिकी ने ही मनुष्य को एक शक्ति दी है, ताकि वह प्रकृति से जूझते हुए अपने जीवन को निरंतर उन्नत करे।

भ्रमवश विभिन्न परिवेश तथा विभिन्न स्तर के लोगों के लिए प्रौद्योगिकी का अर्थ अलग-अलग है। व्यवसायी और कारखाने के कर्मचारी भारीभरकम मशीनों को,

सामान्य जन घर-परिवार और जीवन के विभिन्न क्षेत्रों में काम आने वाले उपकरणों, कंप्यूटर, कैलकुलेटर, कार, स्कूटर या यातायात के अन्य साधनों, युद्ध-सामग्री, अस्त्र-शस्त्रादि को, गृहिणियाँ घर में काम आने वाले आरामदायक उपकरणों—वाशिंग मशीन, हीटर, फ्रिज, गैस-चूल्हे, रेडियो, टेलीविजन, सीडी प्लेयर आदि को ही प्रौद्योगिकी समझते हैं। वस्तुतः प्रौद्योगिकी का संबंध आज केवल उन वस्तुओं से ही नहीं रह गया है, जैसा कि हम सामान्यतः समझते हैं, बल्कि अब ऐसी सभी चीजें प्रौद्योगिकी के अंतर्गत आती हैं, जिनके सहयोग से हम अपने पर्यावरण पर नियंत्रण करते हैं, अपने रोजमर्रा के जीवन में जिनका उपयोग करते हैं और अपना जीवन सुखमय एवं परिष्कृत करने का प्रयास करते हैं। इसके अंतर्गत छोटे-मोटे औजारों से लेकर, भारी-भरकम तथा जटिल यंत्रों, नवीनतम वैज्ञानिक उपकरणों, संसाधनों और सूक्ष्मतम पदार्थों-जीवों, प्रक्रियाओं आदि सभी कुछ आ जाता है।

जहाँ तक **जनसंचार प्रौद्योगिकी** का संबंध है, यह **सूचना प्रौद्योगिकी** का हिस्सा है। विभिन्न ज्ञानजनित प्रौद्योगिकियों के बीच 'सूचना प्रौद्योगिकी' (Information Technology) आज विश्वभर की हलचल का आधार बन चुकी है। आज सारा विश्व एक तीव्रगामी परिवर्तन के दौर से गुजर रहा है। मुख्य रूप से उसका आर्थिक तंत्र जटिल हो गया है और वह जीवन के प्रत्येक क्षेत्र को प्रभावित कर रहा है। इसके मूल में कंप्यूटर, दूरसंचार व्यवस्था और जनसंचार माध्यम सक्रिय हैं। इसका उपयोग पूँजी बाजार, बैंकिंग, पुस्तकालय, शिक्षा तथा अनुसंधान, मौसम विज्ञान, अंतरिक्ष तथा दुनियाभर में उपलब्ध विभिन्न विज्ञान एवं प्रौद्योगिकी संबंधी नवीनतम ज्ञान और त्वरित गति से आँकड़ों एवं सूचनाओं के आदान-प्रदान, जनसंचार, मुद्रण-प्रकाशन और मनोरंजन के क्षेत्र में अत्यंत व्यापक रूप में हो रहा है। इससे लाभ यह हुआ है कि विभिन्न सामाजिक-आर्थिक, औद्योगिक और वैज्ञानिक क्रियाकलापों में आपसी सहयोग एवं भागीदारी बढ़ी है। आज सूचना एवं जनसंचार प्रौद्योगिकी अपने आप में एक विशाल उद्योग है, जिसमें करोड़ों लोगों को व्यवसाय तथा रोजगार भी प्राप्त हुआ है। साथ ही इससे दुनिया का जीवनस्तर भी उन्नत हुआ है। जनसंचार प्रौद्योगिकी ने जनसंचार के परंपरागत और आधुनिक—दोनों तरह के माध्यमों में अभूतपूर्व बदलाव ला दिया है। जैसे—प्रिंट मीडिया और इलैक्ट्रॉनिक मीडिया एक-दूसरे के पूरक बनते चले गए हैं, साथ ही सहायक भी। रेडियो-टेलीविजन आदि के विकास ने ही नई संचार तकनीक, जैसे—ई-मेल, फैसीमाइल (फैक्स), ट्रांसमिशन, वीडियो टेक्स्ट, टेलीटेक्स्ट, इलैक्ट्रिक बुलेटिन बोर्ड आदि, विकसित किए हैं। इनके साथ ही 'सूचना समाज' का विकास हुआ है।

लेकिन सूचना एवं संचार प्रौद्योगिकी के सम्मुख चुनौतियाँ भी बहुत सारी हैं। इसका दूसरा पक्ष यह भी है कि हमारे समाज के समक्ष इस प्रौद्योगिकी ने भी अनेक तरह की चुनौतियों को जन्म दिया है। इसे हम 'माध्यम साम्राज्यवाद' के नाम से

अच्छी तरह समझ सकते हैं। आइए संक्षेप में इस पर चर्चा करें।

जनमाध्यमों के सामाजिक-राजनीतिक और आर्थिक अध्येता यह कहते हैं कि 'माध्यम साम्राज्यवाद' आज एक ठोस सच्चाई है। इसके प्रभाव गहरे और दूरगामी हैं। वे सचेत करते नहीं भूलते कि इस प्रौद्योगिकी ने हमारे समाज का चेहरा बदल दिया है और यह बदलाव अंततः हितकर नहीं है। बदलाव की यह दिशा मनुष्य-विरोधी है।

संक्षेप में, सचेत अध्येताओं का विचार यह है कि, ''जनमाध्यम प्रभुत्वशाली वर्गों के सांस्कृतिक प्रभुत्व के उपकरण हैं। इनसे सांस्कृतिक उन्नति अर्जित नहीं की जा सकती। ये सांस्कृतिक समानता के बजाए सांस्कृतिक वैषम्य एवं सांस्कृतिक दारिद्र्य पैदा करते हैं। इसके अनुकूल आम लोगों को ढालते हैं, माहौल बनाते हैं। माहौल बनाते समय वस्तुओं के खरीदने पर जोर देते हैं। वस्तुओं को ही संस्कृति का पर्याय बना देते हैं। अब वस्तुओं की उपस्थिति ही सांस्कृतिक होने का प्रमाण बन जाती है।'' (पठनीय, जगदीश्वर चतुर्वेदी, माध्यम साम्राज्यवाद, 2002, पृष्ठ 10) फिल्म उद्योग से लेकर, प्रिंट मीडिया, रेडियो, टेलीविजन, इंटरनेट सब पर पूँजीवादी व्यवस्था का कब्जा है।

ऐतिहासिक दृष्टि से देखें तो हम पाएँगे कि 'माध्यम साम्राज्यवाद' का आरंभ प्रेस एजेंसियों से हुआ। बाद में फिल्म, रेडियो, टेलीविजन, पुस्तक प्रकाशन और विज्ञापन के क्षेत्र में इसने अपना विस्तार किया। बीसवीं शताब्दी के पूर्वार्द्ध में रेडियो और सिनेमा के उदय ने भूमंडलीय माध्यम परिदृश्य का निर्माण करने में केंद्रीय भूमिका निभाई। इस परिदृश्य में यह साफ है कि 'माध्यम साम्राज्यवाद' ने हमेशा 'माध्यम' और 'सांस्कृतिक अभाव' का इस्तेमाल किया है तथा स्थानीय माध्यम संस्थानों के साथ सहयोग एवं व्यापार का विस्तार करते हुए अपनी जड़ें मजबूत की हैं। अपनी जड़ों का विस्तार किया है। इस क्रम में स्थानीय राजनीतिक प्रक्रिया को भी अपनी तरह से प्रभावित और कहें कि अनुकूलित किया है। विमर्श के नए-नए मुद्दे प्रक्षेपित और आरोपित किए हैं। जीवन शैली, आदतों, रीति-रिवाजों आदि में तीव्र गति से बदलाव किया है। इसमें उसका अपना हित है।

पहले फिल्मों ने हमारे समाज और संस्कृति को बदला। उसके नकारात्मक प्रभाव सामने आते रहे हैं। ऊपर-ऊपर से दिखाई देता है कि फिल्मों से हमें मनोरंजन मिलता है। लेकिन, जैसा कि जगदीश्वर चतुर्वेदी का कहना है, ''गंभीर बात यह है कि ऐसा मनोरंजन मिलता है जो सांस्कृतिक मॉडलों, हीरोइनों, हीरो का निष्क्रिय और भावुक ग्रहणकर्त्ता बना देता है। यह कार्य असंबद्ध इमेजों के जरिए किया जाता है। अधिकतर फिल्में इस सिद्धांत का प्रचार करती हैं कि देखना ही विश्वास करना है। स्टीरियोटाइप इमेजों के जरिए व्यक्तिवाद और 'कल्ट' को विशेष रूप से उभारा जाता है। ये चरित्र वर्गीय संरचना को विरूपित करते हैं। फिल्मों का सबसे ज्यादा प्रभाव किशोरों और

बच्चों के ऊपर पड़ता है। वे इन फिल्मों से हिंसा और निर्दयता के संस्कारों, वैचारिक और आत्मिक मूल्यों के अस्वीकार, नस्ली-सांप्रदायिक एवं जातीय असहिष्णुता सीखते हैं। अधिकांश फिल्मों की अंतर्वस्तु अपराध, अपराधियों के कारनामों, आत्महत्या, तरह-तरह की मानसिक विकृतियों, डकैती, मादक पदार्थों का व्यापार, गिरोह युद्ध, लोगों के साथ मारपीट, हत्या और पुलिस विषयक होती हैं।'' (इसमें कमजोर वर्ग और स्त्रियों पर किए जाने वाले अत्याचार तथा राजनीतिक अपराध और जोड़ लें) इसके पीछे पूँजी का खेल है। फिल्म उद्योग की आय बड़ी तेजी से बढ़ रही है। सिनेमाघरों का विशाल नेटवर्क है। इस नेटवर्क में सम्मिलित हैं—सिनेमाघर, जुआघर, शराबघर, मनोरंजन-केंद्र, व्यापार केंद्र आदि। इस पूरे नेटवर्क को 'बाजार संस्कृति का सांस्कृतिक केंद्र' कहा जा सकता है। बड़ी पूँजी से संचालित इन केंद्रों में अत्याधुनिक सुविधाएँ हैं, बेहतरीन तकनीकी सुविधाएँ, साज-सज्जा आदि के कारण व्यापक पैमाने पर आम जनता इनकी ओर आकर्षित होती है।

रेडियो और समाचारपत्र फिल्मों से भिन्न हैं। ये वैचारिक दृष्टि से हमें मनचाही दिशा में ले जाने के लिए प्रयुक्त होते हैं। आज इन पर बहुराष्ट्रीय कंपनियों का प्रभुत्व बढ़ता चला जा रहा है। संचार एवं मुद्रण की तकनीक में तेजी से हो रहा बदलाव सुखद तो लगता है, लेकिन अंदरूनी कहानी यह है कि आज प्रेस, रेडियो या टेलीविज़न की स्थापना में लागत बहुत आती है। अब यह करोड़ों-अरबों रुपयों का कारोबार है। ऐसी स्थिति में माध्यमों का तेजी से व्यवसायीकरण हुआ है। इसका गंभीर परिणाम यह हुआ है कि माध्यमों के स्वामित्व की प्रकृति बदल गई है। यह स्वामित्व चंद हाथों में सिकुड़कर रह गया है। ये लोग अपने हितों के अनुसार सूचना-समाचार बनाते और परोसते हैं। आज के साम्राज्यवादी प्रेस की प्रकृति के बारे में 'फोर्ड फाउंडेशन' के व्यवहारविज्ञान के निदेशक ने कहा है, ''अब प्रेस पाठक के ज्ञान का चरम बिंदु होने का दावा पैदा करता है। कुछ खास बिंदुओं या सूत्रों के अलावा पाठक की स्मृति में कुछ भी शेष नहीं बचता, वह पाठक की आलोचनात्मक निर्णय-क्षमता को तटस्थ बना देता है। मसलन, रविवार या शनिवार के दिन या किसी अन्य दिन दैनिक पत्रों में इतनी सामग्री भरी होती है कि गंभीर या भयानक खबर का स्वरूप प्रभावहीन हो जाता है।'' (इसमें विज्ञापनों की भीड़ और जोड़ लें।) ''दैनिक पत्रों की रणनीति होती है कि वे किसी खास मुद्दे पर केंद्रित खबरें देते हैं इससे पाठक को राय बनाने में मदद मिलती है। विषय की इमेज विकसित करने के बहाने सूचनाएँ प्रदान करना इनका प्रधान लक्ष्य होता है। इमेज का विखंडन, तुलना, प्रस्तावित लक्ष्य, नए शब्दों का निर्माण, एकलक्षक, प्रतीकात्मक प्रस्तुति इसकी विशेषताएँ हैं। प्रतीकात्मक प्रस्तुति से भविष्य में मनमानी दिशा में खबर का विकास करने की संभावना बनी रहती है।''

इसी क्रम में हम टेलीविज़न समाचारों की स्थिति पर विचार करें। उनमें 'सत्य'

पर कितना बल दिया जाता है? 'सत्य' वहाँ रोचक अथवा 'चमत्कारपूर्ण ढंग से' 'रचा' या 'गढ़ा' जाता है। 'सनसनी' और 'छबियाँ' उसका मूल तत्त्व बन जाते हैं। इससे भी दो कदम आगे चलकर देखें। टेलीविजन समाचारों के बीच में जो व्याख्याकार बुलाए जाते हैं उनकी टिप्पणियाँ अक्सर इस तरह की होती हैं कि उनमें सारतत्त्व कुछ नहीं होता। वे किसी समाचार का गंभीर विश्लेषण नहीं करते। कई बार समाचार की दिशा भी मोड़ देते हैं। उसे हल्का बना देते हैं। यहाँ तक कि उसके सामाजिक और मानवीय सरोकार भी दब जाते हैं। इससे समाचार की गंभीरता नष्ट हो जाती है। समाचारों में ऐसा 'हस्तक्षेप' समाचार को हल्का, सरल और चलताऊ बना देता है।

ध्यान दें कि आज की संचार प्रौद्योगिकी के कारण, माध्यम जगत् में तीन फिनोमिना या संवृतियाँ साफ तौर पर दिखाई दे रही हैं—1. विखंडन, 2. भूमंडलीकरण और 3. केंद्रीकरण। ये तीनों अंतर्ग्रथित हैं। **विखंडन** का अर्थ है, खंड-खंड रूप में नए चैनलों का उदय। ये चैनल तरह-तरह के सामाजिक समूहों और उपभोक्ताओं को संबोधित होते हैं। इनका लक्ष्य कम से कम लोगों तक पहुँचना होता है। इनके पहुँचने की तकनीक है—टेलीविजन, केबल टेलीविजन, उपग्रह चैनल, वीडियो कैसेट रिकॉर्डर आदि। **भूमंडलीकरण** का अर्थ है—विखंडन एवं केंद्रीकरण के फिनोमिना का राष्ट्रीय सीमाओं के बाहर विस्तार। **केंद्रीकरण** का अर्थ है—जनमाध्यमों के विराटकाय संस्थानों का उदय। विराटकाय यानी बहुराष्ट्रीय कंपनियों का उदय। इन कंपनियों के द्वारा भिन्न-भिन्न माध्यमों के लिए विविधतापूर्ण सामग्री का निर्माण और उसका वितरण।

यह 'निर्माण' और 'वितरण' किस तरह का है? यह प्रश्न विचारणीय है। विचारणीय यह भी है कि जनमाध्यमों की प्रकृति और भूमिका क्या हो गई है? वस्तुतः ये दोनों ही प्रश्न एक ही सिक्के के दो पहलू हैं। उसका संक्षिप्त उत्तर यह है कि, "जनमाध्यमों की विशालकाय प्रकृति एवं व्यापक जनता तक पहुँच को देखें और उनकी भूमिका को देखें तो यह पाएँगे कि ये माध्यम मात्र प्रचार के उपकरण हैं। उत्पादन, पुनरुत्पादन और सामाजिक शक्तियों के विकास में इनकी कोई भूमिका नजर नहीं आती। इसके विपरीत सामाजिक विकास की गति धीमी हुई है। औद्योगिक उत्पादन गिरा है। अशिक्षा, असमानता, बेकारी, गरीबी और पिछड़ेपन में वृद्धि हुई है। संपत्ति का विकेंद्रीकरण हुआ है। गरीब और अधिक गरीब तथा अमीर और अधिक अमीर हुआ है। बहुराष्ट्रीय कंपनियों द्वारा शोषण निरंतर बढ़ रहा है। लगता है कि यह सब जनमाध्यमों की चिंता का विषय नहीं है। वे तो सिर्फ 'आनंद' ही आनंद की 'वर्षा' कर रहे हैं!"

टेलीविजन कार्यक्रमों का स्वरूप क्या है, यह हम सब अच्छी तरह जानते हैं। इसकी अच्छाई बुराई पर हम स्वयं निर्णय कर लें।

विज्ञापन-जगत् की लीला ही न्यारी है। विज्ञापन पूँजीवादी व्यवस्था की कुंजी है। विज्ञापन के माध्यम से आम लोगों के रहन-सहन, जीवन-शैली, दिनचर्या, खान-पान, हावभाव, संस्कार, रीति-रिवाज, अभिरुचियों, इच्छाओं और विचारों की दुनिया को बदला जा सकता है। विज्ञापन के संदर्भ में यह बात केवल बाज़ार तक ही सीमित नहीं है। समाज और संस्कृति के संदर्भ में भी विचारणीय हो जाती है। विज्ञापनों में भौतिक वस्तुओं को ही सर्वोपरि और एक तरह से 'जीवन के अंतिम लक्ष्य' के रूप में पेश किया जाता है। हँसमुख चेहरे, चमक-दमकपूर्ण इमेज, कामुकता जैसी चीजें उपभोक्ता की अतृप्त इच्छाओं को जगाती हैं। ग्लैमर की प्रस्तुति उसे जीवन के यथार्थ से दूर ले जाती है। यहाँ जोर 'उपभोग' की संस्कृति पर रहता है। यहाँ 'माल का सौन्दर्यीकरण' किया जाता है। उद्देश्य होता है पूँजी कमाना। उपभोक्ता के हितों पर ध्यान नहीं होता। न समाज और संस्कृति के मूल्यों पर। माल का विक्रय मुख्य लक्ष्य है। इस लक्ष्य के आगे वस्तु की तथ्यपूर्ण सूचनाएँ गायब कर दी जाती हैं। माल का निर्माता उपयोग मूल्य का वादा करने के स्थान पर जवानी, तंदुरुस्ती, सुंदरता, प्रेम आदि का वादा करने लगता है! इसमें उपभोक्ता को 'फुसलाने' और उसकी 'चाटुकारिता' करने का तत्त्व प्रधान हो जाता है।

यहीं से फैशन की यात्रा शुरू हो जाती है। फैशन का लक्ष्य होता है, जो इसके दायरे में नहीं हैं, उन्हें भी इसके दायरे में लाया जाए! यहाँ तथाकथित 'नयापन' और 'अनुकरण' मुख्य कारक होता है। फैशन में वस्तुएँ विलक्षण माल की तरह आती हैं। सच तो यह है कि, ''फैशन मिथ्याभास सामूहिकता को काल्पनिक इमेज देता है। माल के समाज में जो कुछ मौजूद है उसे विकृत करता है। कुंठित करता है।''

जनसंचार प्रौद्योगिकी के सामाजिक प्रभाव का एक पक्ष यह भी है कि इन चीजों के गठजोड़ से कामुकता का प्रसार होता है। कामुकता और पोर्नोग्राफी या अश्लीलता का पक्ष सांस्कृतिक और नैतिक मूल्यों से जुड़ा है। *रॉबिन* मॉर्गन के शब्दों में, ''पोर्नोग्राफी सिद्धांत है और बलात्कार अभ्यास।'' कहने का अर्थ यह है कि पोर्नोग्राफी या कामुकता की बाढ़ में स्त्रियों के प्रति हिंसाचार बढ़ता है। हिंसा को दिलोदिमाग़ में उतारने में सहायता मिलती है। कामुक सामग्री का व्यापक उपयोग जीवन की आक्रामकता और प्रतिगामिता को बढ़ाता है। यह एक ऐसी मनोभूमि तैयार करता है जो सामाजिक परिवर्तन की विरोधी है। फिल्मों, उपग्रह चैनलों, केबल चैनलों एवं वी. सी. आर. की तकनीक आने के बाद पोर्नोग्राफी या कामुकता को व्यापक प्रसार मिला है। इससे स्त्री की इमेज को धक्का पहुँचा है और समाज में नारी की छबि केवल सैक्स से जुड़ गई है। उस पर अत्याचार बढ़े हैं। अनेक अध्ययनों से यह निष्कर्ष सामने आया है कि फिल्मों तथा टेलीविजन कार्यक्रमों में हिंसा और स्त्री का अंतःसंबंध है। विभिन्न जनसंचार माध्यमों में स्त्री चार रूपों में देखी जा सकती है—1. स्त्री एक शरीर के रूप में। 2. घरेलू श्रमिक के रूप में। 3. वेतनभोगी श्रमिक

के रूप में। 4. वयस्क स्त्री एवं रोमांस। इन माध्यमों में स्त्रियों के चित्रों और चरित्रों का कैसा प्रदर्शन होता है, यह किसी से छिपा नहीं है। यों हम देखें तो जनसंचार माधमों में स्त्री छाई हुई है। लेकिन उसकी छवि स्टीरियोटाइप रूप में ही मिलती है। इसी को सार्वभौम छवि के रूप में परोसा जा रहा है। ये माध्यम उसे पुरुष के नकारात्मक नजरिए से ही अधिक देखते हैं। उनका दृष्टिकोण यह रहता है कि, "सामाजिक जीवन में औरत के परिवर्तन का अर्थ सिर्फ यह है कि वह पिछड़ी हुई है। इसलिए आधुनिकता के साथ अपने को एकाकार करे। यह ऐसी औरत है जो आकांक्षाओं एवं उपभोग की संभावनाओं से चौंधियाई हुई है। वह आधुनिकता की मुस्कान है। वह अमूमन फैशन, भोजन, सजावट, घरेलू कामकाज या पति-बच्चों की सेवा में मशगूल है। यह ऐसी औरत है जो सामाजिक व्यवस्था के खिलाफ आक्रामक रुख अख्तियार नहीं करती। अमूमन स्त्रियों की जो छवि प्रस्तुत की जाती है वह बुद्धिजीवी एवं बौद्धिकता-विरोधी है, मूर्खा है, हास्य की पात्र है। उसके तर्कों एवं मुक्ति के उपायों को स्त्रीत्व के दायरे में ही पेश किया जाता है। स्त्रीत्व का परिवेश प्रतिगामी दृष्टिकोण के आधार पर निर्मित किया जाता है। इसमें मूलतः रोमानियत, इश्कबाज़ी या पुरुषत्व से पैदा होने वाले तनावों को उभारा जाता है।" (पठनीय, जगदीश्वर चतुर्वेदी, माध्यम साम्राज्यवाद, पृष्ठ 91-92)

इंटरनेट ने एक नया सूचना संसार हमारे सम्मुख खोला है। दुनिया के लिए एक खिड़की की तरह। लेकिन यहाँ कामुकता और पोर्नोग्राफी के खतरे सबसे ज्यादा हैं। टेलीविजन ने विश्व बाजार का जो नया परिदृश्य निर्मित किया है, उसे इंटरनेट ने और विस्तृत कर दिया है। जनसंचार माध्यम और प्रौद्योगिकी के संदर्भ में देखें तो आज समाचार-पत्र, रेडियो, टेलीविजन, फिल्म आदि एक ही साथ इंटरनेट पर उपलब्ध हैं। स्वाभाविक है कि इन सबकी अच्छाई-बुराई भी एक साथ यहाँ मिलेंगी। ध्यान देने की बात यह है कि इंटरनेट पर बुराइयों को रोकने का कोई ठोस कानून अभी तक नहीं बन सका है। परिणामतः साइबर अपराध बढ़ रहे हैं। नए किस्म के अपराधों में वृद्धि हो रही है। इंटरनेट क्योंकि विश्व माध्यम है, इसलिए इससे होने वाले अपराध कभी भी और कहीं से भी हो सकते हैं।

ये और ऐसी ही चिंताओं तथा चुनौतियों से सारी दुनिया चिंतित है। सारी दुनिया चिंतित न भी हो, भारतीय समाज अवश्य चिंतित होना चाहिए। ये सब चिंताएँ संचार प्रौद्योगिकी-जनित हैं। लेकिन दूसरी ओर सच यह भी है कि इसमें संचार प्रौद्योगिकी का क्या दोष? दोष तो प्रौद्योगिकी के इस्तेमाल का है। उसे इस्तेमाल करने वाले दिमागों और हाथों का है। यही हमारे तथा संचार प्रौद्योगिकी के लिए सच्ची चुनौती है। स्थिति तब बदल सकती है जब सूचना-संचार प्रौद्योगिकी का इस्तेमाल सही उद्देश्यों के लिए हो और इसका पूँजीवादी चरित्र बदले। इसे लोककल्याणकारी बनाना होगा। माध्यमों को वैज्ञानिक दृष्टिकोण अपनाते हुए इस्तेमाल करना होगा।

यह तभी संभव हो पाएगा, जब उनका नियंत्रण सही हाथों हो। व्यापक मानव-समाज के हितों को ध्यान में रखकर हमें नीतियाँ बनानी होंगी। समाज में वैज्ञानिक तकनीक अथवा प्रौद्योगिकी का विकास सच्चे अर्थ में तभी संभव है, जब समाज में रहने वाले लोगों का दृष्टिकोण भी वैज्ञानिक हो। उनकी चेतना भी तकनीकी हो। ज्ञान के धरातल पर वैज्ञानिक चेतना-शून्य समाज में प्रौद्योगिकी के सही प्रयोग की संभावनाएँ नहीं हुआ करतीं। हमें इसी अँधेरे के विरुद्ध संघर्ष करना है। तभी हम जनसंचार प्रौद्योगिकी के वास्तविक महत्त्व को समझ पाएँगे। समझ पाएँगे कि जनसंचार प्रौद्योगिकी का वास्तविक कार्य समाज के कल्याण के लिए है, उसके समग्र विकास के लिए है। उसे एक जागरूक प्रहरी, अभिभावक, शिक्षक, दिशा-निर्देशक, मित्र तथा रचनात्मक आलोचक की भूमिका का निर्वाह करना चाहिए।

अंत में हम मीडिया प्रोफेक्ट के रूप में प्रसिद्ध पाश्चात्य विचारक *मार्शल मैकलुहान* के एक कथन को उद्धृत करना चाहेंगे। उन्होंने कहा है, "हमारे चारों ओर के माहौल की प्रौद्योगिकी किस प्रकार बनती है, यह जानकर ही हम उसके निर्णायक प्रभावों को रोक सकते हैं। मेरी चिंता यही है कि लोग इन निर्णायक प्रभावों के खतरों की अवहेलना कर रहे हैं। प्रौद्योगिकी के प्रभाव तो होंगे ही, लेकिन यांत्रिकता मनुष्य के विवेक पर हावी नहीं होनी चाहिए। यदि हम यांत्रिकता से उत्पन्न जटिलताओं को सही तौर पर समझ लें तो इसके दुष्प्रभावों को समय रहते रोक भी सकते हैं। उन्हें रोकने के लिए दूसरे उपाय भी ढूँढ़ सकते हैं।"

2

विभिन्न संचार माध्यमों का स्वरूप

संचार माध्यम सामान्यतः 'मीडिया' के पर्याय के रूप में जाने जाते हैं। 'मीडिया' पत्रकारिता के क्षेत्र का शब्द है। इस तरह संचार माध्यम ऐसे माध्यमों को कहेंगे, जो सूचना, समाचार आदि के संचरण अथवा संप्रेषण से जुड़े हैं।

संचार की प्रक्रिया विभिन्न तरह के माध्यमों द्वारा संपन्न होती है। जैसे-जैसे हमने औद्योगिक प्रगति की है, विज्ञान ने हमें नित नवीन सुविकसित संचार माध्यम प्रदान किए हैं। हमारी जैसी आवश्यकताएँ हैं, हम उनके अनुसार इन संचार माध्यमों का उपयोग कर लेते हैं। सामान्य वार्तालाप और पत्र से लेकर, टेलीफोन, मोबाइल फोन, रेडियो, टेलीविजन, कंप्यूटर, इंटरनेट, सी. डी. तक न जाने कितने ही संचार माध्यम हैं, जो सूचना के प्रसार का काम कर रहे हैं। इन्हें संयुक्त रूप से 'सूचनातंत्र' कहा जाता है।

यों संचार माध्यम मूलतः दो वर्गों में रखे जाते हैं :

1. परंपरागत संचार माध्यम

वे माध्यम हैं, जो ग्राम्य समाज को परंपरा से प्राप्त हुए हैं। इनमें विशेष संदेश को स्थानीय लोकप्रिय स्वर में बदलने की शक्ति होती है। ये माध्यम सूचना और संदेश के साथ ही मनोरंजन के भी साधन हैं। प्राचीनता के साथ नवीनता का समावेश इनका एक रेखांकित किए जाने-योग्य लक्षण है। इनका प्रभाव सूचना से अधिक संस्कृति, मनोरंजन और शिक्षा है। ये वस्तुतः सामाजिक उत्सव तथा भवावेशमयी अवस्थाओं के कला-उपकरण हैं। ये मुख्य रूप से मौखिक संचार करते हैं। जैसे—मुनादी, डुग्गी पीटना, रामलीला या अन्य लोकनाट्य रूप-तमाशा, जात्रा, भावई, नौटंकी, कठपुतली, लोकगीत, सांग, ख्याल, कथा-गायन आदि। इनके अतिरिक्त लोककलाओं के रंग और संगीत तत्त्व प्रधान रूप भी परंपरागत संचार माध्यम की श्रेणी में आते हैं।

परंपरागत संचार माध्यम के एक अच्छे उदाहरण रूप में हम 'वार्त्ता' को देखें। इसमें वार्त्ताकार और श्रोता दो पक्ष मुख्य होते थे, जिनमें परस्पर 'फीडबैक' की प्रक्रिया भी व्यवहृत होती थी। जैसे महाभारत के युद्ध के समय श्रीकृष्ण द्वारा अर्जुन को

दिया गया 'गीता तत्त्वबोध' इसका बहुत अच्छा उदाहरण है। इसकी संचार-प्रक्रिया को निम्नांकित रूप में समझा जा सकता है–

वार्त्ता

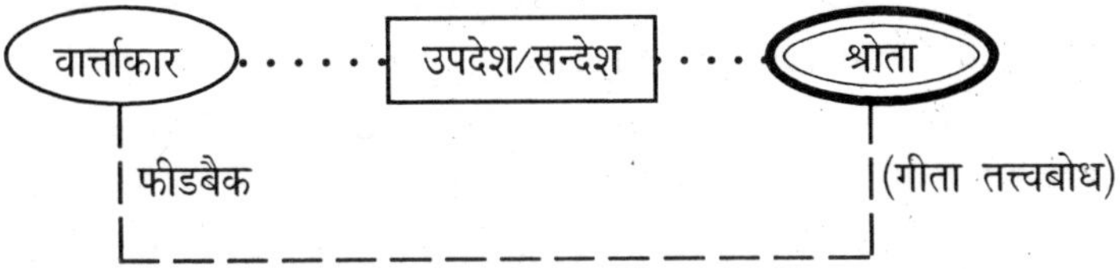

परंपरागत संचार माध्यमों का अस्तित्व उनकी गतिशीलता, निरंतर व्यवहार और लोक स्वीकृति में है, क्योंकि ये सांस्कृतिक दृष्टि से किसी भी समाज की महत्त्वपूर्ण धरोहर हैं।

डॉ. श्याम परमार एवं *एच. के. रंगानाथ* के अनुसार परंपरागत संचार माध्यमों की मुख्य विशेषताएँ इस प्रकार हैं :

1. यह स्थानीय एवं बेहद करीबी हैं और देश के हर क्षेत्र के जनसमूह के साथ एकदम तालमेल बना लेते हैं।
2. इनका प्राथमिक संबंध भावनाओं से है, न कि किसी बुद्धिमत्ता से और इनमें प्रेरक संचार तुरंत प्रतिक्रिया की ज्यादा संभावनाएँ हैं।
3. यह एक समुदाय से संबंध रखते हैं, न कि किसी व्यक्ति विशेष या सार्वजनिक उद्योग से। इन माध्यमों की गुणवत्ता तथा मात्रा पर नियंत्रण के लिए कोई संगठित संस्था, व्यवस्था या व्यक्ति नहीं है।
4. यह जनता की भाषा, मुहावरों और संकेतों का प्रयोग करते हैं। इसके कारण ही इसमें अधिकतम भागीदारी मिलती है और ये सामुदायिक अनुष्ठानों के रूप में आयोजित होते हैं, जिसमें सभी भाग लेते हैं।
5. ये जनता की आवश्यकताओं के अनुसार संचार के तरीके और प्रसंगों को ग्रहण करते हैं। लीक से हटकर एकदम नए विषय के प्रसंग भी इन माध्यमों के द्वारा व्यक्त हो पाते हैं। इन माध्यमों का विकासशील देशों में विकासात्मक सूचना फैलाने में उपयोग हो सकता है।
6. पारंपरिक/लोक माध्यम अपेक्षाकृत सस्ते होते हैं। इन्हें आसानी से ग्रहण किया जा सकता है। इनकी लोकप्रियता ग्रामीण क्षेत्रों में अधिक होती है।

2. आधुनिक संचार माध्यम

ये संचार माध्यम आधुनिक तकनालाजी की देन हैं। सामान्यतः हम सूचना को व्यापक समाज तक फैलाने अथवा कहें कि प्रसारित करने वाले आधुनिक संचार-माध्यमों का उपयोग करते हैं। प्राचीन काल में लोग छोटे-छोटे समूहों में निवास करते थे। उस समय वे आमने-सामने के संपर्क में रह सकते थे। इसलिए परंपरागत संचार माध्यमों से काम चल जाता था। अब भौतिक रूप से दूरियाँ बढ़ गई हैं। लेकिन साथ ही प्रौद्योगिक प्रगति ने दुनिया को एक 'ग्राम' में बदल दिया है। लाखों किलोमीटर दूर रहने वाले विभिन्न जाति, वर्ग, संप्रदाय और भाषाओं के लोग अब एक साथ संचार करने में समर्थ हो गए हैं। इस तकनीकी क्रांति ने आधुनिक संचार माध्यमों को जन्म दिया है। क्योंकि ये अपने प्रभाव क्षेत्र में व्यापक दायरे को समेटते हैं और आधुनिक संचार उपकरणों की मदद से सूचना, समाचार, संदेश को एक साथ व्यापक समाज तक पहुँचाते हैं, इसलिए इन्हें हम आधुनिक जनसंचार माध्यम या जनमाध्यम कहते हैं।

आधुनिक संचार माध्यमों में सूचना या संदेश का व्यापक रूप में निर्माण और वितरण किया जाता है। ये संदेश अस्थिर तथा क्षणभंगुर होते हैं। केवल उनका कुछ अंश ही स्थायित्व प्राप्त कर पाता है। एक तथ्य या सत्य कुछ समय के लिए सामने आता है, फिर जल्दी ही भुला दिया जाता है। नई सूचना, नया तथ्य या नया सत्य उसका स्थान लेने के लिए तैयार रहता है।

इनका श्रोतावर्ग या पाठक वर्ग बिखरा हुआ होता है तथा सांस्कृतिक, सामाजिक, आर्थिक, राजनीतिक, भाषा, वर्ग, संप्रदाय आदि की दृष्टि से विविधता लिए हुए होता है।

आधुनिक जनसंचार माध्यमों को हम तीन वर्गों में रख सकते हैं :

(अ) शब्द-संचार माध्यम अथवा मुद्रण माध्यम।
    समाचार-पत्र, पत्रिकाएँ, पुस्तकें, पैंफलेट्स आदि।

(ब) श्रव्य-संचार माध्यम
    रेडियो, ऑडियो कैसेट, टेपरिकॉर्डर।

(स) दृश्य-संचार माध्यम
    टेलीविजन, वीडियो कैसेट, फिल्म आदि।

आज के इलैक्ट्रॉनिक युग में उपग्रह एवं कंप्यूटर-प्रणाली के सहयोग से संचार माध्यमों ने अधिक गति से काम करना शुरू किया है। इस विचार से हम व्यापक स्तर पर सूचना प्रसारित करने वाले संचार माध्यमों को (संयुक्त रूप से कहें तो 'जन' माध्यमों को) इस रूप में वर्गीकृत करेंगे–

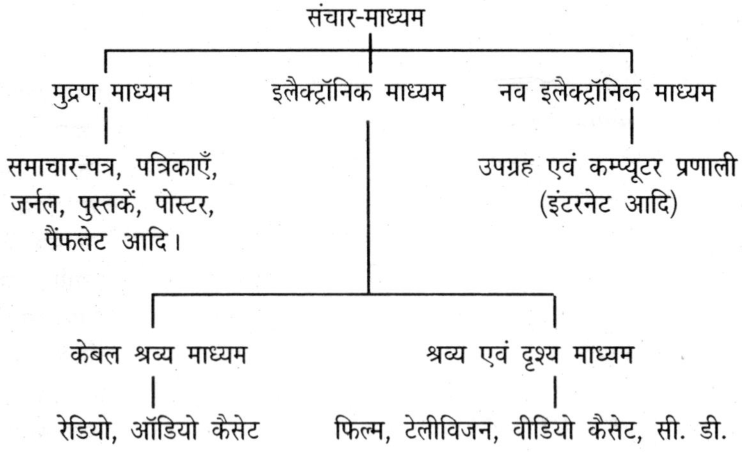

हम यहाँ पुनः याद दिला दें कि यह वर्गीकरण 'जन संचार माध्यमों' का है, केवल 'संचार माध्यमों' का नहीं है। यानी संचार का क्षेत्र जब तक दो व्यक्तियों तक सीमित है, तब तक तो हम सामान्य पत्र, टेलीफोन, पेजर, मोबाइल फोन/ सेल्यूलर या सेल फोन, वायरलैस, फैक्स और कम्यूनिकेटर तक को ही संचार के माध्यम मानकर चलेंगे; किंतु जैसे ही सूचना या संदेश को अधिक से अधिक लोगों तक पहुँचाने का दायरा बढ़ जाएगा, वैसे ही इसमें अधिक से अधिक लोगों की भागीदारी बढ़ जाएगी और तब ये संचार माध्यम 'जन माध्यम' बन जाएँगे।

आइए संक्षेप में इन संचार माध्यमों का परिचय प्राप्त करें।

1. मुद्रण माध्यम (प्रिंट मीडिया)

मुद्रण संचार माध्यम वे हैं, जिनके द्वारा सूचना का संचार मुद्रित रूप में होता है। इसे ही प्रायः 'प्रिंट मीडिया' या 'प्रेस' कहा जाता है। यह आधुनिक संचार माध्यम है, जिसमें नई सूचना प्रौद्योगिकी अपना रचनात्मक योगदान कर रही है। मुद्रण के आविष्कार के साथ ही समाचार पत्रों का प्रादुर्भाव हुआ। प्रिंटिंग प्रेस में समाचार-पत्र, पत्रिकाओं, पैंफलेट्स, पोस्टर आदि को मुद्रित करा कर लोगों तक पहुँचाया जाता है। समाचार-पत्र, पत्रिकाएँ सच्चे अर्थों में मुद्रित जनमाध्यम हैं, जिन्होंने आधुनिक प्रौद्योगिकी को अपनाते हुए निरंतर विकास किया है। ये सबसे अधिक विश्वसनीय जनमाध्यम हैं, जो आज भी समाज में अपना महत्त्वपूर्ण स्थान बनाए हुए हैं। इनमें नवीनतम समाचार, उनका विश्लेषण, विवेचन और प्रभाव, साथ ही कहीं-कहीं भविष्य की दिशाएँ भी सम्मिलित रहती हैं। रोचक और मनोरंजक सामग्री का भी उपयोग किया जाता है। सामाजिक एवं राजनीतिक जागरूकता लाने में मुद्रण माध्यमों की

भूमिका असंदिग्ध है। कारण कि वे अपनी सामाजिक जिम्मेदारी को गंभीरता से अनुभव करते हैं। प्रेस कानून बने हुए हैं। कहीं-कहीं सतही विचार, मसालेदार, चटपटे या सनसनीखेज समाचारों का उपयोग किया जाता है, जो आज की उपभोक्तावादी संस्कृति की देन है। लेकिन समग्रतः मुद्रण माध्यम का चरित्र गंभीर ही है। समाचार एजेंसियाँ और संवाददाताओं का नेटवर्क किसी भी समाचार-पत्र की धमनियों का काम करते हैं। उनके जिम्मेदार संपादक, उप-संपादक आदि कर्मी उनके मस्तिष्क हैं। पूँजी निवेश करने वाले मालिक प्रायः इनकी कार्य-प्रणाली में हस्तक्षेप नहीं करते। जैसे-जैसे यह हस्तक्षेप बढ़ने लगता है, मुद्रण माध्यम की विश्वसनीयता घटती चली जाती है, क्योंकि वहाँ निष्पक्षता, तटस्थता और सत्य धूमिल होने लगते हैं। अतः 'प्रेस' की स्वतंत्रता पर हर देश में हमेशा बल दिया जाता है। इस स्वतंत्रता को बाधित करने के प्रयास सरकारों, समाचार-पत्र मालिकों, असामाजिक तत्त्वों या किन्हीं अन्य शक्तियों के द्वारा किए जाते हैं।

2. इलैक्ट्रॉनिक माध्यम

आधुनिक संचार-युग में जनमाध्यमों ने इलैक्ट्रॉनिक तकनीक को अपनाकर अपना प्रभाव-क्षेत्र विस्तृत किया है। रेडियो इनमें पहला माध्यम है, जिसमें इलैक्ट्रॉनिक तकनीक का प्रयोग हुआ। यह **श्रव्य माध्यम** है। ध्वनि तरंगों की सहायता से दूरदराज के क्षेत्रों तक सूचना-समाचारों का संप्रेषण रेडियो के द्वारा ही संभव हो सका। इस माध्यम ने समाज में एक नई सूचना क्रांति उपस्थित की। मुद्रित माध्यमों की पहुँच सीमित क्षेत्रों तक ही थी। वह केवल पढ़े-लिखे लोगों का माध्यम बना रह सका, किंतु रेडियो साक्षर तथा निरक्षर दोनों ही तरह के समाज को लाभान्वित करने लगा। इस माध्यम ने समाचार-पत्रों की तुलना में कहीं अधिक तीव्र गति से सूचना-समाचारों का प्रेषण व्यापक जनसमूह के बीच करना आरंभ किया। इससे इस माध्यम की लोकप्रियता भी बढ़ गई। साथ ही यह माध्यम आर्थिक दृष्टि से सस्ता भी सिद्ध हुआ। *मैकब्राइड* के अनुसार, "विकासशील देशों में रेडियो ही असली जनमाध्यम का रूप है और जनसंख्या के एक बड़े अनुपात पर इसकी पकड़ है। दूसरा कोई ऐसा बड़ा माध्यम नहीं है जो सूचना, शिक्षा, संस्कृति और मनोरंजन के रूप में उस कुशलता के साथ पहुँचने की क्षमता रखता हो।" हमारे देश में रेडियो जनमाध्यम पर प्रायः सरकारी नियंत्रण है। जबकि विश्व के कई देशों में सरकारी तथा गैरसरकारी दोनों तरह के रेडियो प्रसारण मिलते हैं। रेडियो की तरह ही एक और श्रव्य संचार माध्यम है—ऑडियो कैसेट।

इनसे पृथक् श्रव्य-दृश्य (audio-visual) इलैक्ट्रॉनिक माध्यम है—फिल्म, टेलीविजन, वीडियो कैसेट, सी. डी. आदि। इन माध्यमों में ध्वनि के साथ-साथ चित्रों के माध्यम से सूचना, समाचार, संदेश प्रेषित किए जाते हैं। ये नवयुग के संचार माध्यम हैं।

आज समाज पर इनका गहरा प्रभाव है। एक समय में फिल्म केवल मनोरंजन का ही माध्यम नहीं था, इसके द्वारा समाज में शिक्षा का प्रसार भी किया जाता था। रूढ़ियों के विरुद्ध चेतना का प्रसार किया जाता था। जाति-पाँति, छुआछूत, अंधविश्वास, दहेज-प्रथा जैसी कुरीतियों, सामंतवाद के विरुद्ध चेतना, शोषण और मानव अधिकारों के विरुद्ध जागरूकता जैसे अभियानों में फिल्म माध्यम की भूमिका अविस्मरणीय है। लेकिन धीरे-धीरे यह माध्यम केवल मनोरंजन तक सिमटकर रह गया है। अब टेलीविजन एक सशक्त जनसंचार माध्यम है। इसने फिल्म माध्यम की लोकप्रियता को घटा दिया है। कारण कि नई-नई तकनीकों का प्रयोग करते हुए यह माध्यम घर बैठे सूचना, समाचार, शिक्षा, मनोरंजन सभी कुछ एक साथ दे सकता है। रंगीन चित्रों और ध्वनियों के प्रभाव से चीजें लोगों के मन-मस्तिष्क में सहजता के साथ उतरती चली जाती हैं। उनको इन्हें समझने के लिए अतिरिक्त परिश्रम भी नहीं करना पड़ता। हालाँकि टेलीविजन अपेक्षाकृत एक खर्चीला माध्यम है, किंतु इसकी लोकप्रियता और इसके विस्तार में कोई कमी नहीं आई है। वीडियो कैसेट और अब सी. डी. (compact disc) नए संचार माध्यम बनकर सामने आए हैं, जो एक तरह से टेलीविजन के ही विस्तार हैं। इनमें कंप्यूटर तकनीकी का उपयोग किया जाता है। इन माध्यमों में सूचना, शिक्षा, समाचार, मनोरंजन सभी कुछ एक जगह सुलभ है। वह भी अपने आकर्षकतम रूप में। ऐसे में इन माध्यमों की लोकप्रियता सर्वाधिक होगी ही। है भी। आज टेलीविजन कार्यक्रमों में इतनी अधिक विविधता है कि उन्हें गिनाना कठिन काम है। नित नए कार्यक्रम बन रहे हैं और देखे जा रहे हैं। वीडियो कैसेट फिल्मों और गीत-संगीत तक सिमट कर रह गई हैं और अब उन्हें सी. डी. तकनीक ने बहुत पीछे छोड़ दिया है। टेलीविजन से मिलकर सी. डी. ने अपने लिए सामाजिक लोकप्रियता प्राप्त कर ली है, तो कंप्यूटर से मिलकर शिक्षा और सूचना के क्षेत्र में नई ऊँचाइयाँ हासिल कर ली हैं। छोटे-से उन्नत प्लास्टिक से निर्मित टुकड़े पर बड़ी और व्यापक सामग्री का भंडारण इस माध्यम की अपनी विशेषता है। यह विशेषता बहुत बड़ी सुविधा देती है। इसमें सामग्री की विविधता और भी नए आयाम जोड़ती है।

3. नव इलैक्ट्रॉनिक माध्यम

ये अत्याधुनिक युग के ऐसे जनसंचार माध्यम हैं, जिनमें उन्नत तकनीक या नव्यतम प्रौद्योगिकी का इस्तेमाल किया जाता है। विशेष रूप से उपग्रह एवं कंप्यूटर प्रणाली का प्रयोग करते हुए ये माध्यम लाखों-अरबों लोगों को परस्पर जोड़ रहे हैं। कंप्यूटर नेटवर्क और उससे जुड़ी इंटरनेट सेवा ऐसे माध्यम का बहुश्रुत रूप है। इंटरनेट के अतिरिक्त और भी बहुत-से नव इलैक्ट्रॉनिक माध्यम हैं, जिनका उपयोग आज प्रभावी संचार के लिए किया जा रहा है। इसी क्रम में ई-मेल, फैसीमाइल (फैक्स), वीडियो टेक्स्ट, टेलीटेक्स्ट, इलैक्ट्रॉनिक बुलेटिन बोर्ड्स तथा अन्य कई साधन भी नव

इलैक्ट्रॉनिक माध्यम रूप हैं।

सच तो यह है कि कंप्यूटर तकनीक ने हमारे आधुनिक जनमाध्यमों की कायापलट ही कर दी है। उन्हें अब यह प्रणाली नव-इलैक्ट्रॉनिक युग में ले आई है। इससे सुविधाएँ भी बढ़ी हैं, उनका विस्तार भी हुआ है और लोकप्रियता में भी वृद्धि हुई है। उदाहरण के लिए उपग्रह तथा कंप्यूटर प्रणाली की सहायता से समाचार-पत्रों का रूप बदल गया है। शब्द संसाधन (वर्ड-प्रोसेसिंग) ने समाचार-पत्र कार्यालयों में अपना अनिवार्य स्थान बना लिया है। त्वरित और सुंदर रूप में अखबार छपने लगे हैं। इंटरनेट, ई-मेल और उपग्रह संप्रेषण से दुनिया भर के नवीनतम समाचार, सूचना सामग्री और शिक्षा एवं मनोरंजनपरक सामग्री एक ही जगह तुरंत उपलब्ध हो जाती है। बस चयन कीजिए और उसका उपयोग कीजिए। मॉडल, टेलीफोन, मोबाइल फोन आदि की सहायता से समाचार-संप्रेषण का काम आसान हो गया है। कंप्यूटर पर ही संपादन हो जाता है और ले-आउट तैयार हो जाता है। स्कैनर द्वारा फोटोग्राफ, स्कैच, टेबल्स और मानचित्र सीधे-सीधे फॉर्मेट में डाल दिए जाते हैं। इसके बाद पूरी तरह से तैयार पेज प्रिंटिंग और वितरण के लिए माइक्रोवेव की सहायता से सुदूर स्थित प्रेस को भेज दिया जाता है। पेज कहीं तैयार होते हैं, छपते कहीं हैं। वह भी एक छोटे-से दफ्तर में बैठकर। और तो और इंटरनेट की मदद से अब पाठक सीधे-सीधे अपने कंप्यूटर पर समाचार-पत्र को चाहे जब पढ़ सकता है।

डिजिटेलाइजेशन, फायर ऑप्टिक केबल्स, उपग्रह संचार तथा कंप्यूटर तकनीक ने सही अर्थों में संचार क्रांति को जन्म दिया है। आज का प्रिंट मीडिया और इलैक्ट्रॉनिक मीडिया इन्हीं तकनीकों की बदौलत उन्नति के शिखर पर है।

फिल्म की दुनिया में नए-नए प्रयोग हो रहे हैं और क्रांतिकारी परिवर्तन घटित हो रहे हैं। भारत में पुरानी ब्लैक-एंड-व्हाइट फिल्मों को अब नई तकनीक के द्वारा रंगीन फिल्मों में बदला जा रहा है। जैसे—पुरानी *'मुग़ले आज़म'* को रंगीन रूप में प्रदर्शित किया जा रहा है। इसी तरह *नया दौर, शान, साधना, अफसाना, धूल का फूल, कानून, गुमराह* और *एक ही रास्ता*—जैसी पुरानी हिंदी फिल्में भी रंगीन होने की प्रतीक्षा में हैं। ऐसी सूचनाएँ हैं। आने वाले समय में सिनेमा पूरी तरह डिजिटल हो जाएगा। यानी एक फिल्म अब एक सिगरेट के पैकेट से थोड़ी-सी बड़ी डिस्क में समा जाएगी। इसे **हाई कैपेसिटी डिस्क** का नाम दिया गया है। इसका मतलब होगा कि अब लंबी-लंबी रीलों को सहेजने, लाने-ले जाने और प्रोजेक्टर पर चढ़ाने-उतारने के झंझट से मुक्ति। फिल्में अब डिजिटली ही रिलीज होंगी। इसके लिए फाइबर ऑप्टिक केबल या सैटेलाइट की नई तकनीक इस्तेमाल की जाएगी।

मार्शल मैकलुहान के अनुसार संचार माध्यम तकनीकी उत्पादन तथा मनुष्य के शरीर का विस्तार है। जैसे जूता पैर का विस्तार (extension) है। संचार माध्यम मनुष्य का विस्तार करते हैं। यह अनेक प्रकार से होता है। जैसे—बोलकर, लिखकर,

सड़क, वस्त्र, अर्थ, मुद्रण, फोटो, समाचार-पत्र, टेलीफोन, रेडियो, फिल्म एवं टेलीविजन आदि। इनके अनुसार सामाजिक परिवर्तन के लिए संचार-माध्यम उत्तरदायी हैं। क्योंकि सूचना के प्रवाह की रीढ़ संचार माध्यम हैं। अतः 'माध्यम ही संदेश है'—Medium is message. ऐसे कहने का एक मूल कारण यह है कि संदेश संचार माध्यम के द्वारा ही यात्रा करते हैं। प्रत्येक संचार माध्यम के अपने परिणाम होते हैं। 'माध्यम ही संदेश है' क्योंकि विस्तार, नियंत्रण, किस मात्रा और किस सीमा तक और किस प्रकार लोगों तक पहुँचे। यह अब संचार माध्यम पर निर्भर है।

मैकलुहान के अनुसार संचार माध्यमों की मूल प्रकृति में परस्पर भिन्नता है। इनके प्रभाव भी भिन्न-भिन्न तरह के होते हैं। समाचार-पत्र, पत्रिकाएँ, पुस्तकें आदि मुद्रण माध्यम ऐसे हैं, जिनकी प्रकृति गर्म मानी गई है। इन्हें 'गर्म (hot) माध्यमों' के रूप में देखा जाता है। फिल्म, रेडियो, फोटोग्राफ भी 'गर्म' माध्यम हैं। इसके विपरीत टेलीविजन 'शीत (cold) माध्यम' है। कार्टून भी शीत माध्यम है। 'शीत माध्यम' अधिक प्रभावी होता है। इसका कारण यह बताया गया है कि 'शीत माध्यम' में श्रोता का जुड़ाव एवं ग्रहणशीलता अधिक होती है, जबकि 'गर्म माध्यम' में इसका अभाव होता है। 'शीत माध्यम' में अनेक अनुभूतियाँ तथा 'गर्म माध्यम' में मात्र एक अनुभूति होती है। जैसे—फोटो में मात्र एक अनुभूति है, जबकि कार्टून में अनेक अनुभूतियाँ हैं।

अंततः हम यह पाते हैं कि नित नई तकनीकी उन्नति के चलते दुनिया भर में संचार माध्यमों का विकास बड़ी तेजी से हो रहा है। इन संचार माध्यमों ने समाज की दिशा बदल दी है। ये माध्यम ही अब एक तरह से समाज की दिशा भी तय कर रहे हैं। हम निरंतर सूचनाओं, ज्ञान और समाचारों की एक विविधतापूर्ण, आकर्षक, आनंद एवं मनोरंजनमयी दुनिया की ओर जा रहे हैं। यह सही अर्थ में मनुष्य का विस्तार है।

3

श्रव्य माध्यम : रेडियो

(विविध कार्यक्रमों का परिचय एवं लेखन)

रेडियो का संक्षिप्त परिचय

आधुनिक युग में जनसंचार के अनेक सुविकसित माध्यम उपलब्ध हैं। टेलीफोन के बाद रेडियो के आविष्कार ने संचार की प्रक्रिया को दूरस्थ स्थानों तक संभव बना कर मनुष्य-समाजों को परस्पर जोड़ा। जब पत्रकारिता रेडियो के साथ संलग्न हुई तो धीरे-धीरे इस माध्यम ने समाज में एक भरोसेमंद मित्र के रूप में अपना स्थान बना लिया। वास्तव में रेडियो ऐसा संचार-माध्यम है, जिसके द्वारा कोई संदेश व्यापक जनसमुदाय तक एक साथ पहुँचाया जा सकता है। रेडियो ध्वनि-तरंगों को विद्युत ऊर्जा के द्वारा काफी दूर तक भेजता है और इन ध्वनि-तरंगों को भेजने में इतना कम समय लगता है कि काल-बोध की दृष्टि से इसे 'शून्य' कहा जा सकता है। अर्थात् किसी रेडियो स्टेशन से जिस समय संदेश प्रसारित होता है, ठीक उसी समय (कुछ ही सेकंड के अंतराल में) वह हजारों मील दूर बैठे लोग उसे अपने रेडियो सैट पर सुन सकते हैं। ट्रांजिस्टर के आविष्कार ने तो विद्युत-ऊर्जा की अनिवार्यता को भी समाप्त कर दिया है। अब सामान्य बैटरी से काम हो जाता है। ट्रांजिस्टर संचार का सस्ता, सुविधाजनक एवं लोकप्रिय साधन बन गया है। निरक्षर लोग भी इस जन-माध्यम से रुचिपूर्वक संदेश ग्रहण कर सकते हैं। एक साथ बैठक कर मनोरंजनपरक कार्यक्रम सुन सकते हैं, उन पर बैठ कर बातचीत कर सकते हैं, घटनाओं का विश्लेषण समझ सकते हैं, नई-नई जानकारियाँ प्राप्त कर सकते हैं।

रेडियो का आविष्कार 19वीं शताब्दी में हुआ। वास्तव में रेडियो की कहानी 1815 ई. से आरंभ होती है, जब इटली के एक इंजीनियर *गुग्लियो मार्कोनी* ने रेडियो टेलीग्राफी के ज़रिए पहला संदेश प्रसारित किया। यह संदेश 'मोर्स कोड' के रूप में था। रेडियो पर मनुष्य की आवाज़ पहली बार सन् 1906 में सुनाई दी। यह तब संभव हुआ, जब अमेरिका के *ली डी फारेस्ट ने* प्रयोग के तौर पर एक प्रसारण करने में सफलता प्राप्त की। उसने एक परिष्कृत निर्वात नलिका का आविष्कार किया,

जो आने वाले संकेतों को विस्तार देने के लिए थी। *डी फारेस्ट* ही था, जिसने सर्वप्रथम 1916 में पहला रेडियो समाचार प्रसारित किया। वह समाचार वास्तव में संयुक्त राष्ट्र में राष्ट्रपति चुनाव के परिणाम की रिपोर्ट थी। 1920 के बाद तो अमेरिका और ब्रिटेन ही क्या, विश्व के कई देशों में रेडियो ने धूम मचा दी! इसी अवधि में यूरोप, अमेरिका तथा एशियाई देशों में बहुत-से शोधकार्य हुए थे। इन शोधकार्यों के फलस्वरूप रेडियो ने अभूतपूर्व प्रगति की। कालांतर में इलैक्ट्रॉन तथा ट्रांजिस्टर की खोज ने रेडियो-ट्रांजिस्टर तथा दूर-संचार के क्षेत्र में बहुत विकास किया।

भारतवर्ष में रेडियो-प्रसारण का इतिहास सन् 1926 से शुरू होता है। बंबई, कलकत्ता तथा मद्रास में व्यक्तिगत रेडियो क्लब स्थापित किए गए थे। इन क्लबों के व्यवसायियों ने एक प्रसारण कंपनी गठित की थी और उसके माध्यम से निजी प्रसारण सेवा आरंभ कर दी। 1926 में ही तत्कालीन भारत सरकार ने इस प्रसारण कंपनी को देशों में प्रसारण केंद्र स्थापित करने का लाइसेंस प्रदान किया। इस कंपनी की ओर से पहला प्रसारण 23 जुलाई, 1927 को बंबई से हुआ। इसे 'इंडिया ब्राडकास्टिंग कंपनी' ने प्रसारित किया था। इसी के साथ बंबई रेडियो स्टेशन का उद्घाटन तत्कालीन वाइसराय *लार्ड इर्विन* ने किया था। इस विचार से भारत का पहला रेडियो स्टेशन बंबई में स्थापित हुआ। इसके बाद 26 अगस्त 1927 को कलकत्ता केंद्र का उद्घाटन हुआ।

यह एक संघर्षपूर्ण शुरुआत थी। कम शक्ति के मध्यम तरंग प्रेक्षक (मीडियम वेव ट्रांसमीटर), लाइसेंस की तुलना में कम आय तथा लागत की अधिकता आदि के कारण यह कंपनी (इंडिया ब्राडकास्टिंग कंपनी) बंद होने की स्थिति में आ गई। इसी दौरन 1930 ई. में प्रसारण सेवा का प्रबंध भारत सरकार ने अपने अधिकार में ले लिया। अब इसका नाम हो गया 'इंडियन स्टेट ब्राडकास्टिंग सर्विस'। यह 'सर्विस' विकसित होती चली गई और बाद में चल कर 1936 में इसका नाम 'ऑल इंडिया रेडियो' हो गया।

यहाँ यह उल्लेख करना भी जरूरी है कि 1935 ई. में तत्कालीन देशी रियासत मैसूर में एक स्वतंत्र रेडियो स्टेशन की स्थापना हुई थी। मैसूर रियासत के इस रेडियो स्टेशन का नाम 'आकाशवाणी' रखा गया था।

जब देश आज़ाद हुआ, तो 1957 में भारत सरकार ने इस संगठन का नाम 'आकाशवाणी' घोषित किया, जो मैसूर रियासत के रेडियो स्टेशन का नाम हुआ करता था। लेकिन तब से 'आकाशवाणी' नाम का प्रयोग हिंदी तथा अन्य भारतीय भाषाओं में समान रूप से हो रहा है। हाँ, अंग्रेजी-प्रसारणों और विदेश सेवा के प्रसारणों में अब भी 'ऑल इंडिया रेडियो' ही प्रसारित होता है।

स्वतंत्रता के बाद से 'आकाशवाणी/ऑल इंडिया रेडियो' का व्यापक प्रसार हुआ है। सन् 1947 में जहाँ पूरे देश में मात्र 6 प्रसारण केंद्र, एक दर्जन ट्रांसमीटर और

दो-ढाई लाख रेडियो सैट थे, वहीं आज हमारे पास 100 से अधिक रेडियो स्टेशन हैं, जो देश के तीन चौथाई से अधिक भौगोलिक क्षेत्र तथा 90 प्रतिशत के लगभग जनसंख्या को अपनी प्रसारण सीमा में लिए हुए हैं। करीब तीन करोड़ या इससे अधिक रेडियो सैट देश के घरों में बज रहे हैं।

हमारे देश में ही नहीं, अपितु दुनिया के प्रायः हर देश में रेडियो-प्रसारण की स्थिति में क्रांतिकारी प्रगति हुई है और इस जन-माध्यम को एक व्यापक समाज मुक्त हृदय से अपना चुका है। रेडियो कार्यक्रम के दर्शकों की संख्या में कोई कमी नहीं आई है। टेलीविजन के प्रसार से ऐसा लगता अवश्य है कि रेडियो के श्रोताओं की संख्या घटी है, किंतु सच्चाई यह नहीं है। रेडियो के श्रोता अब भी बहुत हैं। नए-नए कार्यक्रम उन्हें अपनी ओर आकर्षित कर रहे हैं। नए-नए रेडियो प्रसारण उन्हें बाँध रहे हैं।

रेडियो के विभिन्न कार्यक्रम

रेडियो ने समय के साथ अपने कार्यक्रमों में भी व्यापक बदलाव किया है। अब केवल समाचार या मनोरंजनपरक गीत, फिल्मी गीत आदि कार्यक्रम ही रेडियो पर प्रसारित नहीं होते, बल्कि ऐसे नए-नए कार्यक्रम भी सुनने को मिलते हैं, जो श्रोताओं को अपने में बाँध लेते हैं। ऐसे कार्यक्रमों की सूची बहुत लंबी है। इन विभिन्न कार्यक्रमों को हम 'रेडियो की विविध विधाएँ' कहें, तो ठीक रहेगा।

रेडियो के विभिन्न कार्यक्रम अथवा रेडियो की विविध विधाएँ एक दृष्टि में इस प्रकार वर्गीकृत कर सूचीबद्ध की जा सकती हैं–

अ. विषय के आधार पर

1. सूचना-समाचारपरक कार्यक्रम
   समाचार, न्यूज़रील, रेडियो रिपोर्ट।
2. वार्त्तापरक कार्यक्रम
   साहित्यिक, सांस्कृतिक, वैज्ञानिक, राजनीतिक, आर्थिक-सामाजिक, खेल एवं अन्य समसामयिक विषयक आदि।
3. वार्त्तालापपरक कार्यक्रम
   इंटरव्यू या साक्षात्कार, आमने-सामने/बातचीत, संगोष्ठी अथवा परिचर्चा।
4. गीत-संगीत/मनोरंजनपरक कार्यक्रम, फिल्मी गीत-संगीत
   शास्त्रीय गीत-संगीत, लोक गीत-संगीत।
5. साहित्यिक कार्यक्रम
   कहानी पाठ, कविता पाठ एवं कवि सम्मेलन, प्रहसन, नाटक एवं रूपक, झलकी आदि।
6. पत्रिका कार्यक्रम

साहित्यिक पत्रिका, विज्ञान पत्रिका, खेल पत्रिका, महिला पत्रिका, युवा पत्रिका आदि।

7. अन्य कार्यक्रम

   विज्ञान, ज्योतिष, खेलकूद, समसामयिक विषय, समाज, देश-विदेश, सरकार के सामाजिक-आर्थिक क्रियाकलापों पर आधारित प्रचार कार्यक्रम।

ब. श्रोता वर्ग के आधार पर

1. महिला जगत् कार्यक्रम
2. बाल जगत् कार्यक्रम
3. युवा जगत् कार्यक्रम
4. बुजुर्गों के लिए कार्यक्रम
5. श्रमिकों के लिए कार्यक्रम
6. कृषिजगत् कार्यक्रम
7. अन्य

स. अन्य वर्ग

1. फ़ीचर/रेडियो रूपक
2. आँखों देखा हाल/कमेंटरी
3. पत्रोत्तर
4. सामयिक कार्यक्रम
5. पर्व एवं जयंतियाँ
6. स्थल रिकार्डिंग कार्यक्रम
7. शोक-सूचना कार्यक्रम
8. विद्यालय से कार्यक्रम
9. झरोखा कार्यक्रम
10. आमंत्रित श्रोताओं के सम्मुख आयोजित कार्यक्रम
11. आज का विचार
12. विशेष सूचनाएँ
13. विशेष प्रसारण
14. अन्य–ज्योतिष, उद्घोषणा, कंपीअरिंग

द. कुछ नए कार्यक्रम

1. गीत-संगीत
2. आमने-सामने
3. प्रस्तुत प्रश्न
4. सब के लिए
5. कुछ पेपर की : कुछ बेपर की

6. विनोद वार्त्ता कार्यक्रम
7. रेडियो कार्टून (लतीफे, चुटकुले आदि।)
8. हँसना मना है
9. अन्य

हमें याद रखना चाहिए कि रेडियो कार्यक्रम इसके निर्माताओं, निर्देशकों की कल्पनाशीलता पर निर्भर करते हैं। इनमें समय की आवश्यकता को देखते हुए परिवर्तन होते रहते हैं। नए-नए कार्यक्रमों का जन्म होता रहता है। इसलिए कोई भी वर्गीकरण अंतिम नहीं कहा जा सकता।

मौखिक भाषा की प्रवृत्ति और रेडियो-लेखन के आधार सूत्र

व्यवहार की दृष्टि से भाषा के मुख्यतः दो पक्ष हुआ करते हैं—एक मौखिक, दूसरा लिखित। यों, तीसरा रूप 'सांकेतिक भाषा' भी होता है, जो प्रायः अभिनय आदि क्षेत्रों में 'दैहिक भाषा' (Body language) के रूप में मिलता है।

कोई इस बात को एकदम स्वीकार करे या न करे, लेकिन यह सूत्र बहुत बड़ी सीमा तक सच है कि—'शब्द मूलतः ध्वनि है।' यों, कई लोग इस बात से पूरी तरह सहमत नहीं होते और वे तर्क देते हैं कि शब्द अपने संगठित रूप में एक अर्थवान इकाई है और एक विशेष क्रम में एक से अधिक शब्दों की योजना उसी क्रम में अर्थ-योजना है जिस क्रम में शब्दों को रखा जाता है, उसी से उनके एक या दूसरे विशेष अर्थ का उद्घाटन हो जाता है। सुप्रसिद्ध नाट्यकार *मोहन राकेश* ने शब्द की इस प्रकृति को रेखांकित करते हुए कहा है, "एक शब्द का अर्थ दूसरे शब्द या शब्दों के अर्थ से मिलकर विशेष क्रम-संगति के अनुसार इकाई-इकाई के अर्थ से अलग एक नए अर्थ का भी उद्घाटन कर सकता है। उस क्रम-संगति में शब्दों के उच्चारण से अर्थ को ध्वनित किया जाता है। हाँ, एक या दूसरे शब्द या स्वर पर बल देने से उसी अर्थ के एक या दूसरे पक्ष को अधिक रेखांकित किया जा सकता है।" (पठनीय, नाट्य विमर्श, सं. जयदेव तनेजा, 2003, पृष्ठ 71)

शब्द और अर्थ का सहसंबंध विशेष रूप से मौखिक भाषा की प्रवृत्ति का परिचायक है। यह संबंध विशेष रूप से रेडियो-कार्यक्रमों की भाषा के संदर्भ में विचारणीय है। कारण कि रेडियो की भाषा मौखिक होती है। मुद्रण माध्यमों में तो लिखित/मुद्रित भाषा का उपयोग होता है या चित्र भाषा का। जबकि श्रव्य-दृश्य माध्यमों (फिल्म, टेलीविजन) में मौखिक, लिखित और चित्र भाषा का सम्मिश्रिण रहता है। इस विचार से रेडियो माध्यम में श्रव्य या मौखिक भाषा एक रचनात्मक चुनौती के रूप में कलात्मक ढंग से अपनाई जाती है। इसी में उसकी शक्ति, सफलता और असफलता निहित है। जैसा कि भाषा की उत्पत्ति का एक सिद्धांत है, भाषा की उत्पत्ति 'नाद' से हुई है। अतः अपने मूल रूप में शब्द 'नाद' की ही परिणति है।

यही कारण है कि मौखिक भाषा एक अमूर्त माध्यम है। वह लिपि अथवा दृश्य की तरह मूर्त माध्यम नहीं है। भाषा का लिखित रूप तो बहुत बाद में अस्तित्व में आया। उसका मौखिक रूप आदिम है।

मोहन राकेश पुनः कहते हैं, "मानव-मन के भाव-संकेतों को ध्वनित करने की प्रक्रिया अपने आप में ही शब्द के ध्वनि रूप को उद्घोषित करती है। भाव-संकेतों की लय के अनुसार ध्वनि-संकेत अपनी लय ग्रहण करते हैं। शब्दों की अर्थवत्ता का संबंध इस लय से जुड़ा रहने से एक-एक शब्द के इकाई अर्थ को सिवाय शिक्षण की सुविधा के और कोई महत्त्व नहीं दिया जा सकता। क्योंकि किसी भी भाव के संप्रेषण के लिए सृष्टि शब्दों की नहीं, एक विशेष लय में कुछ ध्वनियों की होती है।"

कहने का आशय यह है कि भाषा के मौखिक रूप में ध्वनि और लय प्रधान होती है। इन्हीं से अर्थ की अभिव्यक्ति और अर्थ का ग्रहण किया जाता है। विभिन्न नाट्य रूपों के संवाद, कथन, समाचार-वाचन, काव्यपाठ इत्यादि विधाओं में मौखिक भाषा की इस विशेषता को देखा जा सकता है। इस क्रम में मौखिक भाषिक अभिव्यक्ति के कई पक्ष सामने आते हैं। अपने भावों, विचारों, मतों को प्रभावी ढंग से सार्थक शब्दों में बोलकर व्यक्त करने को 'मौखिक अभिव्यक्ति' कहा जाता है। इसमें वक्ता और श्रोता का होना आवश्यक है। मौखिक अभिव्यक्ति को प्रभावपूर्ण बनाने के लिए निम्नांकित पक्षों पर ध्यान दिया जाता है—1. शुद्ध उच्चारण, 2. निःसंकोच भावाभिव्यक्ति, 3. उचित गति, बलाघात तथा अनुतान, 4. उचित हाव-भाव, 5. विचारों में क्रमबद्धता। लेकिन रेडियो माध्यम में 'उचित हाव-भाव' के लिए प्रत्यक्षतः कोई स्थान नहीं होता, क्योंकि यहाँ 'वक्ता' अप्रत्यक्ष होता है। वह सामने नहीं होता। सामने तो उसका 'स्वर' या 'आवाज' होती है।

मौखिक भाषा के दो रूप हैं—1. औपचारिक, 2. अनौपचारिक। अपनी-अपनी आवश्यकता के अनुसार हम इन दोनों रूपों को अपनाते हैं।

हमें मौखिक भाषा के उपयोग के समय यह बात सदैव ध्यान में रखनी चाहिए कि पढ़ने (बोलने या वाचन करने) की कला लिखने की कला से अधिक महत्त्वपूर्ण है। इसी बात को ध्यान में रखते हुए *लार्ड मैकाले* ने कहा था—"To learn to read is the business of half a life." सचमुच हम अपनी आधी ज़िंदगी पढ़ने सीखने में लगा देते हैं!

समग्रतः मौखिक भाषा के प्रभावपूर्ण ढंग से प्रयोग के लिए प्रायः उसके निम्नांकित तत्त्व विशेष महत्त्व रखते हैं, ये तत्त्व मौखिक भाषा की प्रवृत्ति को भी रेखांकित करते हैं—

1. ध्वनि और उसका नियंत्रण या अनुकूलन (Voice and its modulation) 2. उच्चारण (pronounciation) 3. श्वास का प्रबंधन (management of the breath) 4. बलाघात (stress) 5. विराम (pause) 6. स्वराघात (accent)

7. कारुणिकता (pathos) 8. अभिव्यक्ति (expression)।

किसी ने ठीक ही कहा है, "The human voice lies midway between the lips and the heart, that all the light may fall from the lips, and all the love may well up from the heart."

हर तरह का लेखन अपने माध्यम, विषय तथा वातावरण आदि पर निर्भर करता है। ऊपर हमने विभिन्न रेडियो-कार्यक्रमों की एक वर्गीकृत सामान्य सूची दी है। निश्चित है कि इन सब कार्यक्रमों में जहाँ-जहाँ लेखन कार्य की आवश्यकता है, उसकी प्रकृति आवश्यकता को देखते हुए अलग-अलग होगी। फिर भी रेडियो-लेखन के कुछ सिद्धांत सभी कार्यक्रमों के लिए एक-जैसे होंगे। हम पहले उन्हीं सामान्य सिद्धांतों की चर्चा करेंगे।

सबसे पहले तो हमें इस बात की ओर विशेष ध्यान रखना होता है कि रेडियो अपनी प्रकृति में मुद्रण माध्यम (समाचार-पत्र, पुस्तक, पैंफलेट आदि) तथा श्रव्य-दृश्य माध्यम (टेलीविजन एवं फिल्म) से भिन्न होता है। इसलिए स्वाभाविक है कि इसके लिए लिखे जाने वाली सामग्री की भाषा भी उन माध्यमों के लिए लिखे जाने वाली सामग्री की भाषा से भिन्न होती है। इस भिन्नता का मूल आधार है भाषा का 'श्रव्य' होना। मौखिक होना। यानी, कहा जा सकता है कि रेडियो की अपनी भाषा होती है और इस भाषा का वैशिष्ट्य रेडियो-लेखन में देखा जा सकता है। दूसरे शब्दों में कहें तो हम यह कहेंगे कि रेडियो ध्वनियों के प्रसारण तक सीमित है, इसलिए इसके कार्यक्रमों की भाषा में भाषा के ध्वनि-गुणों को उभारा जाता है। उन पर सबसे अधिक ध्यान दिया जाता है।

रेडियो पर किसी कार्यक्रम का प्रसारण करने वाले के लिए अशरीरी या निराकार ध्वनि 'कच्चा माल' होता है। और यही तत्त्व रेडियो को जन-माध्यम की अतुलनीय शक्ति प्रदान करता है। यानी, यह निराकार ध्वनि अपने कार्यक्रमों के श्रोताओं को कल्पना लोक में प्रवेश करने तथा 'मन की आँखों में' विभिन्न तरह के बिंब 'रचने' की क्षमता प्रदान करती है। प्रोड्यूसर के पास ध्वनियों की विविधमयी शृंखला रहती है। यह उसका काम है कि वह रेडियो की भाषा में अनूदित करने के लिए ध्वनि-प्रतीकों का सार्थक रूप में चयन करे।

रेडियो की शब्दावली तीन तरह की सामग्री से निर्मित होती है—

1. वाक् (Speach)

2. ध्वनि-प्रभाव, जिसमें संगीत भी शामिल है (sound effects including music)

3. मौन (silence)।

यों तो **वाक् यानी वाणी**, बिना ध्वनि-प्रभावों के ही सूचना और विचार संप्रेषित करने में सक्षम है; किंतु रेडियो पर इसका प्रयोग विशेष ढंग से करना होता है। इसमें सरलता और स्पष्टता ज़रूरी होती है। इसका कारण यह है कि अमूर्त वाक्यांश, जो किसी तरह का दृश्यात्मक बिंब नहीं जगाते, वे हवा में अपना असर खो देते हैं। यदि तर्क जटिल हैं, तो हम उन्हें न तो दुबारा पढ़ सकते हैं और न दुबारा उन्हें सुन सकते हैं। यह कोई किताब या छपी हुई सामग्री तो होती नहीं कि बार-बार पढ़ कर हम उन जटिल वाक्यांशों का अर्थ समझ लें। हमें किसी बात को एक बार में सुन कर उसका अर्थ ग्रहण करना पड़ता है। सरलता और स्पष्टता के अतिरिक्त रेडियो पर बोलने वाले को एक बात और ध्यान में रखनी होती है कि वह श्रोताओं का ध्यान आकर्षित करने के लिए उतार-चढ़ाव या सुर, ताल तथा स्वर (pitch, tempo and tone) में विविधता लाता रहे। इसके लिए जो आलेख तैयार किया जाता है उसमें शब्दों का चयन तथा वाक्य-विन्यास इसी बात को ध्यान में रख कर तैयार किया जाता है। दूसरी ओर, तथ्यों को सरल रूप में प्रस्तुत करने में कठिनाई यह आती है कि रेडियो वाणी की विलक्षणताओं को अतिरंजित कर देता है। अतिरंजना में चीज़ें या तथ्य दब जाते हैं। लेकिन नाटक के लिए यह एक अच्छी चीज़ है। नाटक में ऐसा करने से चरित्रों का अंतर स्पष्ट हो जाता है। उनके मनोभाव प्रभावशाली ढंग से उभारे जा सकते हैं।

ध्वनि-प्रभाव संगीत का रूप भी ले सकता है, या फिर प्राकृतिक अथवा इलैक्ट्रॉनिक ध्वनियों का रूप भी ले सकता है। ध्वनि-प्रभावों से जीवन की विविधता के वास्तविक या काल्पनिक सभी तरह के दृश्य सामने लाने में सहायता मिलती है। लेकिन इन प्रभावों से कई बार प्रोड्यूसर मुश्किल में पड़ जाता है। केवल ध्वनि बहुत कम स्थितियों में इच्छित सूचना या भाव संप्रेषित करने में सक्षम होती है। क्या ध्वनि स्पष्ट रूप से पहचानी जा सकती है? कभी-कभी आँधी की आवाज़ नदी या समुद्र की आवाज़ लगने लगती है, या घड़ी की टिक्-टिक् घोड़े की टापों की आवाज़ लगने लगती है। कई बार यही पता नहीं लगता कि दृश्यबंध कहाँ है? तस्वीर की सहायता के बिना या शब्दों से उसे स्पष्ट किए बिना, यह ज़रूरी नहीं हो पाता कि हम बता सकें कि यह दिल्ली की भीड़भाड़ भरी सड़क का दृश्यबंध है या मुंबई की किसी गली का! उच्चरित शब्द का एक अहम काम है कि वह ऐसे प्रभाव सफलतापूर्वक संप्रेषित कर सके। अतः उच्चारित शब्दों को संवाद के साथ घनिष्ठ रूप से बुना होना चाहिए, ताकि किसी संदेह के लिए कोई गुंजाइश ही नहीं बचे।

ध्वनियाँ जो एक रेडियो कार्यक्रम का निर्माण करती हैं, कटिंग के द्वारा आपस में अच्छी तरह गुँथी हुई रहती हैं। इस प्रक्रिया में प्रोड्यूसर हर एक ध्वनि के कार्य को अच्छी तरह समझता है। वह यह निर्णय लेता है कि अमुक ध्वनि समूचे ढाँचे में शब्द का अथवा वाक्य-विधान का हिस्सा बन सकेगी अथवा नहीं।

ध्वनि-प्रभाव जब किसी कहानी का हिस्सा कहते हैं, तो वे 'शब्द' का काम करते हैं। उदाहरण के लिए, घड़ी की टिक्-टिक् के बाद पाँच बार घंटी बजती है, तो वह एक पूरा वाक्य बन जाती है—कि पाँच बज गए। यानी उससे बिना किसी वाक्य-रचना के ही पाँच बजने की सूचना मिल जाती है। और जब किसी संवाद को उस ध्वनि से पहले या बाद में बोल दिया जाता है, तो वाक्य पूरा हो जाता है। हमें यह भी पता चल जाता है कि एक्शन कौन पात्र कर रहा है और क्यों? इस तरह हमारे मानस-पटल पर एक स्पष्ट दृश्य बन जाता है। इसी तरह सुबह होने के दृश्य को चिड़ियों की चहचहाहट और मंदिरों में घंटे बजने जैसी ध्वनियों से 'दर्शाया' जा सकता है। इनसे हमारे मानस-पटल पर पूरा दृश्य अंकित हो जाता है। हम उसकी कल्पना कर सकते हैं। ध्वनि-प्रभाव, बेशक जब शब्द एवं संगीत के माध्यम से पैदा किए जाते हैं, पात्र की मनोदशा को व्यक्त करते हैं।

इन स्थितियों को एक उदाहरण से समझें। एक रेडियो नाटक में घड़ी की टिक्-टिक् सुनाई देती है। इसके कुछ ही समय बाद घड़ी के घंटे से बारह बार बजने की ध्वनि से बारह बजे के समय की सूचना मिलती है। एक स्त्री का स्वर उभरता है—"बारह बज गए वे अभी नहीं आए।" बीच में ही एक बच्चे के कराहने की आवाज़ उभरती है, जिसका स्वर अत्यंत क्षीण एवं धीमा है। उसके थपथपाने की हल्की-सी ध्वनि। पुनः स्त्री स्वर, "सो जा बेटे, पापा आते ही होंगे। तुझे डॉक्टर को दिखा देंगे। चिंता मत कर, जल्दी ही ठीक हो जाएगा।" इतने से ध्वनि-प्रभाव और कुछ शब्दों से श्रोताओं के समक्ष एक काल्पनिक दृश्य उपस्थित हो जाता है कि कोई माँ घर पर अकेली है उसका बच्चा बीमार है। रात के बारह बज गए हैं, किंतु उसका पति अभी घर नहीं लौटा है। वह पति की प्रतीक्षा कर रही है। स्त्री चिंतित है।

फेड-आउट (तेज से क्रमशः धीरे-धीरे मद्धिम ध्वनि) तथा फेड-इन (मद्धिम ध्वनि से क्रमशः तेज ध्वनि) रेडियो में (और फिल्म में भी) आधारभूत 'व्याकरण' है। एक तरह से यह एक 'उपकरण' है, जो समय की कमी अथवा दृश्य-परिवर्तन को सूचित करने के लिए प्रयुक्त किए जाते हैं। धीरे-धीरे ध्वनि कम या ज़्यादा करके प्रोड्यूसर क्षितिज के पार जाने का भ्रम भी पैदा कर सकता है। पात्र के प्रवेश करने या दृश्य से बाहर जाने, कार, बस या स्कूटर के दूर जाने या पास आने आदि को बताने या 'दिखाने' के लिए भी इस ध्वनि का समावेश किया जाता है।

केवल **मौन या खामोशी यानी निःशब्दता** रेडियो प्रसारण में एक आश्चर्यजनक तत्त्व है। मौन शब्दों पर ज़ोर दे सकता है और श्रोता को इतना समय दे सकता है कि वह उन्हें ध्यान से सुनकर समझ सके। अपनी कल्पना-शक्ति से उन्हें आत्मसात कर सके। लगातार एक ही तरह की ध्वनियों का प्रवाह नीरसता की सृष्टि कर सकता है। इससे बचने के लिए मौन रखा जा सकता है। यही नहीं, मौन लय पैदा करने

और समग्र ध्वनि-संरचना को संतुलित करने में भी सहायक होता है।

फ़िल्म की तरह रेडियो में भी 'समय' के साथ प्रयोग करने की अनंत संभावनाएँ हैं। इसमें पूर्वदृश्य (flash back) तथा भविष्य की कौंध (flash) का उन्मुक्त प्रयोग होता है। इसका कारण यह है कि यह प्रत्येक श्रोता ही कल्पना के साथ सीधा संबंध जोड़ लेता है। यह व्यक्तिगत विचारों की अभिव्यक्ति के लिए भी अनुकूल है तथा काल्पनिक वार्तालाप को व्यक्त करने के लिए भी उपयोगी है।

नाटक हो, वार्ता हो अथवा समाचार या कोई अन्य रेडियो कार्यक्रम; रेडियो के लिए किसी भी तरह का लेखन करते समय रेडियो की भाषा की इस प्रकृति को ध्यान में रखना होता है। साथ ही कुछ और भी महत्त्वपूर्ण बातें हैं, जिनका पालन लेखक को करना चाहिए। ये बातें संक्षेप में इस प्रकार हैं :

1. रेडियो क्योंकि जनसाधारण का माध्यम है। इसे देश के कोने-कोने में सुना जाता है। हर भाषा और बोली के लोग इसे सुनते हैं। इसलिए जनसाधारण के कार्यक्रमों में उन शब्दों का प्रयोग किया जाना चाहिए, जो सामान्य बोलचाल में प्रयुक्त होते हैं। जिन्हें जनसाधारण आसानी से समझ सके। कठिन शब्दों से बचना चाहिए।

2. वाक्य सरल हों, छोटे-छोटे हों, शुद्ध तथा रोचक हों। अधिक जटिल मिश्र वाक्यों से बचना चाहिए।

3. शब्दों तथा वाक्यों में विषय के अनुरूप प्रभाव की क्षमता होनी चाहिए।

4. भारी-भरकम शब्दावली, व्यर्थ का शब्दाडंबर और उलझे हुए वाक्य सफल रेडियो-लेखन के लिए ख़तरनाक शत्रु हैं।

5. लेखकीय अभिव्यक्ति रेडियो-लेखन के लिए दी गई विधा के अनुरूप होनी चाहिए। विषय के साथ न्याय हो और उस विधा के तात्त्विक स्वरूप के प्रति भी न्याय होना चाहिए। साथ ही, यह बात सदैव ध्यान में रहनी चाहिए कि हम किसके लिए लिख रहे हैं? हमारे लिखे को कौन-सा श्रोता-वर्ग सुनेगा? इस कार्यक्रम के श्रोताओं पर हमारे लिखे का क्या प्रभाव होगा? उनकी क्या प्रतिक्रिया होगी?

6. प्रत्येक कार्यक्रम की समय-सीमा पहले से ही तय रहती है। इसलिए सभी तरह के रेडियो कार्यक्रम लिखते हुए समय-सीमा का ध्यान रखना होता है। समाचारों में तो यह समय-सीमा बहुत ही अनिवार्य है। इसलिए हर समाचार बुलेटिन में महत्त्व के क्रम से समाचार लिखे जाते हैं। साथ ही वाक्य-विन्यास का ध्यान रखा जाता है। ऐसा इसलिए किया जाता है कि यदि किसी कारण से समय समाप्त हो रहा हो तो कोई महत्त्वपूर्ण समाचार छूट न जाए और कोई समाचार अधूरा छोड़ना पड़े तो वाक्य पूरा हो जाए।

रेडियो के लिए समाचार-लेखन एवं निर्माण तथा समाचार-वाचन

रेडियो के लिए समाचार-लेखन समाचार-पत्रों के लिए तथा दूरदर्शन के लिए समाचार-लेखन

से अलग तरह का काम है। जैसाकि हमने ऊपर बताया है, रेडियो के लिए किसी भी तरह के लेखन की सफलता भाषा की 'ध्वनिगत' विशेषताओं के अधिक से अधिक सार्थक उपयोग पर निर्भर है। ध्वनि ही यहाँ 'शब्द' का काम करती है और ध्वनि ही 'दृश्य' का। इसलिए ध्वनि पर विशेष ध्यान देना होता है।

रेडियो पर जो समाचार बुलेटिन प्रसारित होते हैं, उनको तैयार होने में कई चरण पार किए जाते हैं। संक्षेप में ये चरण निम्नांकित हैं—

1. प्रथम चरण—समाचार-संकलन (News gathering)
2. द्वितीय चरण—समाचार-चयन।
3. तृतीय चरण—समाचार-लेखन।
4. चतुर्थ चरण—प्रसारण-हेतु चयन।
5. पंचम चरण—समाचार बुलेटिन की तैयारी एवं प्रसारण।

प्रथम चरण में समाचारों का संकलन किया जाता है। विभिन्न स्रोतों से समाचार एकत्र किए जाते हैं और उनकी गुणवत्ता, महत्त्व, आवश्यकता आदि के अनुसार कुछ समाचारों का चयन किया जाता है। इसमें दो बातों पर विशेष ध्यान दिया जाता है—1. समाचार के स्रोत की विश्वसनीयता, और 2. समाचार की उपयुक्तता।

रेडियो स्टेशन पर एक जनरल न्यूज़रूम होता है, जो हर समय कार्य करता रहता है। देश-विदेश से समय-समय पर समाचार आते रहते हैं। जनरल न्यूज़ रूम इन समाचारों को इकट्ठा करता रहता है। एक अनुमान के अनुसार जनरल न्यूज़ रूम में प्रतिदिन ढाई-तीन लाख से लेकर पाँच लाख तक शब्द आते हैं। इन्हें प्रसारण-योग्य बनाने के लिए समाचार-संपादकों की एक टीम रहती है, जो 24 घंटे काम करती है।

रेडियो, विशेष रूप से 'आकाशवाणी' के लिए समाचारों के प्रमुख स्रोत हैं—समाचार एजेंसियाँ, निजी संवाददाता, अनुश्रवण एकांश या मॉनीटरिंग यूनिट। इनके अतिरिक्त पत्र-सूचना कार्यालयों, सरकारी उद्यमों के जनसंपर्क अधिकारियों, राज्यों के प्रचार अधिकारिंयों से प्राप्त विज्ञप्तियों, राजनीतिक दलों के कार्यालयों, राजनेताओं या पार्टी प्रवक्ताओं द्वारा जारी किए गए वक्तव्य आदि भी समाचारों के अन्य स्रोत हैं।

इसके बाद आता है द्वितीय चरण समाचारों के चयन का। लोकहित तथा राष्ट्रीय हित में नवीनता लिए हुए उपयुक्त समाचारों का चयन किया जाता है। उनकी उपयोगिता एवं महत्त्व को आँका जाता है। समाचार-स्रोत की विश्वसनीयता देखी जाती है। यहाँ समाचार संपादक का विवेक और उसकी दृष्टि महत्त्वपूर्ण है। वह किन समाचारों को लेना चाहता है, यह उसके विवेक पर निर्भर करता है। इस स्तर पर समाचारों की समीक्षा कर ली जाती है और उनका विश्लेषण कर लिया जाता है। एक तरह से उनका 'समाचार मूल्य' देखा जाता है।

तृतीय चरण समाचार-लेखन का है। हमारे लिए यह चरण विशेष रूप से जानने-योग्य है। इसलिए इस पर विस्तार से चर्चा की जा रही है।

समाचार-लेखन का मूल सिद्धांत है—बातचीत। जब हम रेडियो समाचार सुनते हैं, तो एक तरह से किसी व्यक्ति को कुछ कहते हुए सुनते हैं। बेशक यह बातचीत एकतरफा होती है, लेकिन इसमें कहना-सुनना ही महत्त्व रखता है। हम उससे प्रश्न नहीं पूछ सकते। सिर्फ़ उसकी बात (समाचार) सुनते हैं। अतः समाचार सुनाने वाले के लिए यह ज़रूरी है कि वह सीधी और सरल बात कहे। अपनी बात (समाचारों) में कम से कम शब्दों का प्रयोग करे। उसके वाक्य सरल हों। यदि उसकी भाषा उलझी हुई होगी, उसके वाक्य लंबे होंगे, उसकी भाषा कठिन होगी तो श्रोता उसे समझने में कठिनाई अनुभव करेगा। लंबे समाचारों को सुनते हुए श्रोता ऊब भी सकता है। इसलिए एक अच्छे समाचार में सभी महत्त्वपूर्ण तथ्य कम से कम शब्दों में, सरल शब्दों में, छोटे और सरल वाक्य में स्पष्टता के साथ श्रोताओं तक पहुँचने चाहिए।

एक समाचार-लेखक को यह याद रखना चाहिए कि हम अदृश्य श्रोताओं तक समाचार बोल कर पहुँचा रहे हैं। न कोई तस्वीर दिखा रहे हैं और न उसके प्रश्नों का उत्तर दे रहे हैं। हम जो भी उसे सुना रहे हैं, वह प्रामाणिक और विश्वसनीय है। उसे हमारे कहे हुए पर ही भरोसा है। हमारी निष्पक्षता उसके सामने प्रमाणित होनी चाहिए। बात साफ हो, उसमें घुमाव-फिराव या अस्पष्टता न हो। हमें एक बार में ही सब कुछ कह देना होता है। अपनी बात को हम बार-बार नहीं कह सकते। न कोई सफाई दे सकते हैं।

हमारा श्रोता अनपढ़ भी हो सकता है और बड़ा विद्वान भी। इसलिए रेडियो समाचार-लेखक को 'संचार' का यह तकनीकी सिद्धांत ध्यान में रखना होता है कि एक व्यक्ति द्वारा भेजे जाने वाला संदेश जिस माध्यम से जाता है, वह किसी न किसी गतिविधि, क्रिया अथवा वस्तु का प्रतिनिधि होता है। उदाहरण के लिए "भूकंप में एक सौ चालीस लोग मरे"—यह संदेश वस्तुतः एक क्रिया या गतिविधि की ओर संकेत करता है। संदेश प्राप्त करने वाला व्यक्ति माध्यम की जानकारी के बल पर उसको अपने मन में क्रिया या गतिविधि के रूप में रूपांतरित करता है। तकनीकी भाषा में इस प्रक्रिया को 'कोडिंग' और 'डीकोडिंग' कहते हैं। अर्थात् प्रेषक जो संदेश भेजता है, वह माध्यम संदेश की 'कोडिंग' करता है। यानी उसे 'सार्थक संकेत' का रूप देता है। 'संदेश' प्राप्त करने वाला माध्यम की अपनी जानकारी के बल पर उसे 'डीकोड' करता है; अर्थात् उस 'संदेश' में निहित अर्थ को समझता है।

जहाँ तक रेडियो माध्यम की बात है, रेडियो की शब्दावली तीन तरह की सामग्री से बनती है—वाक् (speech), ध्वनि-प्रभाव (जिसमें संगीत भी शामिल है) (sound effects including music) और मौन (silence) अथवा चुप्पी। यों तो वाक् यानी वाणी, बिना ध्वनि-प्रभावों के ही सूचना और विचार संप्रेषित करने में सक्षम है; किंतु

रेडियो पर इसका प्रयोग विशेष ढंग से करना पड़ता है। इसमें सरलता और स्पष्टता ज़रूरी है, क्योंकि अमूर्त वाक्यांश जो किसी तरह का दृश्यात्मक बिंब नहीं जगाते, हवा में अपना असर खो देते हैं।

रेडियो के लिए समाचार-लेखन की भाषा के संबंध में हम पीछे चर्चा कर चुके हैं। अब हम इस तथ्य पर ध्यान दें कि समाचार का सार पहले हो और विस्तार आगे दिया जाए। यही अन्य माध्यमों के लिए भी समाचार-रचना का नियम है। इसके लिए 'छह ककार' (या Five "Ws" औ र एक "H" को नहीं भूलना चाहिए। ये हैं क्रमशः–

1. क्या (What?)
2. क्यों (Why?)
3. कब (When?)
4. कहाँ (Where?)
5. किसने (Who)
6. कैसे (How?)

उदाहरण के लिए एक आदर्श समाचार में इन बातों में से अधिक से अधिक बातों का समावेश हो जाना चाहिए कि क्या हुआ, क्यों हुआ, कब हुआ, कहाँ हुआ, किसने किया और कैसे किया? या क्या कहा, क्यों कहा, कब कहा, कहाँ कहा, किसने कहा और कैसे कहा? एक श्रोता हमसे इन प्रश्नों के स्पष्ट उत्तर की अपेक्षा करता है।

कुल मिलाकर रेडियो के लिए समाचार-लेखन में मुख्यतः इन बातों पर ध्यान दिया जाना चाहिए :

1. समाचार की भाषा सरल, पारदर्शी और स्पष्ट हो। वाक्य सरल हों। उसकी भाषा बोलचाल की भाषा के निकट हो।
2. समाचार संक्षिप्त हो; किंतु अपने आप में पूर्ण हो। हाँ, बहुत अधिक महत्त्व, लोक-रुचि तथा व्यापक जनहित के समाचार को विस्तार से लिखा जा सकता है। लेकिन उसमें भी कसावट होनी चाहिए। निरर्थक वाक्‌जाल नहीं हो।
3. समाचार किसी भी स्रोत से आया हो, विश्वसनीय और मूल्यवान होने पर ही उसे स्वीकार करना चाहिए।
4. समाचार की मूल आत्मा सुरक्षित रहनी चाहिए। संक्षिप्त समाचार में तो प्रायः इस बात का निर्वाह आसानी से हो जाता है, लेकिन विस्तृत समाचार में मूल आत्मा की रक्षा करना कठिन है। आंकड़ों को कम जगह दी जाए तो अच्छा रहता है। लेकिन जहाँ आंकड़े दिए जाने आवश्यक हों, तो उन्हें सही-सही और उन आंकड़ों के स्रोत का उल्लेख अवश्य कर देना चाहिए। इससे समाचार की निष्पक्षता एवं विश्वसनीयता बढ़ती है।

5. समाचार में निहित तथ्यों से छेड़छाड़ नहीं करनी चाहिए। न उन पर अपने विचारों का रंग चढ़ाया जाना चाहिए।
6. जिस भाषा में समाचार बुलेटिन तैयार किया जा रहा है, समाचार-लेखक को उस बुलेटिन के लिए प्रयुक्त भाषा की प्रकृति का अच्छा ज्ञान होना चाहिए। उसी के अनुसार भाषा का प्रयोग होना चाहिए।
   हमें यह याद रखना चाहिए कि जिस भाषा में बुलेटिन प्रसारित होना है, पहले वह उन भाषा-भाषियों के लिए है, जिस भाषा में बुलेटिन प्रसारित होता है। अन्य भाषा-भाषियों की सुविधा के लिए हम इस बुलेटिन की भाषा के साथ खिलवाड़ नहीं कर सकते। अन्य भाषा-भाषियों के लिए उनकी भाषा में समाचार-बुलेटिन प्रसारित करने की व्यवस्था अलग से होती है।
7. जहाँ किसी समाचार का अनुवाद करना होता है (और प्रायः ऐसा होता ही है); वहाँ यह ध्यान रहे कि अनुवाद सटीक हो। अनुवादक को दोनों भाषाओं का अच्छा ज्ञान होना चाहिए। दोनों भाषाओं की प्रकृति सांस्कृतिक पृष्ठभूमि, उनके व्याकरण, वाक्य-रचना और मुहावरों आदि का ज्ञान आवश्यक है।
8. समाचार-लेखक को समाचार तैयार करने में मार्ग-निर्देशन सिद्धांतों का पालन करना चाहिए। ये सिद्धांत समाचार-लेखक-संपादक को पहले से ही उपलब्ध करा दिए जाते हैं। किसी प्रकार का संदेह होने पर संबद्ध अधिकारी से विचार-विमर्श कर लेना चाहिए। विशेष रूप से विदेशी समाचार तैयार करने में अपने देश की विदेश नीति तथा आचार-संहिता में वर्णित सिद्धांतों का ध्यान रखा जाना चाहिए।
9. समाचार लिख लेने के बाद अंत में एक बार फिर से जाँच लेना चाहिए कि, सभी समाचारों में समाचार के सारे तत्त्व आ गए हैं या नहीं, कम ज़रूरी या ग़ैरज़रूरी बातें तो नहीं आ गईं। समाचारों की भाषा संक्षिप्त, स्पष्ट और चुस्त है या नहीं। बोझिल शब्दावली का प्रयोग तो नहीं हो गया। वाक्य अधूरे तो नहीं हैं। भाषा द्विअर्थी तो नहीं है।
10. समाचार तथ्यपरक होने चाहिए।
11. यदि इस बात का ध्यान रखा जाए कि समाचार-वाचक कौन है, तो समाचार लिखने में और भी सुविधा रहती है। इसका कारण यह है कि बहुत-से समाचार-वाचक कई शब्दों के सही उच्चारण नहीं कर पाते, या उन्हें उन शब्दों का अर्थ नहीं पता होता या उन्हें अल्प विराम, पूर्ण विराम आदि का सही पता नहीं रहता; कहाँ कम रुकना है, कहाँ अधिक रुकना है, कहाँ किस शब्द पर बल देना है आदि बातों का ठीक-ठीक पता नहीं

होता। ऐसे में लेखक और समाचार-वाचक में तालमेल ज़रूरी होता है।

समाचार-चयन और लेखन के बारे में ध्यान रखने योग्य दिशा-निर्देशक सिद्धांत इस प्रकार हैं :

1. तथ्य अपरिवर्तनीय हैं। वे बदले नहीं जाते। ख़बरें घटना-प्रधान ही दें। सभी विचार समाचार नहीं होते।
2. समाचारों को संतुलित रूप में ही देना चाहिए। विशाल श्रोता वर्ग को ही ध्यान में रख कर समाचार लिखने चाहिए। इस दृष्टि से भाषा सरल होनी चाहिए।
3. श्रोता वर्ग का यह अधिकार है कि वह सभी प्रकार के समाचार सुने। श्रोताओं के इस अधिकार का सम्मान करें। सभी तरह के समाचार दें।
4. समाचारों का चयन मान्यता प्राप्त समाचार एजेंसियों से ही लें। यदि किसी अन्य स्रोत से समाचार लेना हो तो उसकी सत्यता, प्रामाणिकता और विश्वसनीयता को पूरी तरह परख लें। इसके बाद ही उस स्रोत से समाचार का चयन करें।
5. ऐसा कोई समाचार न दें जिससे किसी व्यक्ति विशेष का हित सधता हो या उसे कोई व्यक्तिगत लाभ मिल रहा हो। यही बात किसी प्रतिष्ठान या उत्पादन पर लागू होती है। कहने का अर्थ यह है कि रेडियो जनसाधारण का माध्यम है, इसका उपयोग व्यक्तिगत हित साधन के लिए नहीं होना चाहिए। मुख्य आशय यह है कि समाचार के छद्‌म वेश में विज्ञापन न होने पाए। न कोई व्यक्ति समाचार की आड़ में अपनी व्यक्तिगत छवि बनाने के लिए इस माध्यम का उपयोग करे।
6. विकास संबंधी समाचार देने में लोगों और स्थानों के साथ संगठनों के भी नाम दें। इससे लोगों को पहल करने की प्रेरणा और प्रोत्साहन मिलेगा।
7. सरल शब्दों का प्रयोग करें। सीधी बात कहें। बड़े और भारी-भरकम शब्दों का प्रयोग न करें। विशेषणों का प्रयोग कम से कम करें। जहाँ बहुत आवश्यक हो, वहीं विशेषणों का प्रयोग किया जाए।
8. समाचार में प्रचारात्मक तत्त्व का प्रवेश न होने पाए और न परनिन्दा हो।
9. विवादास्पद समाचार में संतुलन होना चाहिए। सभी पक्ष तटस्थ हो कर अपनाए जाने चाहिए। इससे समाचार में निष्पक्षता का समावेश होता है।
10. संक्षिप्त नामों का प्रयोग उस समय तक न करें, जब तक कि वे भलीभाँति जनसामान्य द्वारा समझ न लिए जाएँ या जो प्रचलन में न आ गए हों।
11. यदि किसी समाचार के प्रसारण के लिए कोई समय निश्चित है (इसे 'एम्बार्गो' कहते हैं), तो वह समाचार उससे पहले प्रसारित न किया जाए।
12. मौसम संबंधी जानकारी या भविष्यवाणी मौसम विभाग अथवा अन्य

प्रामाणिक स्रोतों से ही लें।

13. किसी सार्वजनिक सभा में उपस्थित लोगों की संख्या के बारे में अनुमान न लगाएँ; लेकिन आवश्यक हो तो उसे विशाल सभा लिख सकते हैं।

ये नियम *पार्थसारथी-समिति* ने निर्दिष्ट किए थे, जो समाचारों के सफल प्रसारण में काफी हद तक सहायक हो सकते हैं।

रेडियो समाचार विशेषज्ञ *राधानाथ चतुर्वेदी* ने अपनी पुस्तक 'प्रसारण के लिए समाचार-लेखन' (1992, पृष्ठ 102-4) में राजनीतिक प्रसारणों के बारे में छह मार्ग-निर्देशक सिद्धांत दिए हैं। उनके अनुसार–

1. राजनीतिक गतिविधियों संबंधी समाचारों को कठोरता के साथ उनके महत्त्व के अनुसार ही प्रसारण के लिए चुनें, किसी दल के साथ पक्षपात या भेदभाव न होने पाए।
2. विवादास्पद राजनीतिक मसलों पर सभी दृष्टिकोणों को देने का प्रयास करें।
3. समाचार बुलेटिन ऐसा होना चाहिए जिसे सभी वर्गों और हितों वाले लोग सुन सकें। सरकारी विज्ञप्तियों पर आवश्यकता से अधिक निर्भर न रहें। सरकारी सूचनाओं को माध्यम और समाचार की आवश्यकता के अनुकूल लिखें।
4. किसी भी पार्टी को सांप्रदायिक, प्रगतिशील जैसे विशेषणों से विभूषित न करें।
5. यदि संभव हो तो उस बुलेटिन में समाचार को संतुलित करें। यदि विपक्ष की प्रतिक्रिया उसी समय या तत्काल उपलब्ध नहीं है, तो बाद के बुलेटिनों में उसे देने के लिए अपने आँख-कान खुले रखें।
6. अगर किसी पार्टी के नाम के बारे में विवाद है, तो या तो निर्वाचन आयोग द्वारा स्वीकृत अथवा मान्य नाम का उपयोग करें अथवा किसी अदालत ने जो नाम पार्टी को दिया हो, उसका उपयोग करें।

इसी तरह राष्ट्रपति और उनके पद के संबंध में या प्रधानमंत्री संबंधी समाचार देने में निम्नलिखित बातों पर ध्यान देना चाहिए :

1. राष्ट्रपति का पद अत्यंत महिमामय है। इसलिए उनके संबंध में समाचार देते समय राष्ट्रपति-पद की गरिमा का पूरा ध्यान रखा जाना चाहिए। यही बात संसद, राज्य विधान मंडलों, न्यायालयों और राज्यपालों संबंधी समाचारों पर भी लागू होती है।
2. प्रधानमंत्री की गतिविधियों को समुचित महत्त्व दिया जाना चाहिए। प्रधानमंत्री के संवाददाता सम्मेलन, भाषण आदि समाचारों की दृष्टि से महत्त्वपूर्ण हैं, क्योंकि वे सरकार के नीति संबंधी बयान होते हैं या उनसे

यह पता चलता है कि राष्ट्रीय समस्याओं पर क्या नई दृष्टि अपनाई जा रही है; और–

3. समाचार के महत्त्व के अनुसार केंद्रीय और राज्यों के मंत्रियों के सरकारी नीति संबंधी वक्तव्य प्रसारित किए जाने चाहिए।

विभिन्न वक्तव्यों, उनके खंडन या उत्तरों के बारे में संपादकों को चौकन्ना रहना चाहिए। इनके संबंध में चार बातों का ध्यान रखना चाहिए :

1. अगर किसी राजनीतिक वक्तव्य का समाचारों की दृष्टि से महत्त्व है तो वह प्रसारित होना चाहिए। यदि उसमें कोई नीति संबंधी बात है या उससे किसी राजनीतिक समस्या या हवा को बेहतर तरीके से समझने में सहायता मिलती है, तो समाचार की दृष्टि से वह वक्तव्य महत्त्वपूर्ण है। लेकिन आकाशवाणी को मात्र दलगत विचारों का प्रचार नहीं करना चाहिए।
2. निम्नलिखित बातें आपत्तिजनक हैं। यदि वे किसी वक्तव्य में हैं, तो उन्हें नहीं दिया जाना चाहिए :
   (अ) सांप्रदायिकता भड़काने वाली बातें और विधि तथा संविधान-सम्मत सिद्धांतों पर स्थापित सरकार को हिंसा द्वारा उखाड़ फेंकने के लिए भड़काने वाले बयान, और–
   (ब) ऐसी सूचनाएँ या राय जिससे किसी व्यक्ति के प्रति नफ़रत पैदा होती हो; उसका अपमान होता हो या उसकी प्रतिष्ठा पर आँच आती हो।
3. अगर किसी नेता के वक्तव्य में कोई आपत्तिजनक बात न हो तो उसका प्रसारण नहीं रोका जाना चाहिए, शर्त यही है कि वह समाचार की दृष्टि से महत्त्वपूर्ण हो; और–
4. अगर आकाशवाणी ने कोई वक्तव्य प्रसारित किया है, उसका कोई जवाब आता है तो उसे प्रसारित किया जाना चाहिए, लेकिन उत्तर तभी लिया जाना चाहिए जब वह किसी समसामयिक सार्वजनिक समस्या पर दिए जाने वाले समाचारों को सन्तुलित करने वाला हो और वह श्रोता का उस समस्या के बारे में ज्ञानवर्द्धन करता हो या कोई नई सूचना देता हो। दूसरे शब्दों में, उत्तर वाले वक्तव्य पर पत्रकारिता की दृष्टि से विचार किया जाना चाहिए।

एक और कठिनाई उस समय सामने आती है, जब बुलेटिनों के लिए हड़ताल और बंद के समाचार लिखने पड़ते हैं। इनके लिए निम्नांकित मार्ग निर्देशक सिद्धांत ध्यान में रखे जा सकते हैं :

1. जब कोई हड़ताल हो तो समाचार के महत्त्व के आधार पर वस्तुपरक ढंग से खबर दी जानी चाहिए। घटनाओं का समाचार-लेखन वस्तुपरक

ढंग से होना चाहिए।

2. प्रसंग के अनुसार हड़तालों के बारे में लोगों की राय भी दी जा सकती है। अगर सरकार तथा प्रबंधकों, हड़तालियों या हड़ताल के संगठनकर्ताओं के मतों में भेद हो, तो विभिन्न दृष्टिकोणों को भी बताया जाना चाहिए।
3. हड़ताल या बंद के बारे में अग्रिम सूचनाएँ देने से बचना चाहिए। लेकिन यदि उनका असर लोगों के जनजीवन पर पड़ता है तो श्रोताओं को सावधान करने के लिए सूचना देनी आवश्यक है। ऐसी खबरें समाज के हित को दृष्टि में रखते हुए दी जा जाती हैं।
4. अगर रेल परिवहन से संबंधित अधिकारी जनता के हित के लिए कोई उपाय करते हैं, तो उन्हें प्रसारित किया जाना चाहिए।
5. कुल मिलाकर आकाशवाणी का समाचार प्रसारण जनहित में होना चाहिए और घटनाओं को बहुत उछालना नहीं चाहिए।

दंगे तथा उपद्रवों के मामले में भी इसी तरह की सावधानी की नीति अपनानी चाहिए। जब देश के किसी हिस्से में दंगे हों तो आकाशवाणी के समाचार प्रसारण इस तरह के होने चाहिए जिससे तनाव घटे और लोगों में सौहार्द, आपसी विश्वास बढ़े तथा शांति व्यवस्था कायम हो।

जैसा हम पहले भी उल्लेख कर चुके हैं, समाचार-लेखन को तथ्यों से छेड़छाड़ नहीं करनी चाहिए। उन्हें तोड़ने-मरोड़ने अथवा दबाने की चेष्टा नहीं की जानी चाहिए। फिर इतना ध्यान अवश्य रखना चाहिए कि वे तथ्य समाज तथा देश के लिए अहितकर न हों। ऐसी घटनाओं को प्रसारित करने से यथासंभव बचना चाहिए जो सांप्रदायिक हों, दंगे फैलाने का कारण बनती हों या समाज में विद्वेष का वातावरण पैदा करती हों। यदि ऐसी घटनाओं को दिए जाने की महती आवश्यकता हो तो संप्रदायों के नाम नहीं दिए जाने चाहिए। तथ्य एकदम सही हों और विश्वसनीय।

इसी तरह आपराधिक समाचार तब तक न दिए जाएँ, जब तक कि वे व्यापक जनहित के न हों।

एक समाचार-लेखक को यह बात हमेशा ध्यान में रखनी चाहिए कि—देशहित और समाजहित सर्वोपरि है। इसलिए राष्ट्रीय विपत्तियों, प्राकृतिक आपदाओं जैसे व्यापक तथा मानवीय विषयों के समाचारों को प्राथमिकता दी जानी चाहिए। भूकंप, बाढ़, अकाल, अग्निकांड, तूफान, रेल दुर्घटना, हवाई दुर्घटना इत्यादि के समाचार व्यापक मानवीय सरोकारों वाले होते हैं। अतः उन्हें प्राथमिकता के आधार पर देना चाहिए। जन-धन के आँकड़े सही-सही होने चाहिए, जिनकी पुष्टि सरकारी आँकड़ों से की गई हो। यदि ऐसे समाचारों को तुरंत दे देने से जान-माल की हानि को रोका जा सकता हो, तो इन्हें सारे कार्यक्रम बीच में ही थोड़ी देर के लिए रोक कर दे दिया जाए, तो अच्छा है। ताकि जनता उन्हें सुनकर बचाव के उपाय या प्रयास कर सके।

इस तरह की दुर्घटनाओं अथवा बीमारियों के फैलने के समाचारों के साथ ही उनसे बचाव के उपाय, राहत कार्यों की जानकारी जैसी बातें अवश्य दे देनी चाहिए।

इसके विपरीत, तोड़-फोड़, विद्रोह आदि के समाचार देने में अधिकारियों से स्पष्टतः पूछताछ कर लेनी चाहिए। ऐसा कोई समाचार भूल से भी नहीं जाना चाहिए, जिससे इन मानव-विरोधी, समाज-विरोधी या देश-विरोधी गतिविधियों को प्रोत्साहन मिलता हो।

अफवाहों से सदैव बचना चाहिए। अफ़वाहों से देश तथा समाज का बहुत नुकसान होता है।

यांद रहे कि आकाशवाणी सिर्फ सरकारी माध्यम नहीं है और न वह किसी एक पार्टी विशेष का अथवा सत्तारूढ़ दल या सरकार का अंध प्रचारक। उसे जनहित, समाजहित और सबसे पहले देशहित में काम करना है। उसकी विश्वसनीयता इसी बात में निहित है कि वह सच्चे समाचार देती है। यह बात अलग है कि उसके कुछ विकास संबंधी समाचार अथवा विकास-कार्यक्रम ऐसे भी होते हैं, जिनमें सरकार द्वारा समाज के लिए किए जा रहे विकास कार्यों की जानकारी दी जाती है, लेकिन यह तथ्यात्मक जानकारी सामाजिक चेतना और समाज के व्यापक हित के लिए होती है। अनावश्यक प्रचार के लिए नहीं। इसी क्रम में यह बात भी ध्यान देने योग्य है कि किसी राजनेता, मंत्री अथवा अन्य प्रभावशाली व्यक्ति को अनावश्यक प्रचार नहीं मिले और न उसका बार-बार नामोल्लेख किया जाए।

इस प्रकार रेडियो के लिए समाचार-निर्माण तथा समाचार-लेखन में उपर्युक्त सभी बातों, नीति-निर्देशक सिद्धांतों का अनुपालन किया जाता है।

समाचार बुलेटिन : निर्माण, तैयारी एवं प्रसारण

समाचार-चयन और लेखन के बाद की स्थिति आती है उन्हें 'पूल' में डालने की। अर्थात् समाचार लिख कर 'पूल' (या हिंदी में कहें 'समाचार सरोवर') में रख दिए जाते हैं। यहाँ से समाचार वाचक को उस बुलेटिन में प्रसारित किए जाने वाले समाचार दे दिए जाते हैं।

'पूल' एक तरह से समाचारों का भंडारण-गृह होता है। 'पूल' प्रायः दो हिस्सों में होता है–पहला हिस्सा देशी समाचारों के लिए होता है, जबकि दूसरे हिस्से में विदेश के समाचार होते हैं। विदेशी समाचारों के साथ पहले खेलकूद संबंधी समाचार भी हुआ करते थे। अब इन समाचारों के लिए अलग पूल की व्यवस्था है। यह पूल सुबह, दिन, शाम और रात–इन चार हिस्सों में बँटे होते हैं। इन्हीं के अनुसार इनको क्रमशः मॉर्निंग पूल, डे-पूल, ईवनिंग पूल तथा नाइट पूल कहते हैं। संक्षेप में इनको संकेताक्षरों से इस तरह व्यक्त किया जाता है–एम.पी.I (मॉर्निंग पूल-I) यानी सुबह का वह पूल जिसमें देश के समाचार हैं। एम.पी.II यानी सुबह का वह पूल जिसमें

विदेश के (और आवश्यक हुआ तो खेलकूद के भी समाचार हैं।) इसी तरह डी.पी.I., डी.पी.II, ई.पी.I, ई.पी.II., एन.पी.I तथा एन.पी.II हैं।

संसद का सत्र चल रहा हो, उन दिनों एक पूल अलग से बना दिया जाता है। इसमें डी.पी.पी., 'डे पार्लियामेंट पूल' भी होता है। शाम को 'ईवनिंग पार्लियामेंट पूल' (ई.पी.पी.) और यथावश्यक 'स्पोर्ट पूल' बनाए जाते हैं।

समाचार-प्रभाग के प्रायः वरिष्ठ संपादक ही सुबह के आठ तथा सवा आठ के समाचार-बुलेटिन तैयार करते हैं। शाम को मुख्य बुलेटिन आठ पैंतालीस बजे हिंदी में और नौ बजे अंग्रेज़ी में प्रसारित होते हैं। इन बुलेटिनों को भी अनुभवी वरिष्ठ संपादक तैयार करते हैं। सहयोगी संपादकों के लिए अपने सुयोग्य, अनुभवी और वरिष्ठ संपादकों का कार्य एक अनुकरणीय आदर्श होता है। इसलिए वरिष्ठ संपादक बहुत जिम्मेदारी से अपना काम करते हैं। वे अपने घर पर भी हों तो भी प्रसारित होने वाले समाचार बुलेटिनों को बहुत ध्यान से सुनते हैं। यदि किन्हीं कारणों से यह संभव नहीं हो पाता तो वे उन बुलेटिनों को पढ़ते हैं, जो उनकी पिछली ड्यूटी के बाद प्रसारित हुए थे।

अपनी ड्यूटी पर आते ही सभी समाचार संपादक सबसे पहले 'सर्विस रिपोर्ट' पढ़ते हैं। यह रिपोर्ट प्रत्येक प्रभारी संपादक (इंचार्ज) अपनी ड्यूटी पूरी करने के बाद अपने उत्तराधिकारी संपादक के लिए छोड़ जाता है। इसमें वे बातें लिखी होती हैं, जो आगामी ड्यूटी में संपादक को करनी हैं। इसी में उन निर्देशों की भी चर्चा होती है, जो 'ऊपर' से (उच्च अधिकारियों द्वारा) दिए गए हैं। इससे पता चल जाता है कि संपादक को अपने ड्यूटी में किन विशेष बातों का ध्यान रखना है; क्या-क्या करना है और क्या नहीं करना है।

इसके बाद संपादक 'पूल' को पढ़ता है। उदाहरण के लिए जो संपादक प्रातः 8 बजे और सवा आठ बजे का बुलेटिन करता है, उसे शाम के सारे पूल पढ़ने होते हैं और देखना होता है कि कोई महत्त्वपूर्ण समाचार शाम को छूट तो नहीं गया था। इस तरह उसे 'नाइट पूल' पढ़ना होता है। 'मॉर्निंग पूल' तो उसके सामने आते ही रहते हैं। वह एक कागज पर लिखता जाता है कि उसे कौन-सी क्रम संख्या का कौन-सा समाचार 'ईवनिंग पूल' से लेना है और कौन-सा समाचार 'नाइट पूल' से लेना है। इसी तरह 'मॉर्निंग पूल' को देखते हुए वह उसमें से अपने उपयोग के लिए उचित समाचारों का चयन करता जाता है।

हमारे विचार से संपादक को चाहिए कि वह 'पूल' को पढ़ते समय उपयोगी समाचारों के शीर्षक साथ के साथ नोट करता रहे। इससे महत्त्वपूर्ण समाचार या उनके शीर्षक (हेडलाइंस) छूटने की आशंका नहीं रहती। कुछ संपादक इस काम को बुलेटिन प्रसारित होने से आधे घंटा पहले करते हैं। ऐसा करने में कई बार असुविधा हो सकती है।

'पूल' से उपयोगी 'आइटम' (समाचार) चुनने के बाद संपादक बुलेटिन की आवश्यकता के अनुसार समाचार को सुधार कर पुनः लिखता है। उसकी काया में काट-छाँट करता है और आवश्यकता होने पर उसे बोल कर देख लेता है तथा फिर से लिखता है। इससे यह बात आसानी से समझी जा सकती है कि किसी भी समाचार-बुलेटिन की जीवतंता, सफलता और प्रभावपूर्णता संपादक की प्रतिभा, कुशलता, अनुभव और क्षमता पर निर्भर करती है।

जब समाचारों के शीर्षक (हेडलाइंस) चुन लिए जाते हैं, तो प्रसारण के लिए, इन शीर्षकों में से प्रभारी संपादक तथा अधीक्षण-अधिकारी के परामर्श से यह तय किया जाता है कि कौन-से समाचार को सबसे पहले 'लीड' (मुख्य समाचार) के रूप में दिया जाएगा। इसी के अनुसार समाचार-शीर्षकों का क्रम निर्धारित किया जाता है।

समाचार-बुलेटिन को तीन हिस्सों में बाँटा जा सकता है :

1. शीर्षक (हेडलाइंस)।
2. बुलेटिन में जाने वाले समाचार।
3. विराम या 'ब्रेक'।

रेडियो पर प्रायः 15 मिनट का समाचार बुलेटिन सबसे बड़ा होता है। इस बड़े बुलेटिन में दो विराम होते हैं। इससे छोटा बुलेटिन 10 मिनट का होता है, जिसमें एक विराम होता है। जबकि सबसे छोटे पाँच मिनट के बुलेटिन में कोई विराम नहीं होता। अतः स्पष्ट है कि हर विराम पाँच मिनट के अंतर से रखा जाता है। विराम से दो लाभ होते हैं—एक तो यह कि, समाचार-वाचक को थोड़ा-सा विश्राम मिल जाता है। दूसरा यह कि, संपादक हर विराम के बाद नए क्रम से समाचार दे सकता है। विराम के लिए प्रायः तीन प्रकार की अभिव्यक्तियों का प्रयोग किया जाता है—"यह आकाशवाणी है," और "ये समाचार आप आकाशवाणी से सुन रहे हैं," या "ये समाचार आकाशवाणी से प्रसारित किए जा रहे हैं।"

इसी तारतम्य में हम बुलेटिन में प्रसारित होने वाले समाचारों के क्रम पर विचार कर लें। रेडियो से प्रसारित किए जाने वाले समाचारों तथा समाचार-पत्रों में प्रकाशित होने वाले समाचारों में न केवल उनकी संरचना और उनके लेखन के स्तर पर अंतर होता है; बल्कि उनके क्रम में भी अंतर रहता है। रेडियो में संक्षेप में अधिक से अधिक समाचार दिए जाते हैं। इसलिए उनका क्रम-निर्धारण भी उसी हिसाब से किया जाता है। समाचार-पत्र में प्रायः प्रथम पृष्ठ पर ही सबसे ज़रूरी समाचार दिए जाते हैं। ये समाचार किसी भी तरह के होंगे। देश के, विदेश के, दुर्घटना के, विकास के, अपराध के या सांस्कृतिक जगत् की किसी उल्लेखनीय घटना का समाचार, सम्मेलन का समाचार आदि। ये सब एक साथ एक ही पृष्ठ पर स्थान पा सकते हैं। पूरी 'समाचार कथा' (स्टोरी) पहले पृष्ठ पर ही समाप्त न हो, तो उसे किसी अन्य पृष्ठ

पर किसी भी कॉलम में दे दिया जाता है। जबकि रेडियो बुलेटिन में यह संभव नहीं है। यहाँ देश के प्रमुख समाचार एक क्रम में होते हैं। कोई अंतर्राष्ट्रीय समाचार यदि व्यापक हित का है और उसका संबंध हमारे देश तथा समाज से है, तो उसे पहले दिया जा सकता है। लेकिन पुनः अपने देश के समाचार देते समय किसी ऐसे समाचार से उसे जोड़ा जाता है, जो विदेश और देश को परस्पर जोड़े! समाचार की शृंखला टूटनी या बिखरनी नहीं चाहिए।

समाचार-बुलेटिन में सबसे पहले 'हेडलाइंस' दी जाती हैं। ये मुख्य समाचार आगे चलकर जब विस्तारपूर्वक पढ़े जाते हैं, तो उनका क्रम प्रायः वही रखा जाता है। उनके बीच में कम महत्त्व के समाचार इस तरह विन्यसित किए जाते हैं कि समाचार-शृंखला में जोड़ या तोड़ महसूस न हो। पाँच मिनट के बुलेटिन में प्रायः हेडलाइंस देने की प्रथा नहीं है। दस मिनट के बुलेटिन में प्रायः तीन-चार और पंद्रह मिनट के बुलेटिन में पाँच या छह हेडलाइंस दी जाती हैं। बुलेटिन के अंत में मुख्य समाचारों को दुहराया जाता है। हेडलाइंस कैसी हों? इसका विचार हर समय रखना चाहिए। एक हेडलाइन एक पूरा वाक्य हो। अधूरे वाक्य ठीक नहीं रहते। समाचार पत्रों में तो ऐसा चल जाता है और कई बार वहाँ यह कौशल एक कला बन जाती है। लेकिन रेडियो समाचारों में यह एक दोष है। कुछ रेडियो-समाचार संपादक 'ब्लेंकिट' लाइन दे देते हैं, जिससे श्रोता को कुछ समझ में नहीं आता। इससे यथासंभव बचना चाहिए।

समाचारों का क्रम लगाते समय उनकी हेडलाइंस का ध्यान रखना होता है। समय-सीमा का ध्यान रखना होता है। ऐसा कभी नहीं होना चाहिए कि मुख्य समाचारों में जो हेडलाइंस दे दी गई हैं, उनमें से कोई समाचार छूट जाए! अच्छा रहता है कि क्रम लगाते समय यह ध्यान रखा जाए कि कुल कितनी हेडलाइंस हैं। उदाहरण के लिए यदि पाँच हेडलाइंस हैं, तो पहले विराम से पूर्व दो हेडलाइंस के समाचारों का खुलासा रहे। इसके बाद दूसरे विराम में किसी हेडलाइन समाचार से शुरू करके उसी क्रम में अथवा सुविधानुसार दूसरी हेडलाइन ले ली जाए। इस तरह हेडलाइंस का कोई समाचार छूटने नहीं पाएगा। ऐसा कभी नहीं करना चाहिए कि पाँचों हेडलाइंस एक ही 'बंच' में चली जाएँ या विराम से पहले ही ले ली जाएँ। ऐसा करने में इस बात की संभावना अधिक रहती है कि श्रोता हेडलाइन के सारे समाचार सुन लेने के बाद आगे बुलेटिन पर कोई ध्यान नहीं देगा अथवा अपना रेडियो-सेट बंद कर देगा! अतः यह आवश्यक है कि श्रोता की अभिरुचि और जिज्ञासा पूरे बुलेटिन में बनी रहे।

आमतौर पर बुलेटिन के शुरू में महत्त्वपूर्ण राजनीतिक तथा विकास संबंधी समाचार दिए जाते हैं। अंत में खेल संबंधी समाचार रहते हैं और यदि कम समाचार उपलब्ध हों तो लोकरुचि का समाचार डाल दिया जाता है। अन्यथा मौसम की

जानकारी देने के बाद हेडलाइंस दुहरा दी जाती हैं।

समाचार-संपादक और समाचार-वाचक रेडियो समाचार-बुलेटिनों के निर्माण तथा प्रसारण में महत्त्वपूर्ण इकाई हैं। इन दोनों के बीच तालमेल होना बहुत ज़रूरी है। यदि समाचार-वाचक कोई रचनात्मक सुझाव देता है, तो संपादक को मान लेना चाहिए। यदि वह सुझाव मान्य नहीं है, तो विनम्रतापूर्वक क्षमा-याचना करते हुए उसे संतुष्ट कर देना चाहिए कि ऐसा करना क्यों संभव नहीं है? कभी-कभी बुलेटिन के प्रसारण के बीच में किसी समाचार विशेष का पुनर्लिखित रूप भी समाचार-वाचक के पास देना पड़ जाता है। इससे समाचार-वाचक को झुँझलाना नहीं चाहिए। उसे यह मानते हुए उस नए समाचार-आलेख को सहर्ष स्वीकार कर लेना चाहिए कि संपादक बुलेटिन को और अच्छा बनाने के लिए ऐसा कर रहा है। उसे व्यर्थ तंग करना उसका उद्देश्य नहीं है। आखिर इस बुलेटिन की सफलता-अफसलता उन दोनों की परस्पर समझदारी और सहयोग पर ही तो निर्भर है। प्रायः एक कुशल समाचार-लेखक या संपादक समाचार-वाचक के उच्चारण को अच्छी तरह जानता है। इसलिए वह उसके उच्चारण के अनुकूल शब्दों का चयन करता है, ताकि समाचार-वाचक को समाचार पढ़ते समय कोई कठिनाई न हो। यह भी अच्छी स्थिति है कि सभी भाषाओं के समाचार संपादक परस्पर संपर्क में रहते हैं। इससे उन सबको अच्छा काम करने में परस्पर सहायता मिलती है। तथ्य, भाषा और उच्चारण विषयक परामर्श कर लेने से सभी समाचार-बुलेटिन अच्छे बन जाते हैं।

अंत में एक बात और ध्यान देने की है। समाचार संपादक को चाहिए कि वह सदैव बुलेटिन की आवश्यकता (समय-सीमा) से अधिक कुछ और समाचार तैयार रखे। ये पूरक समाचार कुछ कम महत्त्व के हो सकते हैं। लेकिन ज़रूरत पड़ने पर दिए जा सकते हैं। अलग-अलग समाचार-वाचकों के समाचार-वाचन की गति में थोड़ा-बहुत अंतर होना स्वाभाविक है। कुछ लोग थोड़ा जल्दी-जल्दी बोलते हैं, कुछ अपेक्षाकृत धीमी गति से बोलते हैं। इससे समय का अंतर हो जाता है। ऐसे में समय बचने पर ये अतिरिक्त समाचार काम आ जाते हैं।

इसी तरह कभी-कभी जब समाचार-बुलेटिन प्रसारित हो रहा होता है और उसी बीच कोई अत्यंत महत्त्वपूर्ण समाचार मिल जाता है, जिसे तुरंत देना अनिवार्य हो; तो समाचार संपादक उसे तुरंत तैयार करके समाचार-वाचक के पास पहुँचा देता है। ऐसे समाचार को 'फ्लैश' कहते हैं। ऐसे 'फ्लैश' को समाचार-वाचक बुलेटिन में सम्मिलित कर लेता है और प्रायः इस रूप में पढ़ता है—"अभी-अभी समाचार मिला है" अथवा "अभी-अभी मिले समाचार के अनुसार" या "ताज़ा ख़बर के अनुसार"। ऐसे में स्वाभाविक है कि एक समाचार बढ़ जाने से पहले से लिखा कोई एक समाचार छोड़ना पड़ेगा। इस छूटे हुए समाचार को 'कॉपी' में से काट देना चाहिए। और उस पर लिख देना चाहिए कि यह समाचार प्रसारित नहीं हुआ। इसका लाभ यह होता

है कि जो संपादक अगले बुलेटिन के लिए ड्यूटी पर आएगा तो वह उस छूटे हुए समाचार को अपने बुलेटिन में ले लेगा।

विभिन्न शोधों के आधार पर 10 मिनट का समाचार बुलेटिन मानक मानते हुए किसी भी रेडियो-समाचार की संरचना संक्षेप में इस प्रकार देखी जा सकती है—

प्रारंभ	10 सेकंड	10 से 15 शब्द
समाचार शीर्षक	50 सेकंड	100 से 110 शब्द
समाचार का मुख्य विवरण	8 मिनट 20 सेकंड	1000 से 1100 शब्द
शीर्षक की पुनरावृत्ति	30 सेकंड	80 से 90 शब्द
समापन	10 सेकंड	10 से 15 शब्द

इस तरह से मोटे अनुमान के अनुसार कुल 10 मिनट में लगभग 1200 से 1330 शब्दों में समाचार प्रसारित किए जाते हैं। एक समाचार प्रायः 20 या 30 शब्दों का होता है। इसी शब्द-सीमा में उस समाचार से संबद्ध क्या, क्यों, कहाँ, कब, कौन और कैसे?—आदि प्रश्नों का समाधान अति संक्षेप में कर देना होता है। *डॉ. अर्जुन तिवारी* ने समाचार-पत्र और आकाशवाणी के समाचार की संरचना को इस रेखाचित्र से समझाया है।

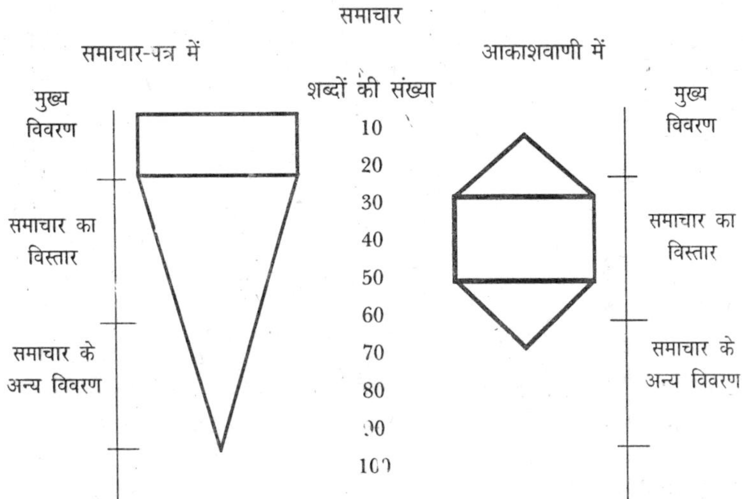

स्मरण रहे कि मुख्य समाचार (हेडलाइन) में समाचार का निचोड़ होता है। शीर्ष पंक्ति वही लिख सकता है, जो अत्यंत मेधावी कुशल संपादक हो। उसकी विद्वत्ता सीमित संक्षिप्त सार-लेखन में ही निहित है। 10 मिनट के लिए 4 से 6 तक मुख्य समाचार शीर्ष पंक्ति क्रमबद्ध रहती हैं। 15 मिनट के बुलेटिन के लिए 8 से 9 शीर्ष पंक्तियाँ तैयार की जाती हैं। 5 मिनट के समाचार बुलेटिन में प्रायः शीर्ष पंक्तियाँ

नहीं होतीं, क्योंकि संपादक समय-सीमा देख कर पहले ही समाचार-सार तैयार कर लेता है। कम समय में एक ही समाचार बार-बार दुहराना अटपटा लगता है। रेडियो पत्रकार और समाचार-लेखक या संपादक के सामने कई चुनौतियाँ रहती हैं। वह न तो बुलेटिन की अवधि बढ़ा सकता है और न किसी समाचार में बहुत अधिक शब्द जोड़ सकता है। सीमित अवधि में अधिक से अधिक महत्त्वपूर्ण समाचारों को संयोजित करना उसकी दक्षता का प्रमाण है।

वस्तुतः अच्छा समाचार-बुलेटिन तैयार करना एक कला है। इस कला में वही तीव्र बुद्धिवाला पत्रकार पारंगत हो सकता है, जिसके पास अनुभव हो, जिसे अभ्यास हो और प्रशिक्षण हो।

समाचार-वाचन

समाचार-लेखन की तरह ही रेडियो पर समाचार-वाचन एक बहुत बड़ी कला है। यह इस माध्यम से जुड़े लोगों के कौशल की परीक्षा है। उनके व्यक्तित्व, भाषा-क्षमता, बुद्धिमत्ता और विवेक की कसौटी है। जब तक एक समाचार-वाचक अपना काम प्रभावी ढंग से नहीं करेगा, तब तक लिखे हुए समाचार अथवा परिश्रमपूर्वक तैयार किए गए समाचार बुलेटिन का कोई महत्त्व नहीं। बेशक समाचार-लेखन ने कितना ही परिश्रम क्यों न किया हो। अच्छे से अच्छा समाचार बुलेटिन अच्छे समाचार-वाचन के अभाव में व्यर्थ हो जाता है। यों बोलने की शक्ति या आवाज मनुष्य को जन्म से ही मिलती है, लेकिन अभ्यास और अध्ययन से उसे सुधारा तथा प्रभावपूर्ण बनाया जा सकता है। *शेक्सपियर* ने अपने एक नाटक के एक संवाद में ठीक ही कहा है, "speak the speech, I pray you, trippingly on the tongue."

सही है कि किसी भी वक्ता की आवाज लिखी हुई सामग्री की अपेक्षा अधिक गहरा और व्यापक प्रभाव छोड़ती है। शुद्ध उच्चारण, सुर-तान, उतार-चढ़ाव, बलाघात, स्वराघात, लय आदि बातें लिखित तथ्यों की तुलना में अधिक प्रभावशाली हुआ करती हैं। इसलिए एक समाचार-वाचक को इन सबका ध्यान रखना होता है। संक्षेप में हम कुशल समाचार-वाचन के लिए कतिपय महत्त्वपूर्ण बातों की ओर संकेत कर रहे हैं। ये हैं :

1. भाषा पर पूर्ण अधिकार।
2. अर्थ-बोध और स्पष्ट एवं शुद्ध उच्चारण।
3. तथ्यों के अनुसार भाव-प्रवणता, उतार-चढ़ाव, बलाघात एवं लय।
4. आत्मीयता।
5. आत्मविश्वास।

इसके लिए एक समाचार-वाचक को लंबे समय तक अभ्यास कर लेना चाहिए।

हिंदी भाषा इस दृष्टि से बहुत वैज्ञानिक है कि इसे जैसे लिखा जाता है, प्रायः

वैसे ही बोला भी जाता है। इसलिए अधिक कठिनाई नहीं आती। फिर भी हमें इस भाषा की स्वर एवं व्यंजन-ध्वनियों की प्रकृति को भलीभाँति समझ लेना चाहिए। इससे ही उनके सही उच्चारण का ज्ञान हो पाएगा। उच्चारण स्थान की दृष्टि से हिंदी के स्वर तथा व्यंजनों को इस प्रकार वर्गीकृत किया गया है–

स्वर

अ, आ	कंठ्य
इ, ई	तालव्य
उ, ऊ	ओष्ठ्य
ए, ऐ	कण्ठतालव्य
ओ, औ	कण्ठ्योष्ठ्य
ऋ, ॠ, ऋ	मूर्द्धन्य
ऌ	दन्त्य

व्यंजन

क्, ख्, ग्, घ्, ङ्	कंठ्य या कोमल तालव्य
ट्, ठ्, ड्, ढ्, ण्, ढ़्	मूर्धन्य
च्, छ्, ज्, झ्, ञ्, य्, श्	तालव्य
न्, र्, ल्	वर्त्स्य
त्, थ्, द्, ध्, स्	दन्त्य
प्, फ्, ब्, भ्, म्, व्	द्वयोष्ठ्य
व्	दन्त्योष्ठ्य

क्, ख्, च्, छ्, ट्, ठ्, त्, थ्, प्, फ्, श्, स् अघोष ध्वनियाँ हैं।

ग्, घ्, ङ्, ज्, झ्, ञ्, ड्, ढ्, ण्, द्, ध्, न्, ब्, भ्, म्, य्, र्, ल्, व्, ह्, ड़्, ढ़् सघोष ध्वनियाँ हैं।

अतः इनके उच्चारण में इन उच्चारण स्थानों का ध्यान रखना चाहिए।

इसके साथ ही उर्दू की ध्वनियों का उच्चारण उनकी प्रकृति के अनुसार करना चाहिए। जैसे–क़्, ख़्, ग़्, फ़् ज़् के उच्चारण हिन्दी के सामान्य क्, ख्, ग्, फ्, ज् आदि से भिन्न हैं। इनके ग़लत प्रयोग से अर्थ बदल जाते हैं। इसी तरह तमिळ, मराठी आदि भाषाओं के 'ळ्' का उच्चारण हिंदी के सामान्य 'ल्' के उच्चारण से भिन्न है। यह सब उच्चारण अच्छे अभ्यास की माँग करते हैं।

भाषा के ध्वनि-गुण (Sound Quality or Sound Attributes) को पहचानना भी आवश्यक होता है। किसी ध्वनि के उच्चारण में कम समय लगता है, किसी के उच्चारण में अधिक। कोई ध्वनि बलपूर्वक बोली जाती है, कोई कम बल से। कोई ऊँची (high pitch में) उच्चरित होती है, कोई नीची (low pitch में)। ये सारी विशेषताएँ किसी भी भाषा विशेष की ध्वनियों के गुण हैं। सामान्य रूप से किसी

भी भाषा की ध्वनियों में तीन गुण पाए जाते हैं—मात्रा (Quantity), बलाघात (बलात्मक स्वराघात) (Stress accent) और सुर संगीतात्मक स्वराघात (Pitch accent)। इसी तरह ध्वनियों के उच्चारण में लगने वाले समय के अनुसार—ह्रस्व (short), दीर्घ (long) जैसे—और प्लुत (Protracted) स्वर हैं। इसी तरह 'सुर' (Pitch accent) (जिसे हम प्रायः 'लहज़ा' कहते हैं) भी महत्त्व रखता है। किसी-किसी वाक्य को हम या उसके अंश को हम ऊँचे सुर में बोलते हैं कभी नीचे सुर में। बोलते समय लहज़े का ऐसा चढ़ाव-उतार, 'सुरलहर' कहलाता है। 'सुरलहर' से हालाँकि सामान्यतः वाक्य का अर्थ तो नहीं बदलता, किंतु बोलने वाला व्यक्ति अर्थछायाओं तथा भंगिमाओं को प्रकट करने में समर्थ हो जाता है। शब्द या वाक्य तो वही रहते हैं, किंतु ऐसा करके वह जिज्ञासा, विस्मय, क्रोध, हर्ष, विषाद, विवशता, विस्मय, सहानुभूति, घृणा, करुणा आदि भावों को व्यक्त कर सकता है। उच्चारण के समय इन बातों को ध्यान में रखना चाहिए।

इन बातों के अतिरिक्त एक समाचार-वाचक को क्षेत्रीय संस्कृति, रीति-रिवाज, आचार-विचार, विश्वास एवं सामाजिक मान्यताओं आदि का अच्छा ज्ञान भी होना चाहिए।

अंत में हम इस संदर्भ में दूरदर्शन के उपनिदेशक (कार्यक्रम) *श्री शांति प्रसाद अग्रवाल* का यह कथन उद्‌धृत करना चाहेंगे। श्री अग्रवाल का कथन है कि, "किसी व्यक्ति को बोलते सुनकर उसके व्यक्तित्व, उसके स्वभाव का अनुमान लगाया जा सकता है। किसी व्यक्ति की केवल आवाज सुनकर उसके द्वारा उपयोग किए जा रहे शब्दों पर बिना कोई ध्यान दिए हुए भी उसके आत्मविश्वास, उसकी स्पष्टवादिता अथवा संकोचशीलता, बुद्धि के विकास, जीवन के अनुभव आदि का आभास मिल जाता है। किसी व्यक्ति की मानसिकता, शारीरिक स्वस्थता एवं भाव-प्रवणता की भी पूरी-पूरी झलक उस व्यक्ति की आवाज में देखी जा सकती है।" (पठनीय, नमस्कार, 1993, पृष्ठ 6.2) कहने का अर्थ यह है कि जब आप बोलते हैं, तो आपका समूचा व्यक्तित्व बोलता है।

रेडियो नाटक

रेडियो नाटक एक आधुनिक विधा है, जिसके द्वारा विभिन्न विषयों, घटनाओं, व्यक्तियों, भावों एवं वातावरण को प्रस्तुत किया जाता है। यह श्रव्य माध्यम है, इस कारण इसे श्रव्य नाटक भी कहा जा सकता है। *डॉ. सिद्धनाथ कुमार* के अनुसार रेडियो नाटक मूलतः अँधेरे का ही नाटक है। अदृश्य अंधकार ही इसका रंगमंच है, दर्शक नाटक को देख नहीं सकता, केवल सुन सकता है।

रेडियो नाटक लेखन के लिए लेखक को निम्नलिखित बिंदुओं पर विचार करना आवश्यक है :

1. नाटक का बीज
2. स्थापत्य और कथानक
   (अ) कथानक का निर्माण
   (ब) कथानक, निर्माण के बाद
3. चरित्र
4. दृश्य-संयोजन और दृश्यांतर
5. आरंभ, विकास और अंत
6. रेडियो नाटक के उपकरण
   (अ) भाषा
   (ब) संवाद
   (स) नैरेशन
   (द) ध्वनि प्रभाव
   (य) संगीत
7. उद्देश्य
8. शीर्षक

(1) **नाटक का बीज**—नाटक के बीज कहीं से भी मिल सकते हैं, जैसे—अध्ययन से, अनुभव से, समाज से, संपर्क में आए व्यक्तियों से या आस-पास के जीवन से। इसके आधार पर लेखक अपनी लेखनी से उन्हें कथानक, चरित्र, संवाद आदि के माध्यम से नाटक के रूप में समाज के सामने प्रस्तुत करता है। इसके लिए लेखक में संवेदनशीलता का होना आवश्यक है।

(2) **स्थापत्य और कथानक**—इसमें नाटक की घटनाओं, प्रसंगों, कार्य-व्यापारों और कथानक से संबद्ध सभी बातें आती हैं। नाटक के प्रारंभ, विकास और अंत के विभिन्न चरण, संघर्ष, दृश्य और सूच्य प्रसंगों का अनुपात, घटनाओं और पात्रों का तथा पात्रों और संवादों का संबंध, प्रभाव की दृष्टि से जुड़ी सभी बातें स्थापत्य के अंतर्गत आती हैं।

कथानक घटनाओं तथा कार्य-व्यापारों का वह संगठन है जिस पर नाटक की रचना होती है। इसलिए नाटक का कथानक ऐसा होना चाहिए जो श्रोताओं की जिज्ञासा को अंत तक बनाए रखे।

(अ) कथानक का निर्माण—नाटकों के कथानक किसी-न-किसी प्रतिज्ञा-सूत्र पर आधारित होते हैं। इसे समीक्षकों ने बीज, थीम, मुख्य विचार, लक्ष्य, उद्देश्य आदि कहा है। प्रतिज्ञा-सूत्र लेखक की मान्यताओं और विश्वास से जन्म लेता है और कथानक की रूपरेखा को निर्दिष्ट करता है। इसके तीन खंड होते हैं—पहला खंड नाटक के चरित्र और प्रारंभ को संकेत करता है, दूसरा खंड नाटक के अंत को और तीसरा कथानक में निहित संघर्ष को। इस तरह कथानक में गतिशीलता बनी रहती है।

और आरंभ की स्थिति अंत तक बदल जाती है।

(ब) कथानक निर्माण के बाद–कथानक के निर्माण के बाद लेखक प्रसंगों का दृश्यों के अनुसार विभाजन का उल्लेख करता है कि किस दृश्य में कौन-कौन से पात्र रहेंगे, किस बिंदु से उनका संवाद प्रारंभ होगा और किस बिंदु तक चलेगा तथा उसे कितने मिनट का समय देना होगा।

(3) **चरित्र**–चरित्र ही नाटक को जीवंत बनाते हैं। ये चरित्र सजीव होने चाहिए। सजीव पात्र ही विश्वसनीय होते हैं। रेडियो नाटक में पात्रों की संख्या कम रखी जाती है जिससे वह आसानी से पहचाने जा सकें। इस दृष्टि से रेडियो-नाटक का पात्रों के मन की गहराई में उतरना सरल होता है।

(4) **दृश्य-संयोजन और दृश्यांतर**–रेडियो नाटक में दृश्यों की संख्या का कोई बंधन नहीं है। इसमें एक भी दृश्य हो सकता है और सौ भी। दृश्य छोटे भी हो सकते हैं और बड़े भी। दृश्य, संवाद और समय नाटकीय प्रयोजन और कथावस्तु के द्वारा निर्देशित होते हैं।

रेडियो नाटक में दृश्यांतर के लिए विशेष अवरोध नहीं होता। दृश्यांतर तभी होता है जब वातावरण निर्मित हो चुका हो, पात्र अपनी बात कह चुके हों और नाटकीय प्रयोजन सिद्ध हो चुका हो। दृश्यांतर 10-15 सेकंड का होता है। रेडियो नाटक में दृश्यांतर करने के ढंग हैं–चुप्पी, क्रमागत लोप (फेंडिग), प्रवक्ता, ध्वनि-प्रभाव, संगीत और प्रतिध्वनि।

(5) **आरंभ, विकास और अंत**–प्रायः रेडियो नाटक का प्रारंभ अच्छे संगीत से किया जाता है। इसके बाद नाटक आरंभ होता है और गति पकड़ता है। रेडियो नाटक में गति एक महत्त्वपूर्ण तत्त्व है। प्रारंभ का संगीत और नाटक का आरंभ आक्रामक न होकर संवेदनापूर्ण होना चाहिए तथा उसकी गति में कोमलता हो। बीच-बीच में जिज्ञासा, रहस्यमयता, कर्णप्रिय संगीत, वातावरण और कथात्मकता का समोवश किया जाना चाहिए।

रेडियो नाटक के आरंभ के कई बिंदु हो सकते हैं :

(i) कोई नाटक ठीक उस बिंदु से आरंभ होता है जब कोई द्वंद्व संक्रांति को जन्म देता है।

(ii) कोई नाटक उस बिंदु से आरंभ हो सकता है जहाँ कम-से-कम एक पात्र अपने जीवन के एक नए मोड़ पर होता है।

(iii) नाटक किसी ऐसे निर्णय से शुरू हो सकता है जो संघर्ष को जन्म देने वाला हो।

(iv) नाटक उस बिंदु से आरंभ हो सकता है, जब किसी का कोई मूल्यवान और महत्त्वपूर्ण विषय दाँव पर होता है।

ऐसे प्रारंभ से नाटक को स्वतः दिशा मिलती है। एक घटना से दूसरी घटना,

एक संवाद से दूसरा संवाद निकलता है। नाटककार को यह देखना होता है कि नाटक में हमेशा तनाव बना रहे। जहाँ तनाव ढीला होगा, नाटक में शिथिलता आएगी और उसमें श्रोताओं को बाँध रखने की क्षमता कम होगी। श्रोताओं की रुचि और जिज्ञासा को बनाए रखना बहुत जरूरी है। नाटक का अंत समाधान के रूप में भी हो सकता है और प्रश्न के रूप में भी। यह नाटककार के उद्देश्य पर निर्भर करता है कि वह क्या चाहता है और नाटक में कैसा प्रभाव उत्पन्न करना चाहता है। जितना महत्त्व नाटक के प्रारंभ का है, उतना ही अंत का और इस दृष्टि से नाटक का अंत नाटककार से बड़ी सूझ-बूझ की अपेक्षा करता है।

(6) रेडियो नाटक के उपकरण–रेडियो नाटक के उपकरण इस प्रकार हैं :

(अ) भाषा–रेडियो नाटक की भाषा, सरल, स्वाभाविक, दृश्य-रूपात्मक और अभिनेताओं द्वारा बोली जाने वाली भाषा होनी चाहिए। रेडियो नाटक के श्रोता सभी समुदाय के, सभी वर्ग के और विभिन्न आयु वर्ग के होते हैं। इसलिए भाषा में अश्लील शब्दों का प्रयोग न हो, संप्रदाय-विशेष की भावनाओं को भड़काने वाले वाक्यों का प्रयोग न हो, इसका लेखक को ध्यान रखना चाहिए। रेडियो नाटक श्रोताओं को भाव-बोध, स्थान-बोध, फल-बोध और मंचन सामग्री का बोध करा सके। संवाद के माध्यम से श्रोताओं को जानकारी मिल सके कि नाटक में जिस स्थान का वर्णन है वह कहाँ है? पहाड़ है, सागर है या झील है।

रेडियो नाटक की भाषा का प्रमुख गुण है चित्रात्मकता। शब्दों से चित्रों का निर्माण होता है और रूप-रंग की झाँकी भी प्रस्तुत की जा सकती है जिससे श्रोता अपनी कल्पना के माध्यम से नाटक को सुनकर समझ सके।

(ब) संवाद–रेडियो नाटक में संवादों का प्रयोग तीन रूपों में होता है–(i) भाषा, (ii) ध्वनि-प्रभाव, तथा (iii) संगीत। *विलियम ऐश* का कहना है कि "संवाद ही रेडियो नाटक है। संवाद मंच पर भी महत्त्वपूर्ण है। संवाद के अतिरिक्त रेडियो नाटक में थोड़ा-बहुत ध्वनि-प्रभाव, संगीत आदि सहायता कर देते हैं, किंतु संवाद के बिना रेडियो नाटक प्राणहीन हो जाता है।"

रेडियो नाटक के संवादों में निम्नलिखित विशेषताओं का होना आवश्यक है :

(1) संवाद में कोई न कोई नाटकीय प्रयोजन अवश्य ही सिद्ध होना चाहिए।
(2) संवाद पात्रों के अनुरूप या परिवेश के अनुरूप होने चाहिए।
(3) संवाद छोटे-छोटे या बड़े-बड़े किसी प्रकार के हों, पर उनका संबंध स्थितियों और चरित्रों से अवश्य बना रहना चाहिए।
(4) संवाद, सरल और स्वाभाविक होने चाहिए।
(5) संवादों के बीच में प्रश्नों का समावेश नाटक के आकर्षण में वृद्धि करता है।
(6) स्वगतों का प्रयोग रेडियो नाटकों के संवादों को प्रभावपूर्ण बनाता है।

प्रारंभ में छोटे स्वगतों का प्रयोग किया जा सकता है। नाटक के अंत में स्वगत का प्रयोग देर तक नहीं करना चाहिए।

(7) प्रत्येक संवाद तथ्यपरक होना चाहिए।

(8) पात्रों की गतिविधियों की सूचना, दृश्य परिवर्तन का आभास आदि की सूचना संवादों के माध्यम से होनी चाहिए।

(स) नैरेशन–रेडियो नाटक में नैरेशन की स्थिति नाटक विशेष एवं उसके प्रकार पर निर्भर करती है। रेडियो नाटक में नैरेशन दो प्रकार के होते हैं–(i) वे नैरेशन जिनके व्यक्तिगत जीवन का नाटक की घटनाओं से कोई संबंध नहीं होता। वे नाटक के क्रियाकलाप के तटस्थ दर्शक एवं प्रवक्ता होते हैं, (ii) वे नैरेशन जो नाटक के पात्र होते हैं और जिनके जीवन की घटनाएँ नाटक से प्रत्यक्ष संबंध रखती हैं। ऐसे नैरेशन को पात्र-नैरेटर भी कहते हैं।

(द) ध्वनि-प्रभाव–रेडियो नाटक में ध्वनि सूचना और विवरण का काम करती है। अनेक प्रकार की ध्वनियों से नाटक को विशिष्ट आकार प्राप्त होता है और संवेदनाओं से संबद्ध अर्थवृत्त श्रोताओं के मानसपटल पर अंकित हो जाते हैं। वाद्य संगीत की आवश्यकता, ध्वनि-प्रभाव पात्रों के कार्यों, प्रवाह की रक्षा, मानसिकता की तैयारी, देशकाल, दृश्यांतर, चित्रमयता, उत्सुकता की रक्षा के लिए होती है।

(य) संगीत–रेडियो नाटक में संगीत का प्रयोग तीन प्रकार से किया जाता है–(i) स्वतंत्र रूप में, (ii) संलाप की पृष्ठभूमि में, (iii) ध्वनि-प्रभाव के साथ मिश्रित रूप में। नाटक को सशक्त बनाने का नाटककार के पास एक शस्त्र है–पृष्ठभूमि का संगीत। संगीत द्वारा जहाँ नाटक के प्रभाव में तीव्रता लाई जाती है, वहाँ दृश्य विशेष को संगीत की सहायता से चित्रित किया जाता है। रेडियो नाटक में पात्र की भावनाओं एवं मानसिकता का उद्घाटन भी संगीत की सहायता से किया जाता है।

(7) उद्देश्य–रेडियो नाटक का उद्देश्य मनोरंजन के साथ-साथ मनुष्य के अंतर्जीवन को भी चित्रित करना है। अपने आस-पास की समस्याओं को रेखांकित करने और उनके प्रति लोगों में जागरूकता उत्पन्न करने के लिए नाटक की रचना की जाती है।

(8) शीर्षक–नाटककार किसी भी विषय को आधार बनाकर नाटक लिख सकता है चाहे वह ऐतिहासिक हो, पौराणिक हो, सामाजिक हो या पारिवारिक नाटक हो। नाटक का शीर्षक विषय से संबद्ध होना चाहिए। नाटककार को विषय का चुनाव करते समय श्रव्य ध्वनियों की संभावनाओं का ध्यान रखना आवश्यक है।

रेडियो नाटक विभिन्न रुचियों के लिए विभिन्न स्थानों पर सुनते हैं। अतः नाटककार को ऐसा विषय लेना चाहिए जो श्रोताओं की रुचि के अनुरूप हो। उल्लेखनीय है कि विषय से अधिक महत्त्व विषय-वस्तु और उसकी प्रस्तुति का है। इस दृष्टिकोण से नाटककार को विषय-वस्तु की प्रस्तुति उस धरातल पर करनी होगी,

जहाँ सभी व्यक्ति समान हैं। यह धरातल रागात्मकता का हो सकता है, बौद्धिकता का नहीं। रेडियो नाटक की तीसरी सीमा प्रसारण संस्था की नीतियों से निर्धारित होती है। जहाँ रेडियो शासन द्वारा नियंत्रित है, वहाँ व्यवस्था विरोधी किसी विषय या विषय-वस्तु या विचारधारा के लिए अवकाश नहीं बचता।

उद्घोषणा लेखन

उद्घोषक द्वारा कार्यक्रमों के बारे में दी जाने वाली जानकारी को रेडियो उद्घोषणा कहा जाता है। ये उद्घोषणाएँ रेडियो प्रसारण के शुरू होने से लेकर रात को प्रसारण बंद होने तक कार्यक्रम के शुरू होने से पूर्व तथा कार्यक्रम के समाप्त होने तक जारी रहती हैं। उद्घोषक समाचार, नाटक, वार्ता, संगीत आदि के बारे में श्रोताओं को जानकारी देता है। श्रोताओं को कार्यक्रम की सूचना मानवीय रुचि के अनुरूप दी जाती है, जिससे श्रोता के मन में उसे सुनने, समझने और जानने की उत्सुकता बनी रहे। इन उद्घोषणाओं को कागज पर लिखकर तैयार किया जाता है और उद्घोषक इन घोषणाओं को कार्यक्रम के शुरू होने अथवा समाप्त होने पर श्रोताओं तक पहुँचाता है। इन उद्घोषणाओं को लिखना ही उद्घोषणा लेखन कहलाता है।

श्रोताओं की रुचि के अनुरूप समय-समय पर कार्यक्रमों में परिवर्तन होता रहता है। कुछ कार्यक्रम बंद कर दिए जाते हैं, कुछ नए शुरू किए जाते हैं। किसी दिन नाटक प्रस्तुत किया जाता है, किसी दिन वार्ता, किसी दिन कहानी, किसी दिन कविता तो किसी दिन बजट या और कोई नया कार्यक्रम। विषय और कार्यक्रम के अनुसार उद्घोषणाएँ भी बदलती रहती हैं। प्रत्येक कार्यक्रम को प्रस्तुत करने से पहले उद्घोषक उद्घोषणा करता है। समाचार के अतिरिक्त कोई भी प्रसारण निश्चित समय पर नहीं होता। कार्यक्रमों के प्रसारण समय-समय पर बदलते रहते हैं। इस बदलाव के कारण प्रतिदिन नई उद्घोषणाओं के लेखन का कार्य चलता रहता है। इससे रेडियो के कार्यक्रम में विविधता बनी रहती है। उद्घोषणा न केवल लेखन की कला है अपितु वह वाचन-कला भी है। यह कार्यक्रमों की अग्रप्रस्तुति है। प्रत्येक कार्यक्रम से पूर्व उद्घोषणा की जाती है। इसलिए श्रोता इसे बहुत ध्यान से सुनते हैं। उद्घोषणा सुनकर ही वे कार्यक्रम को सुनना या न सुनना तय करते हैं।

अतः उद्घोषणा लेखक को रेडियो पर प्रसारित होने वाले कार्यक्रमों एवं प्रसारण समय के बारे में संपूर्ण जानकारी होनी चाहिए। किस कार्यक्रम में क्या विषय होंगे, इसका ज्ञान भी उद्घोषणा लेखक को होना चाहिए। तभी वह सफल उद्घोषणा लेखन का कार्य कर सकता है।

उद्घोषणा लेखन की भाषा सरल, स्पष्ट और संक्षिप्त होनी चाहिए, जिससे साक्षर, निरक्षर, बच्चे, युवा, वृद्ध आदि सभी आयु वर्ग के लोग उसे सुन और समझ सकें।

इस विचार से उद्घोषणा-लेखन के लिए आवश्यक बातें संक्षेप में इस प्रकार हैं :

(1) उद्घोषणा के विषय की पूरी जानकारी।

(2) कार्यक्रम-संबंधी पूरी जानकारी।

(3) विषय का पूरा ज्ञान।

(4) कार्यक्रम की अविध का ज्ञान।

(5) भाषा, सरल, सहज स्पष्ट और संक्षिप्तता लिए हुए।

(6) वाक्य-विन्यास में विविधता।

प्रभावपूर्ण उद्घोषणा के लिए निम्नांकित गुण आवश्यक बताए गए हैं :

(1) उच्चारण की शुद्धता और आवाज की स्पष्टता, (2) स्वराघात एवं बलाघात का अभ्यास, (3) स्वर में उतार-चढ़ाव, (4) बहुज्ञता, (5) आत्मविश्वास।

विज्ञापन

विज्ञापन का अर्थ–विज्ञापन शब्द अंग्रेजी शब्द 'Advertisement' का हिंदी रूपांतर है। Advertisement लैटिन भाषा के 'एडवर्टर' से बना है, जिसका अर्थ है–to turn to या मोड़ देना। इस प्रकार विज्ञापन का आशय उस क्रिया से है जो किसी व्यक्ति को किसी विशेष तत्त्व की ओर मुड़ने पर विवश कर देती है।

विज्ञापन की परिभाषा–विज्ञापन के संदर्भ में प्रमुख विद्वानों की राय इस प्रकार है :

(1) *द न्यू एन्साइक्लोपीडिया ब्रिटानिका* के अनुसार–"विज्ञापन संप्रेषण का वह प्रकार है जो कि उत्पादक अथवा कार्य को उन्नत करने, जनमत को प्रभावित करने, राजनीतिक सहयोग प्राप्त करने, एक विशिष्ट कारण को आगे बढ़ाने अथवा विज्ञापनदाता द्वारा कुछ इच्छित प्रतिक्रियाओं को प्रकाशित करने का उद्देश्य रखता है।"

(2) *शेल्डन* के अनुसार–"विज्ञापन वह व्यावसायिक शक्ति है जिसके अंतर्गत मुद्रित शब्दों द्वारा विक्रय-वृद्धि में सहायता मिलती है, ख्याति का निर्माण होता है एवं साख बढ़ती है।"

(3) *बी. एस. राठौर* के अनुसार–"विज्ञापन सूचनाओं को सार्वजनिक भुगतान प्राप्त साधनों द्वारा प्रचारित करता है जिसका उद्गम स्पष्टतः सौजन्य प्राप्त संगठन के रूप में पहचाना जाता है।"

उपर्युक्त परिभाषाओं के आधार पर कहा जा सकता है कि विज्ञापन शब्दों, चित्रों, आलेखों आदि के सहयोग से तैयार की गई ऐसी सूचनाप्रद विज्ञप्ति है, जो उपभोक्ताओं को प्रभावित कर अपने उत्पादन को खरीदने के लिए तैयार करती है। वह जिज्ञासाएँ पैदा करती है और उनका समाधान भी सुझाती है। इसलिए आज

विज्ञापन किसी भी व्यवसाय के लिए अनिवार्य शक्ति बनकर सामने आया है।

विज्ञापन-लेखन में निम्नलिखित बिंदुओं पर विचार करना आवश्यक है :

(1) विज्ञापन-लेखन में लेखक को उत्पादन तथा उपभोक्ता दोनों से संबंधित जानकारी को ध्यान में रखना होता है।

(2) विज्ञापन का लेखन कार्य करते समय लेखक सर्वप्रथम विज्ञापन का शीर्षक तैयार करता है। शीर्षक ही विज्ञापन का प्राण माना जाता है। इसमें स्मरण, विश्वास, सुझाव तथा कौतूहल का ध्यान रखना होता है। इसके बाद विज्ञापन के उपशीर्षक बनाए जाते हैं। इसमें उपभोक्ता की आवश्यकता को विस्तार दिया जाता है। जिसमें विषयवस्तु का विस्तार तथा स्पष्टीकरण होता है।

(3) विज्ञापन-लेखन में सरल, स्पष्ट व प्रभावपूर्ण भाषा का प्रयोग किया जाना चाहिए।

(4) विज्ञापन का कथ्य पूर्णतः उपभोक्ता को संतुष्ट करने वाला होना चाहिए।

(5) विज्ञापन-लेखक को विज्ञापन तैयार करते समय इस बात का ध्यान रखना चाहिए कि विज्ञापित वस्तु कहाँ मिलेगी, इसकी संपूर्ण जानकारी उपभोक्ता को मिल सके।

(6) विज्ञापन उपभोक्ता को पूर्ण रूप से आश्वस्त कर सके कि उत्पादन उपभोक्ता के लिए हितकर है।

(7) आवश्यकतानुसार किसी लोकप्रिय फिल्मी गीत की पंक्ति अंग्रेजी और हिंदी भाषाओं के शब्दों का मिश्रण विज्ञापित वस्तु के उपभोक्ताओं को ध्यान में रखते हुए प्रायः महिलाओं एवं बच्चों के संवाद का प्रयोग विज्ञापन को अधिक महत्त्वपूर्ण बना सकते हैं।

(8) विज्ञापन-लेखक कम-से-कम समय में अधिक-से-अधिक प्रभावपूर्ण बात कहने की कोशिश करता है। इसलिए विज्ञापन लेखन में समय और पाठ (Text) का तालमेल रखना आवश्यक होता है।

(9) विज्ञापन शिक्षाप्रद, मनोरंजन युक्त, कल्पना और यथार्थ से युक्त तथा सोद्देश्य होना चाहिए। विज्ञापन-लेखक को इस तथ्य को नहीं भूलना चाहिए। एक सफल विज्ञापन-लेखक इस तथ्य को हमेशा याद रखता है।

(10) विज्ञापन-लेखन में आश्चर्य एवं चकित होने का भाव निहित होना भी आवश्यक है। अपनी ओर आकर्षित करने के लिए विज्ञापन में यह विशेषता होनी आवश्यक है।

फीचर लेखन

रेडियो फीचर को 'रेडियो रूपक' भी कहा जाता है। रेडियो फीचर या रूपक एक आधुनिक रेडियो विधा है। इसे रेडियो नाटक समझ लेना बहुत बड़ा भ्रम है। ऐसा अक्सर रेडियो रूपक शब्द के प्रयोग के कारण हो जाता है क्योंकि संस्कृत में रूपक तथा नाटक का समांतर प्रयोग होता रहा है।

रेडियो फीचर समाचार-पत्रों एवं पत्रिकाओं में प्रकाशित होने वाले फीचर से सर्वथा भिन्न विधा है। रेडियो सुनने वाले श्रोता भलीभाँति जानते हैं कि रेडियो फीचर तथ्यों और सूचनाओं को रोचकता, नाटकीयता और मनोरंजनपूर्ण ढंग से प्रस्तुत करने वाली अत्यंत लोकप्रिया विधा है।

लुइस मैकनीस के अनुसार, "रेडियो फीचर किसी गतिविधि का नाटकीय प्रस्तुतिकरण है, किंतु इसमें लेखक को रिपोर्टर या फोटोग्राफर से कुछ और अधिक होना चाहिए। उसे अपनी यथार्थ-सामग्री का चयन काफी विवेक से करना चाहिए तथा उसके बाद उसे इस प्रकार नियंत्रित करना चाहिए कि वह एक नाटकीय प्रभाव के अनुरूप हो सके।"

डॉ. उदयनाथ मिश्र की दृष्टि में, "आकाशवाणी की वैज्ञानिक तकनीकों के प्रयोग के साथ रेडियो फीचर तथ्यों एवं सत्यों की ध्वन्यांकित सर्जनात्मक कृति है।"

आल इंडिया रेडियो की रिपोर्ट में फीचर को इस प्रकार परिभाषित किया गया है, "फीचर कार्यक्रम सूचनाओं तथा मनोरंजन को प्रस्तुत करने के सभी उपलब्ध साधनों एवं प्रसारण के तरीकों को रुचिकर रूप में प्रस्तुत करने की विधि है।"

फीचर लेखन में निम्नलिखित बिंदुओं पर विचार करना आवश्यक है :

(1) **विषय**–फीचर लेखन के लिए विषय इस प्रकार का हो, जिसके बारे में संपूर्ण जानकारी लेखक के पास हो। फीचर का विषय इस प्रकार का होना चाहिए जो श्रोताओं में जिज्ञासा या कौतूहल पैदा कर सके, उन्हें नये विषय की जानकारी दे सके, उनके मन पर अमिट प्रभाव छोड़ सके, किसी-न-किसी रूप में उनके जीवन से संबद्ध हो। लेखक अपने आस-पास से लेकर अन्य ग्रह-नक्षत्रों तक इतिहास या अतीत की घटनाओं से लेकर वर्तमान और भविष्य के किसी भी पक्ष को फीचर का विषय बना सकता है।

(2) **तथ्यपरकता**–फीचर में तथ्यों का विशेष ध्यान रखा जाता है। जब तक कोई फीचर तथ्यपरक नहीं होगा, वह विश्वसनी नहीं माना जाएगा। तथ्यपरकता से फीचर की विषय-सामग्री का महत्त्व तो बढ़ता ही है, उसमें वैज्ञानिकता, रोचकता आदि गुणों का समावेश भी हो जाता है, साथ ही उसमें परिवेश की जीवंतता की सृष्टि भी होती है।

(3) **प्रवाहमयी भाषा एवं बिंबधर्मिता**–रेडियो फीचर में भाषा का महत्त्वपूर्ण स्थान

है। वह भाषा ही है जो फीचर का संदेश श्रोताओं तक संप्रेषित करती है और श्रोता की प्रतिक्रिया उपलब्ध कराती है। इसलिए एक अच्छे रेडियो फीचर की भाषा में सरलता, सहजता और प्रवहमानता होनी चाहिए। उसका शब्द-चयन तथा वाक्य-विन्यास ऐसा हो जिसे आम-आदमी भी समझ सके। आवश्यकतानुसार रेडियो फीचर में मुहावरों का प्रयोग तो किया जा सकता है, लेकिन अलंकारों के प्रयोग से लेखक को बचना चाहिए, हाँ, उसमें बिंबधर्मिता का गुण अच्छा प्रभाव रखता है, इससे श्रोता फीचर को सुनते हुए दृश्य को कल्पना द्वारा घटित होते हुए देख सकता है।

(4) **संगीतात्मकता**–रेडियो फीचर के लिए संगीत का विशेष महत्त्व है। कोई भी रेडियो फीचर संगीत प्रभाव के बिना प्रस्तुत किया जाना अत्यंत कठिन है। याद रहे कि तथ्य और रस का उद्घाटन एक रेडियो फीचर में कितना ही रोचक एवं नाटकीय क्यों न हो, संगीत के बिना वह विवरण मात्र रह जाएगा। परिणाम यह होगा कि श्रोता उसे उतनी रुचि से नहीं सुनेंगे। श्रोताओं को बाँधे रखने के लिए फीचर में संगीत की सृष्टि की जाती है। इसके अतिरिक्त संगीत से वातावरण की सृष्टि भी होती है। अतः फीचर लेखक को चाहिए कि वह अपने आलेख में यथास्थान संगीत के संकेत कर दे। इस काम में निर्देशक भी उसकी सहायता कर सकता है।

(5) **कथात्मकता**–रेडियो फीचर वही श्रेष्ठ माना जाता है जो श्रोता को बाँध ले। इसके लिए लेखक यथासंभव कथात्मकता की युक्ति अपनाता है। कथा तत्त्व की निरंतरता कौतूहल एवं रोचकता का समावेश करती है। कथा तत्त्व का प्रयोग जितनी कुशलता, चुस्ती एवं कलात्मकता के साथ किया जाता है, रेडियो फीचर उतना ही श्रेष्ठ होता है।

(6) **प्रारंभ, मध्य और अंत**–रेडियो फीचर में उसके प्रारंभ, मध्य और अंत पर विशेष ध्यान दिया जाता है। प्रायः नैरेशन से फीचर शुरू नहीं करनी चाहिए। उसमें उतना आकर्षण नहीं आ पाता, जितना ध्वनि, प्रभाव, संवाद, गीत आदि से शुरू करने से आता है। फीचर का प्रारंभ आकर्षक बन सके इसके लिए अच्छा रहता है कि बिना किसी भूमिका के एकाएक बीच से बात शुरू हो। भूमिका आवश्यक होने पर उसे संगीत या ध्वनि प्रभावों की पृष्ठभूमि पर प्रस्तुत किया जाना चाहिए। इसी तरह जैसे-जैसे फीचर आगे बढ़े, उसकी गति में अवरोध न आए तथा एकरसता भी न आने पाए। नैरेशन की गति और लय बदलती रहनी चाहिए। तथ्यों और सूचनाओं को शुरू से अंत तक अमूर्त रूप में प्रस्तुत न किया जाए। उसमें नाटकीयता का समावेश भी कर देना चाहिए। इसी तरह फीचर का अंत भी प्रभावशाली होना चाहिए।

रिपोर्ताज

रिपोर्ताज, आधुनिक साहित्य की नवीन विधा है। **'रिपोर्ताज'** फ्रांसीसी भाषा का शब्द है। यह शब्द अंग्रेजी की 'रिपोर्ट' से गहरा संबंध रखता है। किसी घटना की ठीक-ठीक

सूचना रिपोर्ट कहलाती है। सूचना देने अथवा संवाद भेजने का काम 'रिपोर्टिंग' कहा जाता है। पत्रकारों की इस रिपोर्टिंग ने ही 'रिपोर्ताज' विधा को जन्म दिया। कुछ विद्वानों ने इस विदेशी नाम के स्थान पर इस विधा के लिए 'सूचनिका' शब्द का प्रयोग उचित समझा, लेकिन हिंदी में यह शब्द इतना प्रचलित नहीं हुआ जितना कि रिपोर्ताज।

'रिपोर्ताज' के संबंध में विद्वानों की अलग-अलग धारणाएँ हैं। फिर भी अधिकांश विद्वानों ने रचनाकारों द्वारा अपनाए जाने वाले नाम 'रिपोर्ताज' का ही समर्थन किया।

डॉ. ओमप्रकाश सिंहल के अनुसार–"जिस रचना में वर्ण्य-विषय का आँखों-देखा तथा कानों सुना ऐसा विवरण प्रस्तुत किया जाए कि पाठक की हृत्तंत्री के तार झंकृत हो उठें और वह उसे भूल न सके, उसे रिपोर्ताज कहते हैं।"

डॉ. रामविलास शर्मा का मत है–"किसी घटना या घटनाओं का ऐसा वर्णन कि वस्तुगत सत्य पाठक के हृदय को प्रभावित कर सके, रिपोर्ताज कहलाएगा। कल्पना के सहारे कोई रिपोर्ताज लेखक नहीं हो सकता। रिपोर्ताज लिखने के लिए जनता से सच्चा प्रेम होना चाहिए।"

डॉ. कैलाशचन्द्र भाटिया का मानना है कि "इसमें लेखक प्रत्यक्ष-दर्शन के आधार पर किसी घटना की रिपोर्ट तैयार करता है और उसमें अपनी सहज साहित्यिक कला से जब लालित्य ले आता है तो वही गद्य की आकर्षक विधा 'रिपोर्ताज' कहलाती है। इस प्रकार 'रिपोर्ट' के कलात्मक एवं साहित्यिक रूप को ही 'रिपोर्ताज' कहते हैं।"

डॉ. हरिमोहन ने अपनी पुस्तक 'समीक्षा और साहित्य की विधाएँ' में कहा है कि "रिपोर्ताज मुक्त गद्य का वह विवरणात्मक घटना-प्रधान साहित्यिक रूप है, जिसमें किसी घटना का तथ्यपरक, मानवीय सरोकारों से युक्त, प्रभावपूर्ण विवरण दिया जाता है। इस विवरण में लेखक का निजी दृष्टिकोण सक्रिय दिखाई देता है और जनता के प्रति सच्चा प्रेम भी।"

उपर्युक्त परिभाषाओं के आधार पर यह कहा जा सकता है कि रिपोर्ताज एक ऐसी विधा है जिसमें आँखों देखी, कानों सुनी घटनाओं का प्रभावपूर्ण वर्णन, इस प्रकार प्रस्तुत किया जाता है कि वह पाठकों के समक्ष जीवंत हो उठे।

रिपोर्ताज के तत्त्व तथा विशेषताएँ इस प्रकार हैं :

(1) रिपोर्ताज लिखने के लिए जिन घटनाओं का चयन किया जाए वे कोई महत्त्वपूर्ण सामयिक समाचार देनी वाली घटना होनी चाहिए। इस दृष्टि से रिपोर्ताज-लेखक को संतुलन और निष्पक्षता पर विशेष ध्यान देना पड़ता है। यथातथ्यता रिपोर्ताज की प्रथम प्राथमिकता है।

(2) रिपोर्ताज लेखन में जीवंतता होनी चाहिए जो पाठक को उसे आगे पढ़ने के लिए उत्साहित करती रहे। *डॉ. वीरपाल सिंह* के अनुसार, "साहित्य

की वह प्राणवत्ता जो पाठकों को निरंतर एक स्फूर्ति देती रहती है, जीवंतता कहलाती है।...रिपोर्ताजकार जड़ एवं शुष्क घटना को अपनी साहित्यिक कला से चेतन एवं सरस बनाकर प्रस्तुत करता है, यही रिपोर्ताज की सजीवता, जीवंतता है। इसके कारण ही रचना निष्प्राण नहीं लगती।''

(3) रिपोर्ताज लेखन में नाटकीयता का समावेश होना चाहिए। पाठक को रिपोर्ताज पढ़ते समय नाटक का सा आनंद प्राप्त हो। उसे ऐसा प्रतीत हो कि सभी घटनाएँ उसकी आँखों के सामने घटित हो रही हैं। पात्र घटनाओं को अपने हाव-भाव के द्वारा साकार कर रहे हैं।

(4) किसी घटना को लेखक द्वारा अच्छे ढंग से प्रस्तुत करना ही कलात्मकता है। भाषा का उपयोग, शब्द चयन, घटनाक्रम, उद्धरण आदि रिपोर्ताज के शिल्प को प्रभावशाली ही नहीं बनाते अपितु संप्रेषणीय भी बनाते हैं। शैली की दृष्टि से हास्य-व्यंग्यात्मक, चित्रात्मक, विचारात्मक आदि शैलियों का प्रयोग रिपोर्ताज लेखन में किया जाता है।

(5) रिपोर्ताज-लेखक घटनाओं का प्रत्यक्ष द्रष्टा होता है। वह सावधानीपूर्वक सभी तथ्यों को संकलित करता हुआ चलता है। लेकिन संकलन मात्र से कोई रचना रिपोर्ट तो बन सकती है रिपोर्ताज नहीं। वह रिपोर्ताज तभी बन सकती है जब लेखक के दृष्टिकोण का परिचय प्राप्त होता है।

(6) शिल्प की दृष्टि से रिपोर्ताज का सर्वप्रथम गुण है चित्रात्मकता। छोटी-छोटी घटनाओं और विवरणों के माध्यम से सवाक् चित्रपट के समान प्रभावी चित्र का निर्माण रिपोर्ताज लेखन का अभीष्ट होता है। *डॉ. श्यामसुंदर घोष* के अनुसार, ''रिपोर्ताज की चित्रात्मकता प्रायः परिवेश की चित्रात्मकता भी होती है। रिपोर्ताज लेखक वस्तु पर जितना ध्यान देता है उतना ही ध्यान उसके परिवेश पर भी देता है। उसका यही परिवेश-ग्रहण रागात्मक और आंतरिक भाव से होता है। परिवेश का फोटोग्राफिक चित्रण करते हुए भी वह उस पर अपनी संवेदना की कूची फेर देता है।''

4

श्रव्य-दृश्य माध्यम

(फिल्म, टेलीविजन और वीडियो)

आधुनिक संचार माध्यमों में दृश्य-श्रव्य (audio-visual) माध्यमों के रूप में फिल्म, टेलीविजन और वीडियो अत्यंत लोकप्रिय हैं। इनमें ध्वनि के साथ-साथ दृश्यों या चित्रों का भी समावेश रहता है। इनको देखते-सुनते हुए हमारी सभी इंद्रियाँ सक्रिय रहती हैं, इसलिए इन माध्यमों से पहुँचाया गया संदेश हम आसानी से ग्रहण करते हैं। न केवल आसानी से, बल्कि रुचिपूर्वक भी। यही कारण है कि इनकी प्रभाव-क्षमता अन्य संचार माध्यमों की तुलना में कहीं अधिक होती है। ये माध्यम प्रमुख रूप से मनोरंजनपरक हैं। सुंदर और आकर्षक दृश्य, प्रभावपूर्ण ध्वनियाँ, संगीत और गति, रोचकता और कल्पनाशीलता जैसी न कि चुंबकीय प्रकृति दर्शकों को अपने आप में बाँध लेती है। उन्नत तकनीक और नए-नए प्रयोग इन्हें सुविधाजनक एवं कम खर्चीला बनाते चले जा रहे हैं। यही इनकी लोकप्रियता और व्यापकता के मुख्य कारण हैं।

आइए संक्षेप में हम इन श्रव्य-दृश्य माध्यमों का संक्षिप्त परिचय प्राप्त करें।

(1) फिल्म

फोटोग्राफी के साथ ही फिल्म के आविष्कार का घनिष्ठ संबंध है। सन् 1820 में 'आप्टिकल खिलौनों' के रूप में इसकी नींव रखी जा चुकी थी। लेकिन ये स्थिर चित्र थे। इनमें गति का प्रभाव 1878 में *एडवर्ड मुयाब्रिन* ने उत्पन्न किया। इसके लिए उसने जोट्रोप तकनीक का इस्तेमाल किया। इसके बाद सन् 1890 में *थॉमस अल्वा एडीसन* ने काइनेटोस्कोप का आविष्कार कर फिल्म का वास्तविक भविष्य तय कर दिया। उसने एडवर्ड मुयाब्रिन के स्थिर चित्रों के गति के प्रभाव को एक बिल्कुल ही नया और अकल्पनीय आयाम दे दिया। यह सचमुच चलचित्रीय प्रभाव था, जो फिल्म का आधार है।

इन आरंभिक प्रयासों में *ल्यूमिएरे बंधुओं का नाम* भी महत्त्व रखता है। उन्होंने ही फिल्म को व्यवसाय के रूप में सबसे पहले स्थापित किया। 28 दिसंबर 1895 को उन्होंने पेरिस में पहली फिल्म प्रदर्शित की। जब कि *जार्नेस मेलिस* वह पहला

व्यक्ति था, जिसने सन् 1897 में पेरिस के निकट दुनिया का पहला स्टूडियो स्थापित किया था। इस स्टूडियो का नाम था–'पैथे गारमाण्टे'।

अमेरिका में भी फिल्मों को लेकर प्रयोग जारी थे। वहाँ *एडविन पॉर्टर* ने सिनेमा को एकदम नई दिशा प्रदान की। उसने ग्यारह मिनट की एक अद्भुत फिल्म तैयार की, जिसका नाम था–'द ग्रेट ट्रेन राबरी'। इस फिल्म में उसने मल्टीपल शॉट्स, सीन कट, क्लोज अप, लांग शॉट्स जैसी नई तकनीक अपनाई और अपनी कल्पनाशीलता, रचनात्मकता और प्रतिभा का परिचय दिया। यह 1903 की बात है। उस समय प्रदर्शित इस फिल्म ने दर्शकों को आश्चर्य में डाल दिया था।

अमेरिका के ही *विलकाम्से* ने 'हालीवुड' को जन्म दिया। सन् 1901 में लांस एंजिल्स में प्रापर्टी डीलिंग का धंधा करने वाले पति-पत्नी विलकाम्से ने 120 एकड़ जमीन खरीदी और बाद में उसके प्लॉट काट-काट कर बेचने शुरू किए। इस जगह का नाम उसने 'हालीवुड' रखा। जगह अच्छी थी। आसपास का परिवेश बहुत सुंदर और आकर्षक था। इसलिए कई फिल्म कंपनियों ने वहाँ प्लॉट खरीदे और अपने-अपने स्टूडियो बनवाए। आज तो यह विश्व का विख्यात सिनेमा केंद्र है। कहें कि सिनेमा से जुड़े लोगों का तीर्थ है।

इसके बाद तो फिल्मों का इतिहास बहुत तेजी से बदलता चला गया। जो आज भी अबाध गति से जारी है।

हमारे देश में सिनेमा का इतिहास अपेक्षाकृत कम पुराना है। भारत में पहला फिल्म शो 7 जुलाई, 1896 को हुआ। फ्रांस के दो भाइयों–*अगस्त लुमरे* और *लुईस लुमरे* ने यह शो किया था। उस समय 'टाइम्स ऑफ़ इंडिया' के 7 जुलाई, 1896 के अंक में इसका विज्ञापन छपा था। उसी वर्ष *हरिश्चन्द्र सखाराम भाटवलकर* ने लंदन से पहला मूवी कैमरा मँगवाया था। उन्होंने ही प्रथम देसी फिल्म बनाई। इस फिल्म में कुश्ती तथा बंदर को प्रशिक्षित करते हुए एक व्यक्ति का छायांकन किया गया था। इसी क्रम में हम *मानेट टी. सेठना* के प्रयास का उल्लेख करना चाहेंगे, जिन्होंने 1904 ई. में मुंबई में 'लाइफ ऑफ क्रस्ट' नाम से पहला सिनेमा अपने प्रोजेक्टर से दिखाया। 1907 ई. में कलकत्ता में पहला सिनेमाघर बना, जिसका नाम था–'एलफिंटन पिक्चर पैलेस'। इसे *जे. एस. मदान* ने बनवाया था। *दादा साहब फाल्के* भारतीय सिनेमा के शलाका पुरुष हैं। उन्होंने 'राजा हरिश्चन्द्र' नामक पहली फीचर फिल्म बनाई थी, जिसका प्रदर्शन 3 मई, 1913 को हुआ। लेकिन यह मूक फिल्म थी। भारत में बनी पहली बोलती फिल्म थी–'आलम आरा'। यह फिल्म भी 1913 में प्रदर्शित हुई। धीरे-धीरे फिल्में बनने का सिलसिला शुरू हो गया। सन् 1932 में 'इन्द्रसभा' नामक फिल्म बनी, जिसने अपार लोकप्रियता हासिल की। इस फिल्म में 70 गाने थे!

आज भारतीय भाषाओं में सर्वाधिक फिल्में बनती हैं। इनमें भी हिंदी में सबसे

अधिक। देश-विदेश में इनकी लोकप्रियता है। नई-नई तकनीक अपनाकर इन्हें अंतर्राष्ट्रीय स्तर का बनाया जा रहा है। नए-नए प्रयोग हो रहे हैं। कुल मिलाकर कहें कि भारतीय सिनेमा का एक लंबा और सुदृढ़ इतिहास है।

आज फिल्म मूलतः मनोरंजन और अंशतः शिक्षा का अत्यंत लोकप्रिय माध्यम है। नई प्रौद्योगिकी ने इस जन माध्यम में गुणात्मक परिवर्तन किए हैं। आज हमारे पास बहुत अच्छे फिल्मकार तथा तकनीशियन हैं। अनेक शिक्षण संस्थाएँ बहुत ही श्रेष्ठ शिक्षाप्रद फिल्में बना रही हैं। पुणे स्थित फिल्म संस्थान-सहित अनेक फिल्म इंस्टीट्यूट हैं, जो इस क्षेत्र को शिक्षा प्रदान कर रहे हैं।

(2) टेलीविज़न

आज फिल्म और टेलीविजन की लोकप्रियता सबसे अधिक है। बल्कि फिल्म-माध्यम भी अब टेलीविजन के साथ साँठ-गाँठ कर हमारे जीवन का चेहरा बदल रहा है। सच तो यह है कि इन इलैक्ट्रॉनिक माध्यमों ने जहाँ मनुष्य को घर बैठे सारी दुनिया से जोड़ दिया है, वहीं वह शिक्षित होते हुए भी, अशिक्षा के अंधकार की ओर लौट रहा है। यह बात अतिशयोक्तिपूर्ण और विरोधाभासी लग सकती है; लेकिन तटस्थ विश्लेषण करने पर सच साबित होगी। टीवी ने हमारे पढ़ने की आदत बिगाड़ दी है। उसी तरह जिस तरह कंप्यूटर ने हमारी गणित की क्षमता को बाँध दिया है! यह एक कटु सत्य है। इसके बावजूद फिल्म, दूरदर्शन (टीवी) और कंप्यूटर की उपयोगिता एवं लोकप्रियता में कोई कमी नहीं आई है। यह दिन पर दिन बढ़ती ही जा रही है।

जहाँ तक संचार माध्यमों का संबंध है, टेलीविजन माध्यम बहुत ही उपयोगी और लोकप्रिय हो चुका है। इसने लोकप्रियता की सारी सीमाएँ पार कर दी हैं। सूचना प्रौद्योगिकी का सबसे शक्तिशाली स्वरूप यदि कंप्यूटर के बाद, जिस इलैक्ट्रॉनिक संसाधन में उभरा है, तो वह है टेलीविजन।

टेलीविजन तरंगों के माध्यम से एक साथ दृश्य और ध्वनि को सुदूर स्थानों तक उसी तेज गति से भेजने में सफल हुआ है, जिस तीव्र गति से रेडियो द्वारा तरंगें भेजी और ग्रहण की जाती हैं। जनसंचार के क्षेत्र में यह बहुत बड़ा परिवर्तन है। रेडियो की सीमा यह थी, कि वह माध्यम पूरी तरह आवाज़ पर निर्भर था, जबकि समाचार-पत्र मुद्रित शब्दों पर। इसलिए इन दोनों माध्यमों से जो छूट जाता था, वह टेलीविजन ने पूरा कर दिया। रेडियो और समाचार-पत्र के माध्यमों से जो कहा जाता था, उसकी पुष्टि के लिए जीवंत प्रमाण सामने नहीं आ पाते थे। लगता था कि यथार्थ का आधार इनके पास नहीं है। टेलीविजन ने जीवंत दृश्य दिखाकर लोगों का विश्वास जीत लिया। इसके साथ ही मनोरंजन का विविधतापूर्ण ख़ज़ाना घर बैठे परोस दिया। यद्यपि यह सूचना माध्यम रेडियो और समाचार-पत्र की तुलना

में बहुत महँगा है, लेकिन इसके प्रभाव में हर वर्ग है और विशाल जनसमूह के सिर पर इसका जादू चढ़ा हुआ है। इसने विश्व की दूरियों को मिटा दिया है। आज समाचार-पत्र का पाठक भी उसमें टेलीविजन के कार्यक्रमों की सूचना पढ़ना नहीं भूलता।

टेलीविजन का विकास

टेलीविजन विगत तीन-चार दशकों की ही उपलब्धि है। यों, दूर तक तस्वीरों को प्रसारित करने (या कहें कि televising करने) की युक्ति 1890 ई. में ही ज्ञात हो चुकी थी और 1930 के अंत में ब्रिटेन में 'टेलीविजन' एक घरेलू शब्द बन चुका था। जबकि संसार का पहला नियमित टेलीविजन प्रसारण सार्वजनिक स्तर पर 1936 में हुआ।

तस्वीरों को प्रभावशाली ढंग से प्रसारित करने वाला पहला उपकरण 1925 ई. में *जे. एल. बेयर्ड* ने बनाया था। इसके दो वर्ष बाद, *बैल टेलीफोन कंपनी* में काम करने वाले एक इंजीनियर *सी. एफ. जेकिंस* ने पहली बार अमेरिका में 'प्रसारित' (televised) तस्वीर दिखाई। उस समय की आरंभिक टेलीविजन प्रणाली और आज के टेलीविजन की प्रणाली में जमीन-आसमान का अंतर है। सैद्धांतिक रूप से भी और व्यवहार में भी। आरंभिक टेलीविजन यांत्रिक थे, जबकि आज के टेलीविज़न इलैक्ट्रॉनिक हैं। बल्कि और परिष्कृत होकर डिज़िटल हो गए हैं। स्टूडियो में तीव्र प्रकाश जलता था जो छिद्रित डिस्क पर डाला जाता था। डिस्क घूमती थी। इससे दृश्य पर प्रकाश बिंदु पड़ते थे और उसकी स्केनिंग करते थे। (स्केनिंग अर्थात् उसका क्षैतिज पंक्तियों में पृथक्करण)। रिसीवर में प्रकाश की शहतीर वहाँ तीव्र होती थी, जहाँ प्रसारित दृश्य चमकीला होता था। गहरे दृश्य पर वह मद्धिम होती थी। इस प्रणाली की कमी यह थी कि तस्वीर केवल 30 पंक्तियों पर प्रसारित होती थी, जबकि आज 405, 525, 625 या 819 पंक्तियों या और अधिक पर प्रसारित होती है। इसलिए वे तस्वीरें बहुत अस्पष्ट होती थीं। आज की तस्वीरें एकदम साफ और सहज होती हैं।

टेलीविजन ने अपना अगला चरण 1930 ई. के आसपास बढ़ाया। अब यांत्रिक प्रणाली का स्थान इलैक्ट्रॉनिक प्रणाली ने ले लिया। नए इलैक्ट्रॉनिक कैमरा एवं रिसीविंग ट्यूब (जो मारकोनी-ई.एम.आई. कंपनी ब्रिटेन ने विकसित की थी) ने न केवल पुरानी यांत्रिक समस्याओं को दूर कर दिया, बल्कि उन्होंने तस्वीर की गुणवत्ता को भी बढ़ा दिया। अब कम प्रकाश में भी टेलीविजन प्रसारण आसानी से हो सकता था। इसके कुछ पहले दृश्य के साथ ध्वनि को जोड़ा जा चुका था। ऐसा करने के लिए रेडियो ट्रांसमीटर में मामूली-सा परिवर्तन कर दिया गया था। आवाज वाले टीवी का पहला सार्वजनिक प्रसारण ब्रिटेन में 1930 में हुआ।

धीरे-धीरे टेलीविजन सारी दुनिया में तेजी से फैलने लगा। लेकिन अभी वह जनसंचार की अवधारणा से दूर था। ब्रिटेन में ही मात्र 300 व्यक्तिगत रिसीवर थे।

जो 1930 से 1938 के बीच 4000 तक हो गए। सन् 1939 में तो केवल दो महीने में ही 7000 सेट बिके। फ्रांस में नियमित टीवी प्रसारण 1938 में शुरू हुआ तथा अमेरिका में 1941 में। लेकिन द्वितीय विश्व युद्ध के दौरान यूरोप में टेलीविजन प्रसारण आकस्मिक रूप से बंद हो गया। फिर भी इस दिशा में प्रयोग चलते रहे। विश्व युद्ध के बाद प्रसारण सेवाएँ फिर शुरू हो गईं। सन् 1953 में संयुक्त राज्य ने विश्व में सर्वप्रथम नियमित रंगीन टेलीविजन प्रसारण शुरू किया। जबकि 1952 में इंग्लैंड, फ्रांस, नीदरलैंड तथा पश्चिम जर्मनी के बीच सफलतापूर्वक पुनः प्रसारण संभव हुआ। 1955 में 'यूरोविज़न' नेटवर्क विधिवत देखा गया। जिसने ब्रिटेन, फ्रांस, इटली, डेनमार्क, स्विटज़रलैंड, पश्चिम जर्मनी, बेल्जियम तथा नीदरलैंड को जोड़ा। सन् 1962 में सेटेलाइट के जरिए पहले जीवंत (live) कार्यक्रम का आदान-प्रदान यूरोप तथा अमेरिका के बीच हुआ। इसके बाद तो यह सिलसिला बढ़ता ही चला गया।

भारत में प्रथम प्रायोगिक टेलीविजन केंद्र का उद्घाटन 15 सितंबर, 1959 को देश के प्रथम राष्ट्रपति *डॉ. राजेन्द्र प्रसाद* के हाथों संपन्न हुआ। इसकी शुरुआत के मूल में *यूनेस्को* का एक सम्मेलन था। इस सम्मेलन में यूनेस्को ने भारत को 20,000 डालर का अनुदान स्वीकृत किया था। उद्देश्य था, एक जनमाध्यम के रूप में टेलीविजन के प्रयोग का अध्ययन करते हेतु एक पायलट परियोजना की स्थापना। इस नए संचार-माध्यम को स्कूली बच्चों की औपचारिक शिक्षा में सहायता करने एवं आम आदमी को दिखाए जाने वाले सामुदायिक विकास कार्यक्रम तैयार करने के लिए शुरू किया जाना था। उस समय इन प्राथमिक उद्देश्यों को ध्यान में रख कर संयुक्त राज्य अमेरिका सरकार और यूनेस्को के सहयोग से आकाशवाणी भवन में एक छोटा-सा टेलीविजन स्टूडियो स्थापित किया गया। यूनेस्को ने टेलीक्लबों को निःशुल्क टीवी सेट दिए। ये आरंभिक कार्यक्रम उत्साहवर्द्धक सिद्ध हुए और 1961 में उच्चतर विद्यालयों के लिए एक नियमित टीवी कार्यक्रम शुरू हुआ। 1965 में सरकार ने जनता की माँग और अनुकूल परिणामों से उत्साहित होकर शिक्षा के साथ मनोरंजनपरक कार्यक्रम बनाने और प्रसारित करने का निश्चय किया। उल्लेखनीय है कि भारत में सबसे पहला समाचार बुलेटिन 15 अगस्त, 1965 को प्रसारित हुआ।

1 अप्रैल, 1976 से हमारे यहाँ टेलीविजन 'दूरदर्शन' नाम से आकाशवाणी से अलग होकर स्वतंत्र अस्तित्व में आ गया। आज इसके 8 चैनल हैं। और कई चैनल शुरू होने जा रहे हैं।

अपने दूरदर्शन चैनल के अतिरिक्त आज हम सैटेलाइट के जरिए—स्टार टीवी, स्टार प्लस, स्टार मूवी, स्टार स्पोर्ट्स, ज़ी टीवी, ज़ी सिनेमा, ज़ी न्यूज़, सोनी, सब टीवी, एम टीवी, बीबीसी, सीएनएन, ईएसपीएन, आरटीपी, सन टीवी...आदि-आदि न जाने कितने ही चैनल देख सकते हैं। केबल के जरिए ये चैनल हमें सूचना, समाचार, मनोरंजन, शिक्षा सब कुछ परोस रहे हैं।

दृश्य माध्यमों की भाषा

दृश्य माध्यमों के लिए लेखन करना एक चुनौती-भरा कार्य है। साधारण लेखन से भिन्न इस लेखन का मुख्य गुण उसकी बिंबधर्मिता है। लेखक को हर स्थिति में दृढ़ता और बिंबों में सोचना पड़ता है। दूसरे, यह एक टीमवर्क है, इसलिए इस लेखन की सफलता कई प्रतिभाओं एवं यंत्रों पर निर्भर करती है। इस दृष्टि से हमें निर्माता, निर्देशक, निर्माण-सहायक, मंच या तल प्रबंधक, प्रतिभा (टेलेन्ट) अथवा अभिनेता, कैमरामैन, दृश्यबंध अभिकल्पकार, लेखाचित्र कला पर्यवेक्षक एवं कलाकार, रूपसज्जाकार तथा अन्य कर्मियों (यथा—वेश पर्यवेक्षक, सामग्री पर्यवेक्षक, लाइब्रेरियन, चित्रकार आदि) की आवश्यकताओं-सुविधाओं आदि को ध्यान में रखना पड़ता है।

टेलीविजन की भाषा पर ध्यान देना जरूरी है। हर माध्यम की अपनी भाषा होती है। फिल्म और टेलीविजन की अपनी भाषा है। यहाँ शब्द भी बोलते हैं, रंग भी, चेहरे भी, मौन भी, संगीत भी।

टेलीविजन में तात्कालिकता और गति पर बल रहता है। यह माध्यम घटनाओं को ज्यों-का-त्यों प्रसारित करता है। इसमें जीवन को पकड़ने और उसे अत्यंत यथार्थ के साथ पुनःप्रस्तुत करने की अनुपम क्षमता होती है। यह सभी तरह की गतिविधियों की नवीनतम सूचना देने में समर्थ है।

डॉ. हरिमोहन ने टेलीविजन समाचार-लेखन के लिए कई महत्त्वपूर्ण बातों को रेखांकित किया है। वे कहते हैं कि, जहाँ तक टेलीविजन समाचारों के लेखन का प्रश्न है, लेखक को ध्यान रखना होता है कि इनमें निम्नांकित विशेषताएँ रहें :

(1) **घटना में तारतम्यता**—समाचार की विषयवस्तु और दृश्य एवं चित्र-सामग्री के क्रम में सामंजस्य रहना चाहिए। यह तारतम्य सहज हो, बनावटी न हो। घटना को उसी क्रम में दिया जाए जिस क्रम में वह घटी है। उदाहरण के लिए किसी राजनेता द्वारा किसी सरकारी भवन या पुल, सड़क आदि का उद्घाटन किया गया है। इस अवसर पर उसने लंबा भाषण भी दिया है। इस समाचार को टेलीविजन पर प्रसारित किया जाना है, तो समाचार-लेखक को एक संक्षिप्त समाचार के रूप में देना होगा कि राजनेता द्वारा कही गई मुख्य बात अथवा घोषणा पहले रखी जाएगी और कहा जाएगा कि यह बात उन्होंने इस अवसर पर कही। दृश्य पहले उद्घाटन का रहेगा (दीप प्रज्ज्वलन या फीता काटने का) तब भाषण का और भीड़ का। कहने का अर्थ यह है कि इन चित्रों या दृश्यों में क्रम का ध्यान रखा जाएगा। जो घटना या आयोजन पहले हुआ है उसका दृश्य पहले आएगा जो घटना बाद की है, उसका दृश्य बाद में रहेगा।

(2) **चित्रात्मकता**—टेलीविजन-समाचारों में चित्रात्मकता आवश्यक होती है। मुद्रण माध्यम में जिस तरह छपे हुए शब्द महत्त्व रखते हैं, रेडियो में ध्वनि महत्त्व रखती है, उसी तरह यहाँ श्रव्य और दृश्य महत्त्वपूर्ण हैं। शब्दों का कम-से-कम प्रयोग करते हुए दृश्यों या चित्रों को अधिक-से-अधिक 'बोलने' का अवसर दिया जाता

है। अतः टेलीविजन के लिए समाचार लिखते समय उसके उस अंश को अधिक उजागर किया जाता है, जिसमें दृश्य या चित्र के उपयोग की संभावनाएँ अधिक होती हैं। आपने देखा होगा कि कई बार किसी समाचार में घटनास्थल का दृश्य/ वीसीआर कवरेज या चित्र उपलब्ध नहीं होता, तो ऐसी स्थिति में पुराने फाइल चित्रों, ग्राफिक्स, पेंटिंग आदि की सहायता ले ली जाती है।

(3) **संक्षिप्तता**–टेलीविजन समाचार जितना संक्षेप में लिखा जाए उतना ही अच्छा रहता है। लिखित और बोले गए समाचार की अपेक्षा 'दिखाए गए' समाचार की विश्वसनीयता अधिक होती है। अधिक शब्द कभी-कभी चित्रात्मक अभिव्यक्ति में बाधक हो जाते हैं।

(4) **संभाषणशीलता**–टेलीविजन क्योंकि श्रव्य-दृश्य माध्यम है, इसलिए इसके समाचारों में चित्र के साथ-साथ ध्वनि के कलात्मक उपयोग पर भी ध्यान दिया जाता है। किसी राजनेता के भाषण का अंश, समाचार से जुड़े किसी व्यक्ति से संक्षिप्त बातचीत आदि तत्त्व जहाँ समाचार को विश्वसनीय बना देते हैं, वहीं जीवंत, रोचक, आकर्षक और प्रभावशाली भी। इसी तरह किसी पर्व-त्योहार, मेले, प्रदर्शनी, आदि के समाचारों (सांस्कृतिक समाचारों) में संगीत का समावेश करके आकर्षक बनाया जा सकता है। किसी के बयान को उसी व्यक्ति के मुख से कहलवाया जाना चाहिए।

(5) **रिपोर्ट का समायोजन**–टेलीविजन समाचारों में घटनास्थल की रिपोर्ट विशेष रूप से उपयोग में लाई जाती है। संभाषण के इस्तेमाल का यह सबसे अच्छा उपाय है। इसमें किसी समाचार को उसकी पृष्ठभूमि के साथ दृश्य-रूप में किसी संवाददाता अथवा अन्य व्यक्ति के स्वर में प्रस्तुत किया जाता है। ऐसा करके हम कम-से-कम शब्दों में अधिक-से-अधिक ज्ञानवर्द्धक सामग्री एवं सूचना प्रेषित कर सकते हैं। ऐसा करते हुए समाचार-वाचक कम बोलता है, संवाददाता दर्शकों से सीधे संबोधित रहता है। अतः दर्शक संतुष्ट रहते हैं कि उन्हें सीधी (first hand) जानकारी मिल रही है। संवाददाता के साथ मानो दर्शक भी घटनास्थल पर पहुँच जाते हैं। इससे समाचार-रोचक, आकर्षक, विश्वसनीय और सीधे-सीधे मनोमस्तिष्क पर प्रभाव डालने वाला बन जाता है।

(6) **समय-सापेक्षता**–समय का ध्यान रखना टेलीविजन और रेडियो दोनों माध्यमों के लिए अनिवार्य शर्त है। इसलिए इन माध्यमों के लिए समाचार लिखने वाले व्यक्ति को समय-सीमा का ध्यान रखना होता है। प्रायः 10 से 20 मिनट के समाचार बुलेटिन होते हैं। कभी-कभी तकनीकी कारणों से या अन्य किसी कारण से रुकावट आ जाती है, इस संभावना का भी ध्यान रखा जाता है। मान लें किसी समाचार के साथ दिए जाने वाले दृश्य का टेप ऐन वक्त पर खराब हो जाए, उसे दिखाने में जितना समय लगता (2-4 सेकंड), वह बच गया। अब क्या किया जाए? इस चिंता से मुक्ति के लिए कोई पूरक समाचार लिखकर रख लेना ठीक रहता है।

दो या तीन ऐसे पूरक समाचार रख लेने चाहिए, जो अपेक्षाकृत कम महत्त्व के हों और जिनमें चित्रों या दृश्यों की आवश्यकता न के बराबर हो।

कई बार समाचार बुलेटिन तैयार हो जाने के बाद बीच में अचानक कोई ऐसा समाचार आ जाता है, जो विशेष महत्त्व का होता है या चयन किए गए समाचारों में से किसी एक समाचार की अगली कड़ी के रूप में होता है। ऐसे में उसे भी बुलेटिन में सम्मिलित करना जरूरी हो जाता है। ऐसे समाचार को 'फ्लैश' कहते हैं। इसे समाचार वाचक भी इस रूप में पढ़ सकता है—''अभी-अभी समाचार मिला है कि''। कहने का अर्थ यह है कि समाचार लेखक और संपादक को ऐसी स्थितियों का भी ध्यान रखना चाहिए, ताकि समय-सीमा का अतिक्रमण न हो और यह भी न हो कि समय बच जाए।

(7) **संगीतात्मकता एवं रोचकता**—समाचारों में संगीत तत्त्व को सँजोकर मनोरंजन की सृष्टि की जा सकती है। कुछ समाचारों में भाषा की नाटकीयता और हल्केपन से रोचकता भी लाई जा सकती है। आप विभिन्न टीवी चैनल्स पर प्रसारित समाचार देखते होंगे। कई समाचार ऐसे होते हैं, जो संगीत का प्रभाव लिए हुए होते हैं। ये हल्के-फुल्के विषय पर या मनोरंजनपरक, सूचना या ज्ञानपरक श्रेणी के होते हैं। ऐसे समाचारों को 'कोमल' (soft news) कहा जाता है। इनको लिखने का ढंग अन्य समाचारों से अलग है।

संक्षेप में टेलीविजन समाचारों की विशेष रूप से भाषा संबंधी विशेषताएँ इस प्रकार हैं :

(1) भाषा सरल और सर्वग्राह्य (अधिक-से-अधिक लोगों की समझ में आने वाली) होनी चाहिए।
(2) वाक्य छोटे-छोटे और सरल हों।
(3) ऐसा प्रयास रहे कि एक बात एक ही वाक्य में आ जाए।
(4) बोलचाल के शब्द और मुहावरे ऐसे होने चाहिए जो जनमानस में रच-बस गए हैं। कठिन शब्दों से जितना बचा जा सके, उतना ही अच्छा रहता है। ऐसा होने पर समाचार-वाचक को भी सुविधा रहती है।
(5) अन्य भाषाओं के प्रचलित शब्दों को आवश्यकतानुसार अपनाने में हिचक नहीं होनी चाहिए। शर्त यही है कि उन्हें अधिक-से-अधिक लोग समझ सकें।
(6) समाचारों की शब्दावली में विविधता होनी चाहिए, ताकि समाचार सुनते समय श्रोता एवं दर्शक ऊबें नहीं। एक ही समाचार बुलेटिन में या समाचार में एक-जैसे शब्दों की भरमार उनका प्रभाव खत्म कर देती है और एकरसता आ जाती है।
(7) यह भी ध्यान में रखना चाहिए कि एक ही व्यक्ति का नाम बार-बार

न आए। यदि ऐसा करना आवश्यक हो तो कभी उसका उपनाम लिया जा सकता है, कभी उसके पद का नाम, किंतु ये भी बार-बार न आएँ।

(8) पूरा समाचार लिख लेने के बाद उसे कई बार पढ़कर उसकी भाषा को सुधार लेना चाहिए। भाषा सदैव सहज, सरल, सुबोध और रोचक हो। सारे तथ्य स्पष्ट हों। समय, तिथि, घटनास्थल, समाचार में सम्मिलित व्यक्ति विशेष के नाम इत्यादि बातों की सावधानीपूर्वक जाँच कर लेनी चाहिए।

समाचार के अतिरिक्त अन्य कार्यक्रमों के पटकथा लेखन में भाषा की शर्तें अलग हो सकती हैं। साथ ही उनमें दृश्य योजना बनाकर कई खंडों में पटकथा लिखी जाती है। पटकथा का कंकाल (उसका स्टेप आउट लाइन) बहुत विस्तृत और अंग-उपांगों में बँटा हुआ रहता है। उसमें प्रायः तीन अंक होते हैं। पहले अंक में सेटअप, दूसरे में टकराहट, द्वंद्व या संघर्ष की योजना रहती है और तीसरे अंक में चरमोत्कर्ष या समाधान। दृश्य लेखन के लिए बिंबों की सृष्टि की जाती है और एक तरह से दृश्य की व्याख्या की जाती है।

किसी भी टेलीविजन कार्यक्रम के लेखन के लिए यह आवश्यक है कि पहले शोधकार्य कर लिया जाए, तब लिखने बैठा जाए। पूरे कथानक को, घटनाचक्र को, दृश्यों को अपने भीतर रचा-बसा लेना होता है। कल्पना शक्ति से भी काम लिया जाता है। संगीत-प्रभाव के बिंदु सोचे जाते हैं।

दृश्य एवं श्रव्य सामग्री का सामंजस्य

विशेष रूप से समाचार-बुलेटिन तैयार करने में तथा टेलीविजन कार्यक्रमों में 'निर्माण' का सोपान पार करने के बाद 'दृश्य-श्रव्य सामग्री का सामंजस्य' न्यूजकास्ट निर्माण का अंतिम सोपान है। इसमें एडिटिंग और डबिंग जैसे महत्त्वपूर्ण काम सम्मिलित हैं। दृश्यों का जोड़ना-घटाना आदि इसी स्तर पर होता है। इससे जुड़े लोगों का कार्य प्रायः तकनीकी किस्म का होता है। स्वाभाविक है कि इस सोपान पर कार्य करने वाले लोग कम ही रहते हैं। यदि कार्यक्रम का प्रसारण कुछ देर से होना है और उसमें संशोधन-परिवर्द्धन होना होता है, तो निर्माणोत्तर कार्य संपन्न किया जाता है। ऐसा होने पर *समाचार निदेशक* इस काम में सम्मिलित रह सकता है अन्यथा उसकी ऐसी विशेष आवश्यकता नहीं रहती। न्यूजकास्ट को बेहतर एवं अद्यतन बनाने के लिए किसी अंश को हटाने, जोड़ने या उन्हें दुबारा करने के लिए उसके द्वारा दिए गए निर्देश निर्णायक होते हैं, क्योंकि अंततः पूरे कार्यक्रम का उत्तरदायित्व उसी पर है।

समाचार निर्माता का काम भी इसी के अनुसार आगे बढ़ता है। तदनुसार टेलेण्ट, संपादकीय कर्मी, स्टूडियो निदेशक, सहायक निर्देशक, तकनीकी निदेशक, निर्माण

सहायक, ऑडियो निदेशक, मंच निर्देशक, स्टूडियो कैमरा ऑपरेटर, टेलीप्रॉम्पटर ऑपरेटर, टेलिसिने ऑपरेटर, प्रकाश निदेशक, वीडियो टेपरिकॉर्डर ऑपरेटर तथा वीडियो इंजीनियर अपना-अपना कार्य करते हैं।

निर्माणोत्तर सोपान सरल भी हो सकता है और जटिल भी। इसमें सर्वाधिक महत्त्व संपादन (एडिटिंग) का है। दृश्यों का संपादन खंड-खंड चित्रों को एक क्रम में कथानुसार जोड़ना होता है। कई टेपों से अलग-अलग दृश्य काट कर मिला दिए जाते हैं। इनमें सुसंबद्धता रहनी चाहिए। इसके बाद दृश्यों के साथ श्रव्य की संगति बिठाई जाती है। साधारणतया संपादन का कार्य करते समय दो स्वतंत्र ऑडियो ट्रेक होते हैं, जिनमें से हम जिस ट्रेक पर रिकार्ड करना चाहते हैं उसे चुनते हैं। यदि सिंक साउंड पहले से ही ट्रेक-2 पर है, तो हमें इसे ट्रेक-1 पर रिकार्ड करने की आवश्यकता होगी और हम संगीत, वॉयस ओवर, बज़ तथा विभिन्न ध्वनि प्रभावों को ट्रेक में सही स्थान पर रिकार्ड करेंगे। यदि हम दोनों ट्रेक को एक साथ चलाएँगे, तो हमें मिश्रित ध्वनि ट्रेक प्राप्त होगा। इस स्थिति को निम्नांकित आरेख से समझा जा सकता है–

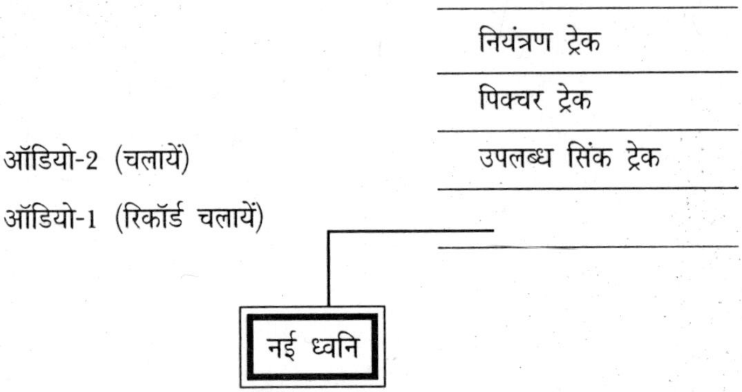

चित्र–ट्रेक-2 पर उपलब्ध सिंक साउंड, ट्रेक-1 पर नई ध्वनि जोड़ना

हमने सिंक ट्रेक के स्तर अथवा गुणात्मकता में कोई परिवर्तन नहीं किया। हाँ, हम यह कर सकते हैं कि इसका एक मास्टर टेप बना लेते हैं और जो भी सामंजस्य बिठाना हो बिठा लेते हैं, या ध्वनि-प्रभावों को जोड़ लेते हैं। यह काम मिक्सर के जरिए ऑडियो ट्रेक लेकर कर लिया जाता है। इसे आगे दिए गए चित्र से समझा जा सकता है।

यह मास्टर टेप सुरक्षित रखा जाता है और जब इसके संगीत आदि में परिवर्तन करने की आवश्यकता होती है या बाद में स्तर में बदलाव लाना हो तब वैसा करके इसकी प्रति बना ली जाती है।

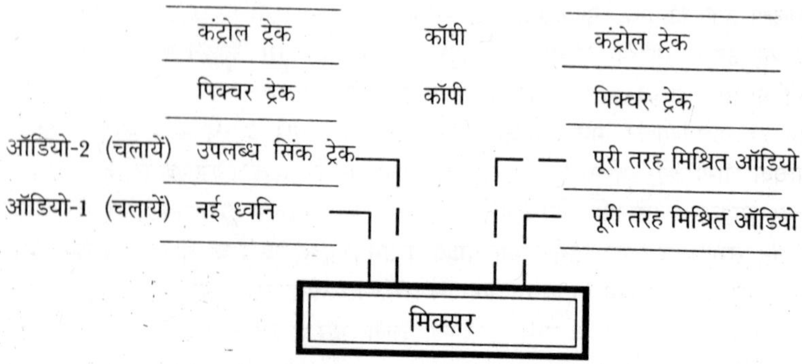

कुछ जटिल निर्माणोत्तर स्थिति में साधारणतया 'ट्रेक बाउंसिंग' पद्धति या ट्रेक कोलेप्स या पिंगपोंग पद्धति अपनाई जाती है। इसमें ट्रेक-1 पर केवल संगीत, वॉयस ओवर, बज़, इफैक्ट्स की रिकॉर्डिंग ही नहीं होती, बल्कि मशीन से ट्रेक-2 पर सिंक साउंड ले ली जाती है, जो मिक्सर चैनल में भेजकर प्राप्त की जाती है। इस प्रकार सब कुछ ट्रेक-1 पर मिश्रित हो जाता है, केवल सिंक साउंड ही ट्रेक-2 पर बची रहती है। इस पुनः रिकॉर्डिंग के समय सारी सुविधाएँ उपलब्ध रहती हैं, इसलिए स्तर-परिवर्तन, समकरण (equalization) अथवा प्रतिध्वनिकरण (reverberation) आदि सारे कार्य करना संभव हो जाता है। इसी तरह ध्वनि या संवादों के गुणवत्ता के लिए 'डबिंग' की जाती है। सर्वाधिक ध्यान इस बात पर रहता है कि पात्र (टेलेण्ट) के होठों के खुलने-बंद होने से भाषा का उच्चारण मेल खाए।

पार्श्व वाचन (वॉयस ओवर)

सामान्य रूप से 'पार्श्व' का अर्थ है पीछे से या किनारे से और 'वाचन' का अर्थ है 'पढ़कर बोलना'। यह शब्द 'पार्श्वगायन' के रूप में फिल्मों में बहुत प्रयुक्त होता है। फिल्मों की तरह ही बहुत से टेलीविजन कार्यक्रमों में पहले सारे दृश्यों को शूट कर लिया जाता है। इसके बाद जहाँ आवश्यकता होती है, वहाँ आवाज को या किसी गीत को अथवा संगीत को दृश्य के अनुरूप ध्वनि को रिकार्ड कर लिया जाता है। इससे कार्यक्रम में गुणवत्ता आ जाती है। कोई भी दृश्य परिपूर्ण बन जाता है। अन्यथा कितना ही सुंदर दृश्य क्यों न हो, स्वर और ध्वनि के अभाव में वह कोई प्रभाव नहीं डाल सकता।

यह तकनीक विशेष रूप से ऐसे कार्यक्रमों में बहुत अपनाई जाती है, जिनमें किसी एक भाषा के कार्यक्रम को किसी दूसरी भाषा के दर्शकों के लिए प्रसारित किया जाना हो। इस तकनीक में कार्यक्रम का कोई पात्र या वक्ता अंग्रेजी या फ्रेंच, जर्मनी, जापानी, चीनी आदि बोल रहा हो, वह हिंदू, उर्दू या अन्य कोई दूसरी भाषा

बोलता हुआ दिखाया जा सकता है। उसके ओठ उसी तरह हिलते हुए दिखाए जाते हैं, या उसके हाथ-पैर हिलते-डुलते दिखाए जाते हैं, जिस तरह वह इस नई भाषा को बोलता। पार्श्व वाचन और पार्श्व वाचक की सफलता इस बात में कि दर्शकों को यह नहीं लगे कि मूल कार्यक्रम किसी और भाषा का था। अनुवाद, लेखक और वाचक तीनों की अग्नि परीक्षा इसी सफलता पर निर्भर है। संपादक (एडिटर) के लिए भी यह चुनौतीपूर्ण काम है।

सरल शब्दों में कहें तो हम पार्श्व वाचन को किसी दृश्य की मूल आवाज के ऊपर दूसरी भाषा को सफलतापूर्वक भरने की तकनीक कह सकते हैं। इसमें पार्श्व वाचक अपनी वक्तृता, बोलने की कला, शैली और उतार-चढ़ाव से मूल अभिनेता के हाव-भावों, मनोदशा आदि से तालमेल बिठा देता है। कार्यक्रम के दृश्य में अभिनेता या पात्र (टेलेण्ट) कोई और होता है, जब कि आवाज किसी और की होती है। जैसे फिल्म का हीरो या इसकी हीरोइन कोई और होते हैं, जबकि गायक दूसरे। फिर भी दर्शक यही मानकर चलते हैं कि यह गीत हीरो-हीरोइन ही गा रहे हैं।

टेलीविजन कार्यक्रमों के संबंध में, विशेष रूप से डाक्यूमेंटरी जैसे कार्यक्रमों के संदर्भ में 'वॉयस ओवर' शब्द का प्रयोग अक्सर होता है और ठीक भी है क्योंकि इसका मूल अर्थ ही है—चित्रों पर रिकार्ड की गई कमेण्ट्री या रिपोर्ट। समाचार प्रस्तुत करते समय भी इस तकनीक का बहुत प्रयोग होता है। विशेष रूप से तब, जबकि समाचार में दिखाया गया व्यक्ति जब अन्य किसी भाषा में बोल रहा हो। पार्श्व वाचन से दृश्य और पूरे कार्यक्रम की विश्वसनीयता बढ़ती है। उसका प्रभाव बढ़ता है तथा दर्शकों का बहुत बड़ा वर्ग उससे लाभान्वित होता है।

पटकथा-लेखन

पटकथा किसी भी कार्यक्रम की पहली आवश्यकता है। कार्यक्रम की सफलता-असफलता बहुत कुछ पटकथा पर निर्भर करती है। टेलीविजन के लिए समाचार लिखना अन्य समाचार माध्यमों के लिए समाचार लिखने से बहुत भिन्न है। इसी तरह अन्य टीवी कार्यक्रमों की पटकथा-लेखन का कार्य अलग तरह का है। इसके लिए अतिरिक्त सजगता और योग्यता की माँग रहती है। लेखक को टेलीविजन कार्यक्रम के निर्माण की पद्धति का भी ज्ञान होना चाहिए। कुछ सिद्धांत का भी पता होना चाहिए।

टेलीविजन के लिए विविध तरह के कार्यक्रम तैयार होते हैं। समाचारों के लेखन का काम अन्य कार्यक्रमों के लिए आलेख या पटकथा लेखन से कुछ भिन्न तरह का होता है। बेशक टेलीविजन माध्यम की भाषा के मूल तत्त्व समान होते हैं। संक्षेप में कहें तो यह कि समाचार के अतिरिक्त अन्य कार्यक्रमों के पटकथा लेखन में भाषा की शर्तें अलग हो सकती हैं। साथ ही उनमें दृश्य योजना बनाकर कई खंडों में पटकथा लिखी जाती है। पटकथा का कंकाल (उसका स्टेप आउट लाइन) बहुत विस्तृत और

अंग-उपांगों में बँटा हुआ रहता है। उसमें प्रायः तीन 'अंक' होते हैं। पहले अंक में सेटअप, दूसरे में टकराहट, द्वंद्व या संघर्ष की योजना रहती है और तीसरे अंक में चरमोत्कर्ष या समाधान। दृश्य लेखन के लिए बिंबों की सृष्टि की जाती है और एक तरह से दृश्य की व्याख्या की जाती है।

किसी भी टेलीविजन कार्यक्रम के लेखन के लिए यह आवश्यक है कि पहले शोधकार्य कर लिया जाए, तब लिखने बैठा जाए। पूरे कथानक को, घटनाचक्र को, दृश्यों को अपने भीतर रचा-बसा लेना होता है। कल्पनाशक्ति से भी काम लिया जाता है। संगीत-प्रभाव के बिंदु सोचे जाते हैं।

पटकथा की इकाई 'दृश्य' हुआ करता है। पटकथा किसी नाटक की तरह कथानक को दृश्यों में तोड़कर प्रस्तुत करती है। जहाँ घटनास्थल बदलता है, वहीं दृश्य भी बदल जाता है। कहने का अर्थ यह है कि एक खास जगह पर और एक खास अवधि में लगातार जो कुछ होता है, वह एक दृश्य कहलाता है। दूसरी महत्त्वपूर्ण बात यह है कि दो दृश्यों के बीच 'कट टू' लिख दिया जाता है। 'कट टू' का मतलब है कि इस दृश्य को यहीं काट कर हम एक अन्य घटनास्थल वाले दृश्य में जोड़ रहे हैं। जब कार्यक्रम को शूट कर लिया जाता है, तो ऐसे दृश्यों को संपादन के समय एक सुसंगत क्रम में जोड़ लिया जाता है। 'कट टू' कहने का अर्थ यह लिया जाता है कि यहाँ से काट कर वहाँ जोड़ दीजिए।

इससे आगे देश-काल पर ध्यान दिया जाता है। हर दृश्य के ऊपर यह लिखना होता है कि वह दृश्य कहाँ और कब घटित हो रहा है? जैसे कोई दृश्य किसी घर के भीतर का है, तो हम लिखेंगे—'भीतर' या 'INTR' अर्थात् 'इंटीरियर' और यदि दृश्य बाहर का है, जहाँ मैदान हो सकता है, सड़क हो सकती है, भीड़ हो सकती है, बाजार हो सकता है तो लिखेंगे—'बाहर' या 'EXTR' अर्थात् 'एक्सटीरियर'। इसके साथ ही हमें समय का उल्लेख भी करना चाहिए। दृश्य दिन का है, रात का है या शाम का है? हाँ, यह नहीं किया जाता कि शाम के चार बजे हैं, या बारह बजे हैं या दस बजे हैं। यह काम लेखक का नहीं होता। यदि किसी दृश्य में समय को ठीक-ठीक बताना जरूरी हो, तो दृश्य में घड़ी का शॉट डालना पड़ेगा अथवा किसी संवाद के माध्यम से यह काम करना होगा।

इससे जुड़ा एक और तत्त्व है, वह है स्थान। जैसे—नदी का किनारा, समुद्र-तट, झोंपड़ी, बाजार, आदि। इससे तुरंत पता चल जाता है कि कौन-सा दृश्य कहाँ का है और वह दृश्य दिन का है या रात का है? इससे शूटिंग करने वालों को सुविधा रहती है। वे अपनी सुविधा से एक ही स्थान के दिन-दिन के दृश्य एक साथ शूट कर लेते हैं और रात के दृश्य एक साथ। बाद में उन्हें संपादित करके अपनी-अपनी जगह पर जोड़ दिया जाता है। इससे अतिरिक्त परिश्रम, समय और पैसे की बचत हो जाती है। कहने का अर्थ यह है कि किसी भी पटकथा में एक ही घटनास्थल

के कई दृश्य हो सकते हैं। शूटिंग करने वाले लोग उन्हें सुविधानुसार एक साथ एक-एक कर शूट कर सकते हैं। बाद में जहाँ जरूरत होती है, वहीं फिट कर दिए जाते हैं।

शूटिंग करने वालों के लिए भले ही एक ही स्थान पर अलग-अलग समय पर घटे दृश्य एक ही माला के मनके होते हों; किंतु पटकथा लेखक के लिए तो वे दृश्य अलग-अलग होते हैं, जो अलग-अलग स्थानों पर घटने के बावजूद क्रमशः एक के बाद एक करके आते हैं और एक विशिष्ट प्रसंग से जुड़ पाते हैं। इसे कुछ-कुछ ऐसे समझा जा सकता है, जैसे उपन्यास में परिच्छेद होते हैं, पटकथा में दृश्यों की शृंखला होती है।

एक पटकथा अंश देखें। यह अंश मुंशी प्रेमचन्द की प्रसिद्ध कहानी **'पूस की रात'** पर आधारित तैयार की गई पटकथा से लिया गया है–

दृश्य-1, बाहर/झोंपड़ी का दरवाजा/दिन

हम दिखाते हैं कि एक तगड़ा-सा गरीब अधेड़ आदमी हल्कू दरवाजे पर दस्तक दे रहा है। और उससे थोड़ी दूर एक अन्य व्यक्ति हाथ में लाठी लिए मूँछें ऐंठता खड़ा है। दरवाजा आवाज करते हुए खुलता है। झाड़ू हाथ में लिए अधेड़ मुन्नी नजर आती है। हल्कू भीतर जाता है। लठैत व्यक्ति दरवाजे पर खड़ा हो जाता है।

दृश्य-2 दिन/भीतर/झोंपड़ी के अंदर

हम देखते हैं कि जिस स्त्री ने दरवाजा खोला था वह झाड़ू लगाने लगती है। हल्कू एक क्षण हिचकिचाता हुआ खड़ा रहता है, फिर कहता है–

हल्कू–मुन्नी सुनती हो, सहना आया है, लाओ जो रुपए रखे हैं, उसे दे दूँ। किसी तरह गला तो छूटे। मुन्नी झाड़ू लगाना रोककर पीछे मुड़ कर बोलती है–

मुन्नी–तीन ही तो रुपए हैं, दे दोगे तो कंबल कहाँ से आएगा?

माघ-पूस की रात हाट में कैसे कटेगी? उससे कहो फसल पर रुपए दे देंगे। अभी नहीं हैं।

हल्कू कुछ देर सर खुजलाता है फिर पत्नी के पास जाता है और लगभग खुशामदी आवाज में बोलता है–

हल्कू–अरी दे दे ना, गला तो छूटे। कंबल के लिए कोई दूसरा उपाय सोचूँगा।

कट टू

पटकथा लेखन के लिए सुप्रसिद्ध कथाकार और पटकथा लेखक मनोहर श्याम जोशी ने बहुत-सी महत्त्वपूर्ण बातें बताई हैं। संक्षेप में, हम उनके सुझावों का सार क्रमशः इस प्रकार देख सकते हैं :

(1) पटकथा के लिए एक अच्छी कथा होनी जरूरी है। पटकथा कुछ और नहीं कैमरे से फिल्मा कर पर्दे पर दिखाए जाने के लिए लिखी हुई कथा है।

(2) कथा ऐसी हो, जिसमें नाटकीय तत्त्व हों और नाटकीय तत्त्व तब आता है, जब कोई समस्या होती है। अगर किसी कहानी में पात्रों के सामने कोई समस्या नहीं है, या संकट नहीं है, तो उससे नाटक पैदा नहीं हो सकता। दरअसल समस्या तनाव को जन्म देती है और तनाव से ही दर्शकों को पात्रों की नियति में दिलचस्पी होती है। तनाव निरंतर धीरे-धीरे और अंत में तेजी से बढ़ना चाहिए। जब नाटक में और दर्शक के मन में तनाव की पराकाष्ठा हो जाए तब जल्दी-से-जल्दी उसका समाधान कर देना चाहिए। ऐसी ही जल्दी समस्या प्रस्तुत करने और तनाव का आभास देने में भी की जानी चाहिए। इसमें विलंब होने से दर्शक उखड़ सकते हैं।

(3) कुल मिलाकर टेलीविज़न के नाटक या धारावाहिक लिखने के लिए वही कथा बेहतर होती है, जो घटना-प्रधान हो। घटना-प्रधान का अर्थ यह कदापि नहीं है कि उसमें भरपूर मार-धाड़ ही हो। बल्कि, इसका मतलब सिर्फ यही है कि उसमें कुछ-न-कुछ घटित होता रहे, कथानक कहीं ठहर नहीं जाए।

इसके लिए एक युक्ति है। कथा में पात्र ऐसे होने चाहिए जिनके चरित्र आपस में टकराते हों। ऐसी टकराहटों से ही वे घटनाएँ पैदा होती हैं, जो कथानक को आगे बढ़ाती हैं।

कथा के बारे में एक महत्त्वपूर्ण सुझाव यह भी है कि कथा में लंबे-लंबे वर्णन नहीं होने चाहिए, न पात्रों के आंतरिक मनोभावों के चित्रण पर बहुत अधिक जोर दिया जाए। बल्कि दृश्य-माध्यम के लिए आदर्श कथा वह है जिसमें संवाद अधिक से अधिक हों। ऐसा नहीं कि पात्र चुपचाप बैठे रहें या हाँ-हूँ में बात करते हों।

और अंतिम बात यह है कि कथा सदैव आगे की ओर बढ़ती चलनी चाहिए। यह न हो कि कभी आगे बढ़े कभी पीछे लौटे और ऐसे ही आगे-पीछे भटकती रहे।

(4) हर कहानी एक केंद्रीय बिंदु यानी 'आइडिया' के रूप में जन्म लेती है। आइड़िया ही वह मकड़ा है, जो अपने चारों ओर कथानक का जाल बुनता चला जाता है। शो बिजनेस में आइडिया का बड़ा महत्त्व है। इसलिए अच्छा-सा आइडिया सोचकर कथानक का विस्तार करना चाहिए।

(5) आइडिया से मिलती-जुलती एक और चीज है—'प्रीमाइज' यानी नसीहत या शिक्षा। नाटकों के संदर्भ में इसका बड़ा महत्त्व है। सच तो यह है कि प्रीमाइज आधारिका है। जोशी जी कहावतों, मिथकों, कथानक-रूढ़ियों आदि से यह सब ग्रहण करने की बात कहते हैं। वे कहते हैं कि अधिकतर

आइडिया यह पूछने पर पैदा होते हैं कि अगर ऐसा हो तो क्या हो?...आइडिया की चोरी नहीं होती। फिल्में देखें, उपन्यास पढ़ें, पत्र-पत्रिकाएँ भी।

(6) इसके बाद आता है तीन अंक वाले ढाँचे का विस्तार।

आपने देखा कि हर पटकथा का संक्षिप्त रूप उसका आइडिया या केंद्रीय विचार होता है। इसी तरह उसकी प्रीमाइज यानी आधारिकता यह बता देती है कि पटकथा की 'थीम' क्या होगी? फिल्म देखने वाले को नसीहत क्या मिलेगी? तो आइडिया से विषयवस्तु का पता चल जाता है और प्रीमाइज से 'थीम' का। लिहाजा आपका संक्षिप्ततम कथासार वह हुआ जिसमें आप केवल आइडिया और प्रीमाइज बताते हैं।

इसके बाद बारी आती है दो मिनट में सुने या देखे जा सकने वाले पटकथा सार की। इसे हॉलीवुड की भाषा में 'टू मिनट मूवी' कहते हैं। इसमें आपको सबसे पहले यह सोचना होगा कि आपकी कहानी के खास-खास दृश्य कौन-से हैं? उनमें क्या-क्या होता है और उनसे क्या-क्या सूचनाएँ मिलती हैं?

इनके बाद तीन अंक वाले कथानक का विस्तार किया जाता है। यही पटकथा का आधार है। संक्षेप में, पहले अंक में आपको बताना पड़ता है कि मुख्य पात्र कौन हैं और क्या मामला दरपेश है? गोया ये कौन लोग हैं और इन्होंने क्या चक्कर चला रखा है? दूसरे अंक में आपको यह दिखाना होता है कि उनके अपने-अपने चक्करों की टक्कर से क्या-क्या उलझनें पैदा हुईं और फिर कैसा महाचक्कर उठ खड़ा हुआ? इस दूसरे अंक में घटनाओं की एक झड़ी-सी लगनी चाहिए। कथानक का यही सबसे बड़ा और बेहतर हिस्सा होना चाहिए। फिर आता है तीसरा अंक जिसमें दूसरे अंक के महाचक्कर से पैदा संकट का समाधान प्रस्तुत करना होता है। संकट, चरमोत्कर्ष और समाधान को 'क्राइसेस', 'क्लाइमेक्स' और 'रिजोल्यूशन' कहा जाता है।

आप अपनी कहानी का घटनाक्रम इस तीन अंक वाले में संक्षेप में लिख डालें तो 'टू मिनट मूवी' तैयार हो जाएगी।

(7) इसके बाद आता है ट्रीटमेंट। इसका मतलब होता है यह बताना कि कथा-निरूपण किस तरह किया जाएगा। इसमें आप साहित्यिक तेवर के साथ अपनी कहानी प्रस्तुत करते हैं और 'टू मिनट मूवी' की तरह केवल तीन अंकीय ढाँचा ही नहीं दिखाते, बल्कि पात्रों और परिस्थितियों तथा फिल्मांकन की दृष्टि से प्रस्तुत संभावनाओं का ब्यौरा भी देते रहते हैं। ट्रीटमेंट 15-20 से लेकर 30-40 पेज का हो सकता है। उसमें कहानी का घटनाक्रम तीन अंकों वाले ढाँचे का आभास देते हुए तो लिखा जा

सकता है, लेकिन दृश्यों में बाँट कर नहीं। आप किसी साहित्यकार की तरह अपने पात्रों की परिस्थिति एवं मनःस्थिति का घटना-क्रम और वातावरण का तथा फिल्मांकन की दृष्टि से संभावित आकर्षणों का ब्यौरा देते चलते रहते हैं।

ट्रीटमेंट पढ़ने से न सिर्फ यह समझ में आता है कि कहानी कितनी नाटकीय है, बल्कि यह भी कि कथा-स्थल और वातावरण में प्रभावशाली टेलीविजन धारावाहिक कार्यक्रम या टीवी नाटक, टेली-फिल्म या फिल्म बनाने की दृष्टि से क्या आकर्षक संभावनाएँ हैं?

इसके लिए सुझाव दिया गया है कि वातावरण (आम्बियांस) ब्यौरेवार बताइए। जैसे कोई विशिष्ट दृश्य, कोई खास तरह का संगीत या नृत्य, स्पेशल इफैक्ट जैसी कोई खास तकनीक, कोई प्रभावोत्पादक नाटकीय टकराहट, कोई जबरदस्त एक्शन प्रसंग, कोई अछूती लोकेशन,...ऐसी तमाम चीज़ें फिल्म की 'हाइलाइट्स' बन जाती हैं।

(8) पटकथा का कंकाल होता है—स्टेप आउटलाइन। स्टेप आउटलाइन पटकथा की रूपरेखा प्रस्तुत करती है। उससे पता चल जाता है कि दृश्य किस क्रम से आएँगे? किस दृश्य में क्या घटना घटेगी और क्या सूचना मिलेगी? महत्त्वपूर्ण संवाद यानी कि 'डायलॉग्स' कौन-कौन से होंगे? सारे संवादों समेत पूरी पटकथा को लिखने से पहले यह बेहतर रहता है कि जितनी भी काट-छाँट करनी हो, पहले स्टेप आउटलाइन पर ही कर ली जाए।

यह एक तरह से बिंदुवार दृश्यों का एक सिलसिला होता है, जो कथानक को आगे बढ़ाता चलता है। जैसे—

(1) हम सुंदर किंतु फटेहाल नौजवान को तेजी से पहाड़ी पर चढ़ते हुए दिखाते हैं। उस पार से रेलगाड़ी की आवाज सुनाई देती रहती है। वह नौजवान एक गुफा की ओर बढ़ता है। गुफा का मुँह पत्थर से ढँका है। पत्थर हटा कर वह उसमें घुस जाता है।

(2) हम देखते हैं कि गुफा के भीतर समृद्ध शहरी जीवन की झाँकी प्रस्तुत करने वाली अंग्रेजी पत्र-पत्रिकाएँ हैं। नौजवान की माँ की तस्वीर है। बाँसुरी है। हिंदी के माध्यम से अंग्रेजी सिखाने वाली किताब भी है। उस किताब में से युवक पढ़ता है, "आई शैल गो।" "मैं जाऊँगा।" फिर वह माँ की तस्वीर से कहता है कि मैं जरूर जाऊँगा। वह बंसी बजाने लगता है।

(3) हम कलकट्टरगंज में सुबह होना एस्टेबलिश करते हैं और कलकट्टरगंज रोड स्टेशन आकर रुकते हैं, जहाँ अधेड़ सिब्तेहसन अपनी खटारा विक्रम में कलकट्टरगंज और उससे आगे के लिए सवारियाँ ठूँस-ठूँस कर कॉमेडी करता है और युवक (किसना) अपने मित्र बबुना और दूसरे साथियों की सोहबत में प्लेटफॉर्म पर ट्रेन देखने के

बाद बाहर निकलता है। ये लोग विक्रम को धक्के से स्टार्ट करने में मदद करते हैं और उसी में बैठकर चले जाते हैं।

इसी तरह बिंदुवार कथा आगे बढ़ती जाती है।

(9) स्टेप आउटलाइन तैयार करने के बाद बारी आती है पटकथा लिखने की। इसके लिए जोशी जी चरित्र-चित्रण के गुर जानना अनिवार्य मानते हैं, क्योंकि पटकथा चरित्रों की आपसी टकराहट से ही आगे बढ़ेगी।

इसके लिए हमें अपने पात्रों के बारे में सब कुछ जानना चाहिए। उनके बहिरंग को गौर से देखकर ही पहचाना जा सकता है। वे कहते हैं कि पात्र का अंतरंग बन कर अंतरंग जानिए। पात्र की कथनी और करनी, उसकी जीवन-दृष्टि को ध्यानपूर्वक देखिए। उसका स्वभाव पहचानिए। कुछ मिलाकर बहिरंग के अंतर्गत आप अपने हर पात्र की कद-काठी, रूप-रंग, सामाजिक पृष्ठभूमि, पहनावा, बोली-ठोली, आदतें, भाव-भंगिमाएँ, नाक-नक्श, चाल-ढाल, पेशा, शौक, तकिया-कलाम आदि का सारा ब्यौरा सोचें और उसे कागज पर दर्ज करें। इसके अलावा आपको पात्रों का अंतरंग भी दर्ज करना होगा। जैसे—उसका जिंदगी का फलसफा क्या है? उसका स्वभाव कैसा है और क्यों है? वह क्या करता है? उसके अब तक के कड़ुवे-मीठे अनुभव क्या हैं? अन्य पात्रों से उसका रिश्ता कैसा है? वह अपने और दूसरे लोगों के बारे में क्या सोचता है? उसका लक्ष्य क्या है? वह जिंदगी में अपनों से और दूसरों से क्या चाहता है? इस तरह की जानकारी से पटकथा लिखने में सुविधा रहेगी।

पटकथा लिखते हुए हमेशा यह सोचें कि ऐसी कौन-सी घटनाएँ लूँ, जिनसे पात्र के चरित्र उजागर हो सकें। आपको यह जानना और दिखाना चाहिए कि आपके अलग-अलग पात्र जो कुछ भी कर रहे हैं, किस मनःस्थिति या परिस्थिति के वशीभूत होकर कर रहे हैं? किस मंजिल को पाने के लिए क्या कर रहे हैं? प्रेरणा, कर्म और लक्ष्य यानी मोटीवेशन, एक्शन एंड गोल।

पटकथा का छन्द द्वंद्व-प्रतिद्वंद्व माना जाता है। इसलिए पात्रों में अधिक से अधिक टकराहट पैदा करें। यहाँ ध्यान रखना होगा कि हर व्यक्ति अपनी योग्यता और रुचि से लेखन कार्य करता है। टेलीविजन के लिए लेखन हो या फिल्म के लिए या समाचार-पत्र-पत्रिकाओं के लिए; हर लेखक की अपनी शैली होती है। उपर्युक्त लेखन-प्रविधि तो हमने एक अच्छे तरीके के उदाहरण रूप में सामने रखी है, जिसे *मनोहर श्याम जोशी* अपनाते रहे हैं और पटकथा-लेखन के लिए अच्छा मानते हैं।

टेलीड्रामा

नाटक साहित्य की विधा है। नाटक, नाटक ही होता है चाहे वह मंच का नाटक हो, फिल्म का हो या टी. वी. और रेडियो का। परिभाषा की दृष्टि से नाटक एक ही है। टेलीविजन नाटक श्रव्य और दृश्य दोनों है। इस कारण टेलीविजन नाटक

रंगमंचीय नाटक के अधिक निकट है। कुछ विद्वानों ने टेलीविजन नाटक को इस प्रकार परिभाषित किया है :

चमन बग्गा के अनुसार, ''दूरदर्शन नाटक में नाटक की समस्त विशेषताएँ तो होनी ही चाहिए, साथ ही साथ संवाद संक्षिप्त हो तथा दृश्यात्मक बहुलता के साथ-साथ घटनाओं में स्वाभाविकता हो।''

रेवतीसरन शर्मा के अनुसार, ''दूरदर्शन नाटक में नाटक के अतिरिक्त दृश्यबंध की विशिष्टता है, अर्थात् मंचसज्जा और कैमरे द्वारा संपूर्ण वातावरण को पात्रों एवं नाटकीय क्षणों के माध्यम से प्रस्तुत कर रस उत्पन्न करना ही इस विधा का ध्येय है।''

उपर्युक्त परिभाषाओं के आधार पर यह कहा जा सकता है कि पात्रों के संवादों एवं कार्य-व्यापारों द्वारा जीवन की विभिन्न स्थितियों के सापेक्ष दर्शन में नियमित पात्रों द्वारा दूरदर्शन प्रस्तुतीकरण की क्रिया ही दूरदर्शन नाटक है।

टेलीविजन नाटक हो या रंगमंचीय नाटक या फिल्मी नाटक या रेडियो नाटक, सबकी रचना प्रक्रिया लगभग एक जैसी ही है। कुछ बिंदु माध्यम की प्रकृति के कारण भिन्न हो जाते हैं। इसलिए टेलीविजन नाटक लेखन करते समय निम्नलिखित मुख्य बिंदुओं को ध्यान में रखना आवश्यक है :

1. कथानक
2. पात्र
3. संघर्ष
4. दृश्यात्मकता
5. ध्वनि तथा संगीत, प्रभाव
6. आरंभ, मध्य और अंत
7. संवाद एवं भाषा
8. 'क्लोज अप' का महत्त्व

टेलीविजन नाटक का कथानक इस प्रकार का होना चाहिए जिसे दर्शक आसानी से समझ सके, क्योंकि सभी आयु के, सभी वर्ग के और अलग-अलग मानसिकता के लोग टेलीविजन देखते हैं। टेलीविजन नाटक दृश्य और श्रव्य दोनों है। इसलिए नाटक में संवाद की अपेक्षा कथानक और कार्यव्यापार पर अधिक जोर रहता है। टेलीविजन नाटक में संवेगात्मक तीव्रता पर विशेष ध्यान देने का प्रयत्न रहता है। इससे सीमित दृश्य-पट की क्षति-पूर्ति में नाटककार को मदद मिलती है।

टेलीविजन नाटक का दूसरा बिंदु है पात्रों का चयन। पात्रों के द्वारा ही कथा का विकास होता है। लेखक के उद्देश्य को दर्शकों तक पहुँचाना पात्रों के क्रियाकलाप पर निर्भर है। टेलीविजन नाटक में पात्रों की संख्या नाटक के आधार पर ही तय की जाती है।

रेडियो नाटक का तीसरा बिंदु है संघर्ष। यह मानसिक और शारीरिक दोनों ही स्थितियों में दर्शकों में कौतूहलता की वृद्धि करता है। नाटक में व्यक्तियों और स्थितियों का परस्पर संघर्ष नाटक में खेल तत्त्व का समावेश ही नहीं करता, बल्कि नाटक में रोचकता और दृश्य तत्त्व की संभावनाएँ भी पैदा करता है।

दृश्यात्मकता नाटक का चौथा बिंदु है। टेलीविजन लेखक स्क्रीन के लिए लिखता है। अतः वह ध्वनि के साथ दृश्य प्रमुख हो जाता है। ध्वनि और दृश्य संवादों की पूरक भाषा होती है। कैमरे की गति के साथ जब अभिनेता का कार्य-व्यापार लयबद्ध होता है तो नई भाषा का जन्म होता है। यहाँ अभिनेता की आँखों का इशारा, मुखाभिनय और दैहिक संकेत शाब्दिक संवाद से परे नए संवाद को जन्म देते हैं। *आर्थर बर्गर* ने इसे टेलीविजन की सांकेतिक भाषा कहा है, जो इस प्रकार है–

संकेत	माध्यम	अर्थ
1. क्लोज़-अप	(मुखाकृति)	निकटता
2. मीडियम-शॉट	(शरीर का अधिकांश भाग)	व्यक्तिगत संबंध
3. फुल-शॉट	(पूरा शरीर)	सामाजिक संबंध
4. लांग-शॉट	(पात्र और परिवेश)	प्रसंग
5. पैन-डाउन	(कैमरे द्वारा ऊँचाई से लिया गया शॉट)	प्रभुत्व
6. पैक-अप	(कैमरे द्वारा नीचे से लिया गया शॉट)	उत्सुकता उभारना

नाटक में समय और स्थान परिवर्तन के लिए ध्वनि प्रभावों का प्रयोग किया जाता है। आरंभ, मध्यम और अंत में टेलीविजन नाटक का छटा बिंदु है। आरंभ में पात्रों का परिचय, परिवेश, उद्देश्य, समय, स्थान आदि का चित्रण किया जाता है। नाटक का आरंभ दर्शकों को प्रभावित करने वाला होता है।

नाटक का मध्य भाग नाटक का महत्त्वपूर्ण बिंदु है। इसमें नाटक के महत्त्वपूर्ण अंश होते हैं।

नाटक का अंत प्रभावशाली होना चाहिए जो दर्शकों पर अपनी छाप छोड़ सके, उन्हें प्रभावित कर सके।

संवाद एवं भाषा नाटक का महत्त्वपूर्ण बिंदु है। नाटकों के संवाद कथा को आगे बढ़ाने वाले, चरित्रों को उद्घाटित करने वाले होने चाहिए। नाटकों की भाषा पात्रों के अनुरूप सरल और सहज होनी चाहिए जिसे दर्शक समझ सकें। संवाद रचना के बाद उसे एक दो बार पढ़कर देख लेना चाहिए जिसे संवादों के प्रवाह, बोलने में शब्दों की सरलता और भावानुसार उसकी टोन का अंदाज हो जाता है और उसी समय इस बात का पता चल जाता है कि शब्द या वाक्य अपने स्थान पर सही हैं या इन्हें पीछे ले जाने की आवश्यकता है।

टेलीविजन नाटक में नाटककार को 'क्लोज़-अप' की सुविधा होती है। टेलीविजन

नाटक का नाटककार निर्देशक से मिलकर इस बात का ध्यान रख सकता है कि 'क्लोज-अप' के द्वारा पात्रों की मुखाकृतियों को इस प्रकार दिखाया जाए कि उनके शब्दतः कुछ कहे बिना भी भावनाओं की अभिव्यक्ति हो सके। इससे टेलीविजन नाटक संवादों की स्पष्टता, सूक्ष्मता एवं स्वाभाविकता की रक्षा करने में विशेष सहायक होता है। कैमरे से इसमें दृश्यों को बड़ी शीघ्रता से बदल दिया जाता है। 'क्लोज़-अप' की सुविधा के कारण नैरेटर का भी व्यवहार किया जा सकता है अथवा पात्रों का उपयोग भी नैरेटर के रूप में होता है। भावों को अभिव्यक्त करने के लिए स्वगत का व्यवहार भी स्वाभाविकता के साथ किया जा सकता है।

टेलीविजन कला विशेषज्ञ मैकडोनाध ने रचनाकारों को निम्नलिखित तथ्यों को ध्यान में रखने का निर्देश दिया है :

(1) टेलीविजन कैमरा में फोकस की गहराई का अभाव रहता है।

(2) किसी एक समय कैमरे के सम्मुख अधिक से तीन या चार व्यक्ति रह सकते हैं, यों फिल्मों के सहारे भीड़ के दृश्य भी प्रस्तुत किए जा सकते हैं।

(3) स्टूडियो छोटे होते हैं औंर सेटों की सीमा स्वीकार करनी पड़ती है।

(4) दृश्य, वेशभूषा आदि के परिवर्तन के समय भी नाटक का क्रम भंग नहीं होना चाहिए। फिल्मों की सहायता से दृश्यांतर और आसान हो जाते हैं। कभी-कभी फ्लैश बैक आदि का प्रयोग किया जाता है।

(5) कार्य-व्यापार अनिवार्य है। मात्र वार्तालाप से शीघ्र ही शिथिलता आ जाती है।

डॉक्यूमेंटरी

डॉक्यूमेंटरी का निर्माण वृत्तचित्रों पर आधारित होता है। डॉक्यूमेंटरी फिल्म का उद्देश्य होता है सूचना देना या प्रशिक्षित करना। वृत्तचित्र वह विधा है जो किसी सत्य घटना, तथ्य, सूचना, व्यक्तित्व और परिस्थिति पर आधारित होती है तथा जिसका उद्देश्य मनोरंजन की अपेक्षा शिक्षा और सूचना देना अधिक होता है। जब यह कार्य दृश्यों द्वारा किया जाता है तो वह प्रक्रिया टेलीविजन वृत्तचित्र कहलाती है।

ए. आर. फुल्टन ने वृत्तचित्र को इस प्रकार परिभाषित किया है, "एक वृत्तचित्र, न केवल जीवन के यथार्थ प्रतिपादन से ऊपर है बल्कि वह उसकी शुद्ध व्याख्या भी करता है। एक वृत्तचित्र उस समय तक कथात्मक चित्र की भाँति ही है, जब तक वह मानव जीवन की व्याख्या करता है। यह उस समय यात्रा-सूचकांक के सदृश्य, है, जब वह किसी स्थान विशेष का चित्रण करता है। वास्तव में वृत्तचित्र किसी विषय का एक समन्वित स्वरूप है।"

दूरदर्शन पर प्रसारित होने वाला वृत्तचित्र अधिकतर चित्र, ध्वनि, संगीत और

संवाद का मिश्रण है, लेकिन यह आवश्यक नहीं है। आवश्यकतानुसार और उद्देश्यानुसार वृत्तचित्र को मूक रूप में प्रस्तुत किया जा सकता है।

वृत्तचित्र लिखते समय लेखक को निम्नलिखित बिंदुओं से गुजरना होता है :

(1) सर्वप्रथम वृत्तचित्र के विषय का निर्धारण आवश्यक है। इसके बाद वृत्तचित्र के उद्देश्य पर विचार किया जा सकता है। उद्देश्य का निर्धारण दर्शक वर्ग पर आधारित होता है। इसके बाद वृत्तचित्र की अवधि पर विचार किया जाता है। इसमें लेखक सभी निर्णय लेने के लिए लेखक स्वतंत्र नहीं होता अपितु निर्माता की आर्थिक स्थिति तथा प्रस्तुतकर्ता विषय-विशेषज्ञ से मिलकर किया गया विचार-विमर्श निर्णायक होता है। इसी विचार-विमर्श में विषय की प्रस्तुति का निर्धारण होता है कि प्रस्तुति वृत्तचित्रात्मक शैली में होगी या कमेंट्री शैली में या दृश्यात्मक शैली में। कभी-कभी विशेष विषय या स्थान को लक्ष्य बनाकर कैमरा टीम भेज दी जाती है और जब दृश्य बंधीकरण करके स्टूडियो आ जाता है तो उसे देखकर आवश्यकतानुसार लेखन किया जाता है और फिर एकत्रित दृश्यों को क्रमबद्ध कर प्रस्तुत करने योग्य बनाया जाता है।

(2) वृत्तचित्र में सत्यता का तत्त्व अनिवार्य होता है। जब तथ्यों की सत्यता की पुष्टि हो जाती है, तब ही उन्हें आलेख के रूप में प्रस्तुत किया जाता है। वृत्तचित्र लेखक को दूरदर्शन प्रणाली का ज्ञान भी होना चाहिए। क्लोज़-अप, बिग क्लोज़-अप, मिड शॉट, क्लासरूम शॉट, अभिनेता के कार्य-व्यापार, व्यवहार आदि का संकेत करना पड़ता है। ध्वनि व्यवस्थापक की भूमिका शूटिंग के समय और शूटिंग के दृश्यों का उल्लेख करना पड़ता है।

(3) वृत्तचित्र की भाषा 'गागर में सागर' भरने वाली होती है। दूरदर्शन में दृश्य का अधिक महत्त्व है शब्द का काम। अतः शब्द दृश्य के सहवर्ती होने चाहिए। दृश्य और शब्द के बीच सामंजस्य आवश्यक है।

इसके बाद वृत्तचित्र बनाने की पद्धतियों पर विचार करना अपेक्षित है। वृत्तचित्र बनाने की दो पद्धतियाँ हैं :

1. एक वॉयस ओवर के माध्यम से बनाई जाती है।
2. वॉयस ओवर बाईट।

पहली पद्धति में दृश्य दिखाते हुए पीछे से कमेंट्री सुनाई जाती है और दूसरी पद्धति में कमेंट्री के साथ-साथ लोगों को बोलते हुए दिखाया जाता है। वॉयस ओवर के माध्यम से बनाए जाने वाले वृत्तचित्र विषयगत होते हैं। इसमें समस्या के कथन से लेकर समस्या का हल भी किया जाता है। इस तकनीक में पहले शूटिंग की जाती है और फिर रूपरेखा बनाकर 'डोप शीट' (कागज) लेखक को अवधि के अनुसार

लिखने को दे दी जाती है। दूसरी पद्धति में लेखक की महत्त्वपूर्ण भूमिका होती है। लेखक विषय के अनुसार पटकथा लेखन करता है और फिर उसका दृश्यांकन किया जाता है। यहाँ लेखक की कल्पना के अनुसार निर्देशक भी कल्पनाशील होना चाहिए तभी सफल वृत्तचित्र का निर्माण हो सकेगा।

संवाद-लेखन

'संवाद' संस्कृत भाषा का शब्द है। संस्कृत के प्रसिद्ध विद्वान् *वामन शिवराम आप्टे* ने अपने कोशों में इस शब्द के जो अर्थ दिए हैं तदनुसार संवाद के अर्थ, मिलकर बोलना, बातचीत, कथोपकथन, चर्चा, वाद-विवाद, समाचार देना, सूचना समाचार स्वीकृति, सहमति, समानुरूपता, मेलजोल, समानता, सादृश्य हैं। *शब्दकल्पद्रुम* में संवाद का अर्थ 'संदेशवाक्यम्' (Messenger Sentence) के रूप में दिया गया है।

संक्षेप में कहें तो जहाँ भी कथोपकथन अथवा वार्तालाप द्वारा कुछ संप्रेषित किया जाता है, वह संवाद होता है।

सिनेमा में संवाद का जो अर्थ लिया जाता है और जिस रूप तथा जिस परिवेश में संवाद का प्रयोग होता है उसे देखने पर पता चलता है कि स्थूल रूप से सिनेमा में जहाँ भी शब्द का प्रयोग हुआ वह संवाद का रूप ले लेता है। इस संबंध में *सत्यजित राय* का कथन है कि "स्क्रीन प्ले लिखना साहित्य लेखन की तरह नहीं है। साथ ही फिल्म में बढ़िया संवाद वही होगा जहाँ दर्शक, संवाद-लेखक की उपस्थिति महसूस न करे।" संवाद वास्तव में वाक्य की शैली है जिसमें बातचीत, संबोधन, प्रश्नोत्तर, भावमूलक अभिव्यक्ति का समावेश रहता है। ये भाषा के अभिव्यक्तिपरक कौशल हैं, जो वक्ता-श्रोता और अभिनेता से जुड़े हैं।

फिल्म के निर्माण में संवाद-लेखक का महत्त्वपूर्ण स्थान होता है। वह फिल्म के कथानक के अनुसार संवाद लिखता है। संवाद लेखन में निम्नलिखित बिंदुओं को ध्यान में रखना आवश्यक है :

(1) संवाद लेखन में प्रसंग, परिस्थिति, स्थिति, आयु, पात्र तथा परिवेश पर ध्यान देना आवश्यक है। जैसे यदि कोई पौराणिक कथा पर आधारित फिल्म है, तो उसके संवाद संस्कृतनिष्ठ होंगे। उसमें संस्कृत के श्लोकों का उच्चारण होगा। भारत की पौराणिक संस्कृति और मूल्यों का उपयोग भी होगा। *बी. आर. चोपड़ा* का 'महाभारत' तथा *रामानन्द सागर* का 'रामायण' धारावाहिक इसके उदाहरण हैं।

(2) संवादों की भाषा कथानक, परिस्थिति तथा पात्रों के अनुरूप होनी चाहिए। इसमें हिंदी, उर्दू, फारसी, किसी भी भाषा का प्रयोग किया जा सकता है।

(3) संवादों में अतारतम्यता न हो।

(4) संवाद वर्णनात्मक न हों।
(5) संवादों में अतिशयोक्तिपूर्ण शब्दों का प्रयोग न हो।
(6) भाषा जैसे संवाद न हों जब तक उनकी आवश्यकता न हो।
(7) संवाद-प्रस्तुति को लेकर ज्यादा निर्देश/अनुदेश देने की आवश्यकता नहीं है।
(8) अनावश्यक रूप से अधूरे संवादों का प्रयोग न हो।
(9) अनावश्यक रूप से बोलियों का प्रयोग नहीं करना चाहिए।
(10) एक ही जैसी पंक्ति को बार-बार प्रस्तुत नहीं करना चाहिए।
(11) अनावश्यक रूप से ऐसे वाक्य न हों जिसमें खुद ही प्रश्न किया जाए और खुद ही उत्तर दिया जाए।

इसके अलावा कुछ तकनीकी सुविधाएँ सिनेमा के साथ जुड़ी हुई हैं। जिस फिल्म पट्टी पर दृश्य फिल्माया जाता है उस पट्टी पर तीन ध्वनि-लीकें (साउंड ट्रेक्स) होती हैं जिनमें से एक-एक पर संवाद (स्पीच), संगीत और एक विशेष ध्वनि प्रभावों (साउंड इफेक्ट्स) को रिकार्ड किया जाता है। ऐसी स्थिति में निर्देशक अपनी सुविधानुसार शूटिंग के बाद संवाद रिकार्ड कर सकता है। ऐसी स्थिति में चरित्रों को केवल होंठ हिलाने, हावभाव प्रदर्शित करने का कार्य रहता है। कई बार चरित्र की आवाज में संवाद न होकर किसी अन्य की आवाज में डब कर लिए जाते हैं। पूरी की पूरी फिल्म किसी अन्य भाषा के संवादों में परिवर्तित की जा सकती है। मणिरत्नम् की 'रोजा' फिल्म इसका उदाहरण है। 'अग्निपथ' फिल्म में अमिताभ बच्चन अपनी आवाज को बदल-बदलकर डब कर पाते हैं।

साहित्य की विधाओं का दृश्य माध्यमों में रूपांतरण

साहित्य अभिव्यक्ति का मुद्रित रूप है। लेखक अपने भावों, विचारों, मंतव्यों को किसी भी रूप में अधिक से अधिक लोगों तक पहुँचाना चाहता है। इसके लिए वह साहित्य की विविध विधाओं को अपनाता है। कहानी, उपन्यास, महाकाव्य, खंडकाव्य, नाटक, लघुकथा, निबंध, यात्रावृत्तांत, संस्मरण आदि अनेक साहित्यिक विधाएँ प्रचलित हैं। पाठक इन्हें अपनी-अपनी अभिरुचि के अनुसार पढ़ते हैं। जैसे-जैसे जनमाध्यमों का विकास हुआ है और रेडियो, सिनेमा तथा टेलीविजन माध्यम लोकप्रिय हुए हैं, साहित्य की विधाएँ भी इनके माध्यम से व्यापक जनसमूह तक पहुँचने लगी हैं। इन साहित्यिक विधाओं का सिनेमा और टेलीविजन जैसे दृश्य माध्यमों में रूपांतर पर्याप्त मात्रा में हुआ है। यह क्रम आज भी जारी है।

साहित्य जब तक मुद्रित रूप में रहता है, तब तक उसकी अपनी विशेषताएँ होती हैं, किंतु ज़ब उसका रूपांतरण या कहें कि 'कायांतरण' दृश्य माध्यमों में कर दिया जाता है, तब उसकी आंतरिक रचना बदल जाती है। उसकी विशेषताओं में

अंतर आ जाता है। इसलिए स्वयं लेखक को या रूपांतरकार को यह ध्यान रखना होता है कि साहित्यिक विधाओं का रूपांतरण इस तरह किया जाए कि विधा का ढाँचा बेशक बदल जाए, उसकी आत्मा में परिवर्तन न हो। ढाँचे में बदलाव तो माध्यम की अपनी माँग के कारण होता है, किंतु रचना की आत्मा सब रूपों में समान रहनी चाहिए।

प्रश्न उठता है कि साहित्यिक विधाओं के दृश्य माध्यमों में रूपांतरण की आवश्यकता क्यों पड़ती है, इसका सीधा-सा उत्तर है कि दृश्य माध्यमों की पहुँच अधिक-से-अधिक लोगों तक होती है, मुद्रित सामग्री (साहित्य) एक साथ इतने बड़े समूह तक नहीं पहुँच सकती। दूसरे साहित्य की रचना पढ़े-लिखे लोगों के लिए ही की जाती है, निरक्षर जनता उसका लाभ नहीं उठा पाती। साथ ही यह कि ऐसा जरूरी नहीं कि हर साक्षर या पढ़ा-लिखा व्यक्ति साहित्य-प्रेमी भी हो। वह पढ़ा-लिखा होकर भी साहित्यिक रचनाएँ पढ़ना पसंद नहीं भी कर सकता। तीसरी बात यह कि लिखित या मुद्रित साहित्य की अपेक्षा दृश्य माध्यम से प्रस्तुत की गई सामग्री अपनी रोचकता, बिंबधर्मिता या दृश्यात्मकता, संगीत के प्रभाव और नाटकीयता आदि गुणों के कारण अपने दर्शकों को अधिक प्रभावित करती है। वह उन्हें बाँधे रहती है। चौथी बात यह है कि दृश्य माध्यमों द्वारा प्रस्तुत की गई सामग्री को सभी आयु के दर्शक—युवा, बाल, वृद्ध और स्त्री-पुरुष एक साथ देख सकते हैं। पुस्तक का रसास्वादन एक समय में एक व्यक्ति या बहुत हुआ तो पुस्तक पढ़कर सुनाकर एक छोटा-सा समूह ही कर सकता है।

इन सब बातों को ध्यान में रखते हुए नव-इलैक्ट्रॉनिक माध्यम, विशेष रूप से टेलीविजन जैसी दृश्य-श्रव्य माध्यम का सहयोग लेकर साहित्य की विधाओं को अधिक से अधिक लोगों तक पहुँचाने का प्रयास किया जाता रहा है। जब टेलीविजन नहीं था, तब फिल्मों के माध्यम से भी अनेक साहित्यिक रचनाओं का रूपांतरण किया गया था। उन फिल्मों का अच्छा स्वागत भी हुआ था। हाँ, कुछ लेखक अवश्य अपनी साहित्यिक रचनाओं के फिल्मी रूपांतरण से संतुष्ट नहीं थे।

जिन साहित्यिक विधाओं का दृश्य माध्यमों में रूपांतरण सफलतापूर्वक किया जा सकता है और किया जाता रहा है, उसमें से मुख्य हैं—उपन्यास, कहानी और नाटक। यों कुछ महाकाव्यों के भी रूपांतरण हुए हैं, जैसे—रामायण, रामचरितमानस और महाभारत।

दृश्य माध्यमों में रूपांतरित कुछ साहित्यिक रचनाएँ इस प्रकार हैं :

(1) **कहानियों का नाट्य रूपांतरण तथा उनकी दृश्य माध्यमों पर प्रस्तुति**—प्रेमचन्द की कहानी 'शतरंज के खिलाड़ी', इस पर फिल्म भी बनी थी। उन्हीं की कहानी 'ठाकुर का कुआँ', यह टेलीविजन पर भी दिखाई गई थी। उनकी एक और कहानी 'नमक का दारोगा' भी दूरदर्शन पर प्रस्तुत हुई। जयशंकर प्रसाद की कहानी 'मधुआ',

धर्मवीर भारती की 'बंद गली का आखिरी मकान', मालती जोशी की 'मध्यांतर', उषा प्रियंवदा की 'पैरेम्बुलेटर', श्रवण कुमार की 'खंडहर पर बैठा आदमी' तथा कमलेश्वर की कई कहानियों के रूपांतरण सफलतापूर्वक हुए हैं।

(2) उपन्यासों का नाट्य रूपांतरण तथा उनकी दृश्य माध्यमों पर प्रस्तुति–प्रेमचन्द के उपन्यास 'गोदान', निर्मला' और 'गबन' पर फिल्में बनी थीं। जैनेन्द्र कुमार का उपन्यास 'त्यागपत्र' तथा मन्नू भंडारी के उपन्यास 'महाभोज' का नाट्य रूपांतरण हुआ और टेलीविजन पर भी दिखाया गया। देवकीनन्दन खत्री के उपन्यास 'चन्द्रकान्ता' तथा वृन्दावनलाल वर्मा के उपन्यास 'मृगनयनी' के नाट्य रूपांतरण टेलीविजन पर लोकप्रिय हुए। श्रीलाल शुक्ल का 'राग दरबारी' और भीष्म साहनी का 'तमस' टेलीविजन पर बहुत लोकप्रिय हुए। अमृतलाल नागर के 'बूँद और समुद्र', 'मानस का हंस' तथा 'खंजन नयन' उपन्यास भी टेलीविजन पर प्रसारित हुए। भगवतीचरण वर्मा का 'भूले बिसरे चित्र,' धर्मवीर भारती का 'गुनाह का देवता', श्रीकांत वर्मा का 'दूसरी बार', द्विजेन्द्रनाथ मिश्र 'निर्गुण' का 'एक बदनाम आदमी' आदि कई उपन्यास दृश्य माध्यमों में रूपांतरित हुए हैं और सफलतापूर्वक प्रस्तुत किए गए हैं।

(3) महाकाव्यों के नाट्य रूपांतरण तथा उनकी दृश्य माध्यमों पर प्रस्तुति–रामायण, रामचरितमानस, महाभारत। कई फिल्में ऐसी हैं जो पौराणिक कथाओं को लेकर तैयार की गई हैं, जैसे–'सती अनसुइया', 'सत्यव्रत हरिश्चन्द्र', 'भक्त प्रह्लाद' आदि।

(4) साहित्यिक नाटकों के दृश्य माध्यमों में रूपांतरण एवं प्रस्तुति–स्वर्णरेखा, अपराध की छाया, सुनन्दा (विष्णु प्रभाकर), कबिरा खड़ा बाजार में (भीष्म साहनी), लहरों के राजहंस, आषाढ़ का एक दिन, आधे अधूरे (मोहन राकेश), मिस्टर अभिमन्यु, दर्पण, काफी हाउस में इंतजार, लोग वही, आइना, हाय अंकल (लक्ष्मीनारायण लाल), सूखी डाली, अंजो दीदी (उपेन्द्रनाथ 'अश्क'), लड़ाई (सर्वेश्वरदयाल सक्सेना), पेपरवेट, मृत्युदंड (रमेश उपाध्याय) आदि।

ऐसे कई नाटककार हैं जो साहित्यिक विधाओं के साथ ही दृश्य माध्यमों के लिए भी नाटक लिखते रहे हैं। जैसे–रेवतीसरन शर्मा, चिरंजीत, दयानन्द अनंत, शैलेन्द्रत्रिपुरारी शर्मा आदि।

यहाँ यह बताना भी आवश्यक है कि दूरदर्शन तथा अन्य चैनलों पर प्रसारित होने वाले बहुत से धारावाहिक साहित्यिक कृतियों पर भी आधारित हैं।

साहित्यिक विधाओं के दृश्य माध्यमों में रूपांतरण की विशेषताएँ–जब कोई साहित्यिक रचना दृश्य माध्यमों में रूपांतरित की जाती है तो उसमें अनेक ऐसी विशेषताओं का समावेश हो जाता है, जो उसके मुद्रित रूप में संभव नहीं होतीं। ये विशेषताएँ दृश्य माध्यम के अपने गुणों के कारण आ जाती हैं। ऐसी प्रमुख विशेषताएँ इस प्रकार हैं :

(1) दृश्य माध्यम में रूपांतरित होकर मुद्रित साहित्य की रचनाओं में दृश्यात्मकता की प्रधानता हो जाती है। इसलिए उसका रसास्वादन करने वाले दर्शक उस रचना को दृश्यों में देखकर आसानी से ग्रहण करने लगते हैं।

(2) ये दृश्य तकनीकी उपकरणों, कंप्यूटर, कैमरे तथा ध्वनि एवं दृश्य (ऑडियो-वीडियो) उपकरणों के कारण बहुत ही आकर्षक एवं प्रभावपूर्ण होते हैं।

(3) इन्हीं उपकरणों के इस्तेमाल से लेखक की कल्पना द्वारा लिखे गए असंभव से असंभव दृश्यों को भी प्रस्तुत किया जा सकता है। इसे हम ऐसे भी कह सकते हैं कि लेखक की कल्पनाओं को पर्दे या मॉनीटर पर साकार किया जा सकता है।

(4) इन दृश्यों में विविधता पैदा की जा सकती है। यह विविधता प्राकृतिक दृश्यों, पहाड़ों, झरनों, युद्ध, प्राकृतिक विभीषिका आदि के दृश्यों, पशुओं, सुंदर पक्षियों, सघन वनों, महलों से लेकर हिंसा, हत्या, वध, स्नान आदि के ऐसे दृश्यों में भी देखी जा सकती है, जिन दृश्यों को लिखना या नाटकों द्वारा स्टेज पर दिखाना वर्जित होता है या संभव नहीं होता।

(5) दृश्यों का आकर्षण उनके रंगों और अनुपात में होता है। दृश्य माध्यमों, विशेष रूप से टेलीविजन में यह सुविधा है कि अच्छे से अच्छे उपकरण उपलब्ध हैं, कंप्यूटर तकनीक उपलब्ध है। अनेक तरह के प्रभाव पैदा करके एक से एक आकर्षक दृश्य तैयार किए जा सकते हैं और उन्हें रचना के साथ दिखाया जा सकता है।

(6) किसी साहित्यिक रचना के मुद्रित रूप में हम पात्रों के हाव-भाव, गतिविधियों आदि का मात्र चित्रण ही कर पाते हैं। उन्हें पाठक अपनी कल्पना से ग्रहण करता है। लेकिन दृश्य माध्यम उन पात्रों को सामने लाकर उनके चेहरे की एक-एक रेखा को उभार देता है, उनके हाव-भाव, क्रियाकलापों, गतिविधियों आदि को जीवंत कर देता है। मिड शॉट, मीडियम शॉट, मीडियम मिड शॉट, क्लोज़-अप, मीडियम क्लोज़-अप, बिग क्लोज़-अप, प्रोफाइल शॉट आदि के द्वारा इन भावों और मुद्राओं को टेलीविजन या फिल्म में बहुत आसानी से दिखाया जा सकता है। दर्शक इन्हें बहुत आसानी से देख-समझ सकता है, जबकि मुद्रित साहित्य में या नाटक में एक दूरी होने के कारण कठिनाई आ जाती है।

(7) मुद्रित साहित्यिक रचनाओं की भाषा कठिन हो सकती है। वह सामान्य पाठक द्वारा उस रचना के रसास्वादन में बाधा पैदा कर सकती है। इसके लिए उसे साहित्यिक भाषा का ज्ञान होना चाहिए। लेकिन दृश्य माध्यमों में प्रायः भाषा सरल, सहज और अधिक से अधिक लोगों द्वारा ग्रहण

करने योग्य रखी जाती है। यहाँ साहित्यिकता का उतना ध्यान नहीं रखा जाता, जितना इस बात पर कि सभी तरह के दर्शक इस कार्यक्रम को आसानी से समझ सकें और आनंद उठा सकें।

(8) दृश्य माध्यमों के कार्यक्रमों में ध्वनि, संगीत आदि पर विशेष ध्यान दिया जाता है। इसलिए अभिनेताओं की आवाज, उनके संवाद बोलने का ढंग प्रभावशाली होना चाहिए। उपकरणों की सहायता से हम किसी अभिनेता की खराब आवाज को भी डब करके प्रभावशाली बना देते हैं। इससे रूपांतरित साहित्यिक रचना का प्रभाव बढ़ जाता है।

अंत में हम साहित्यिक विधाओं के दृश्य माध्यमों में रूपांतरण पर इस दिशा में संलग्न रचनाकार *श्री रेवतीसरन शर्मा* का यह कथन उद्धृत करना चाहेंगे, "दूरदर्शन-प्रस्तुति सलीके से सजाया गया दस्तरखान है। सौंदर्यबोध अनिवार्य है, कहाँ से रंग ला सकते हैं यह दायित्व नाटककार का है।...इसके लिए तकनीकी ज्ञान, दृश्यबोध में तकनीक का अनुभव होना चाहिए।"

इंटरनेट

सूचना प्रौद्योगिकी के क्षेत्र में जिस नवीनतम माध्यम ने क्रांति उपस्थित की है, वह है 'इंटरनेट'। यह इस शताब्दी का मनुष्यता को दिया गया सर्वश्रेष्ठ उपहार है। यह हाई-टेक का पर्याय है और सूचना-क्रांति का संवाहक। सही अर्थों में दुनिया को एक गाँव में इसी तंत्र ने बदला है। रोचक बात तो यह है कि इंटरनेट अपने आप में स्वतंत्र रूप से कोई आविष्कार नहीं है, बल्कि यह कंप्यूटर और टेलीफोन की व्यवस्थित जोड़-गाँठ से बना संजाल है। बहुत-सी प्रौद्योगिकियों को मिलाकर किया गया एक अभिनव प्रयोग। एक रोचक वैज्ञानिक 'तंत्र जाल'। ऐसा ग्लोबल संजाल, जिसमें सूचना, संचार और तकनीक का साझा उपयोग किया जाता है। जिसमें तमाम तरह की सूचनाएँ निरंतर बहती रहती हैं। 'इंटरनेट' (चाहें तो हिंदी प्रेमी इसे 'अंतरताना' भी कह सकते हैं।) अद्यतन सूचना एवं संचार प्रौद्योगिकी है। इसे कुछ लोग 'वर्ल्ड वाइड वेब' (W.W.W.) (विश्व व्यापी तरंग) कहते हैं, किंतु इंटरनेट विशेषज्ञ इस नाम से सहमत नहीं हैं। इसके और भी कई नाम हैं। जैसे—साइबर स्पेस, सुपर हाइवे, इन्फोर्मेशन सुपर हाइवे, द नेट, या ऑन लाइन आदि। इन सबका समान रूप से प्रयोग हो रहा है। कई बार ये एक दूसरे के पर्याय के रूप में भी प्रयुक्त होते हैं।

इंटरनेट का विकास और स्थापन संयुक्त राज्य अमेरिका की राष्ट्रीय विकास अकादमी द्वारा सन् 1990 में किया गया। वस्तुतः इसका जन्म सन् 1969 में हुआ माना जाना चाहिए, जब अमेरिका की सर्वोन्नत रक्षा अनुसंधान परियोजना एजेंसी ने कैलीफोर्निया विश्वविद्यालय के कुछ छात्रों को एक परियोजना पर काम करने के लिए दिया। परियोजना की समस्या थी—दो या अधिक कंप्यूटरों के बीच संवाद किस

तरह स्थापित हो? इस अभिकल्पना और संरचना के मूल में उद्देश्य था—स्कूल, कॉलेज, विश्वविद्यालयों, राज्य सरकारों, इंटलैक्चुयल सोसाइटीज, व्यावसायिक संगठनों, वाणिज्यिक फर्मों तथा मिलिट्री कन्टोन्मेंट बेस आदि को आपस में जोड़ना, ताकि परस्पर गतिविधियों और सूचनाओं का आदान-प्रदान होता रहे। विशेष उद्देश्य था परमाणु हमला या प्राकृतिक आपदा की स्थिति में भी संचार का नेटवर्क काम करता रहे। इस परियोजना को पूरा करने में उस समय अध्ययनरत *लियोनार्ड क्लीनराक* नामक शोधछात्र को सफलता मिली थी। इस समय वे इसी विश्वविद्यालय में इस विषय के प्रोफेसर हैं।

एक तरह से यह 'पारिवारिक नेटवर्क' बनाया गया था और इस पर अमेरिका के रक्षा अनुसंधान विभाग का ही अधिकार था, किंतु आज यह अमेरिका के रक्षा अनुसंधान विभाग से निकलकर आईबीएम, माइक्रोसॉफ्ट, एपल, नेट्सकेप जैसी व्यावसायिक कंपनियों के हाथों में आ गया है। आज इससे अनुमानतः 60 लाख से अधिक कंप्यूटर आपस में जुड़े हुए हैं और यह 160 से अधिक देशों के 400 लाख से अधिक उपभोक्ताओं को अपनी सेवाएँ उपलब्ध करा रहा है। यह संख्या निरंतर बड़ी तेज़ी से बढ़ रही है। आज कोई भी व्यक्ति ज्ञान के इस अथाह सागर से दुनिया के किसी भी कोने में बैठकर किसी भी विषय पर घर बैठे सूचना प्राप्त कर सकता है। घर बैठे ही क्यों, वह चाहे तो यात्रा में भी ऐसा कर सकता है।

इंटरनेट की लोकप्रियता के कारण कई हैं, यथा—

(1) यह सूचना-प्राप्ति का सहज-सरल और आकर्षक माध्यम है।

(2) विश्व के सभी देशों में कंप्यूटर निरंतर सस्ते होते जा रहे हैं कीमतों की कमी के चलते इंटरनेट-सुविधा उच्च वर्ग की ही नहीं, अपितु मध्यम वर्ग के लोगों की पहुँच में है।

(3) समय की कमी।

(4) सूचना, ज्ञान और मनोरंजन के साझे उपयोग की आवश्यकता और सुविधा।

(5) समृद्ध ज्ञान-भंडार में से मनचाही सामग्री को कम कीमत में जब चाहे तब प्राप्त करने की सुविधा।

(6) किताबों और शोधपत्रों की कीमतों में वृद्धि और इसकी तुलना में कुल मिलाकर कम खर्चीला माध्यम।

(7) न कागज-स्याही का झंझट, न पुराने जमाने की डाक व्यवस्था की दरकार। चाहें तो प्राप्त सूचना का प्रिंट निकाल लें।

क्या है इंटरनेट?—सूचना, आँकड़े, दस्तावेज, पत्रावलियों आदि के आदान-प्रदान के लिए एक ही जगह कुछ कंप्यूटरों को एक-दूसरे के साथ जोड़ना इंटरनेट कहलाता है। ये सभी कंप्यूटर एक 'सर्वर' (मुख्य कंप्यूटर) द्वारा एक-दूसरे से जुड़े रहते हैं। उदाहरण के लिए कोई व्यक्ति उस बैंक में जाता है, जहाँ उसका खाता खुला हुआ

है। उसने टेलर के पास जाकर अपने खाते में से पैसा निकाला। उसके द्वारा निकाली गई रकम की सूचना 'सर्वर' के माध्यम से संबंधित क्लर्क के कंप्यूटर में भी दर्ज हो जाएगी। इस व्यवस्था को 'लोकल एरिया नेटवर्क–*लैन*' कहते हैं। यह स्थानीय नेटवर्क हुआ। इस तरह के अनेकानेक नेटवर्कों तथा कंप्यूटरों को उपग्रह के जरिए पूरे विश्व में आपस में जोड़ दिया जाता है। इसे 'विश्वव्यापी जाल' (वर्ल्ड वाइड वेब) कहा जाता है। इसी का संक्षिप्त नाम है–डब्ल्यू. डब्ल्यू. डब्ल्यू.। इस तरह हम कह सकते हैं कि इंटरनेट बहुत सारे स्थानीय नेटवर्कों का नेटवर्क है, जालों का जाल-महाजाल। इससे जुड़ने के लिए आपके पास होना चाहिए एक ठीक-ठाक-सा पर्सनल कंप्यूटर और एक टेलीफोन कनैक्शन। बस आपको यह करना है कि इंटरनेट की सुविधा प्रदान करने वाली एमटीएनएल जैसी किसी कंपनी में कुछ पैसे जमा करके आपको कनैक्शन लेना है और अपना खाता खुलवाना है। इसके लिए आपको एक गुप्त कोड (पास वर्ल्ड) मिलता है, ताकि आपकी गोपनीयता बनी रहे और आपके इंटरनेट कनैक्शन का दूसरों के हाथों में पड़कर गलत उपयोग न हो।

इंटरनेट के उपयोग–इंटरनेट के उपयोग जीवन की आवश्यकताओं के अनुरूप असंख्य हैं। इंटरनेट का उपयोग अब केवल उच्चस्तरीय शोधकार्यों तक ही सीमित नहीं है। बल्कि हमारे जीवन के दिन-प्रतिदिन के कामों में इसकी उपयोगिता निरंतर बढ़ती चली जा रही है। यही कारण है कि प्रयोक्ताओं के सर्वथा अनुकूल हजारों कंप्यूटरों के समूह से रचे गए इस इलैक्ट्रॉनिक सूचना संजाल ने करोड़ों लोगों को आपस में जोड़ दिया है। अब हम बातचीत और गपशप (चैटिंग) से लेकर गहन शोधपरक सूचनाओं, उपयोगी डाटा, मनोरंजक संदेश और उपयोगी जानकारी तक सब कुछ आपस में बाँट सकते हैं। बेशक हम एक-दूसरे के आमने-सामने न हों। *डॉ. एच. बालसुब्रह्मण्यम्* के शब्दों में, 'हरि अनंत हरि कथा अनंता' की तरह ब्रह्मांड से जुड़ा यह इलैक्ट्रॉनिक पिंड आपका हर काम कर देता है। एक ऐसा गुलाम जो आपकी गलतियों की ओर भी संकेत देते हुए सही रास्ता सुझा सकता है बिना वेतन माँगे 'पीर बावर्ची भिश्ती खर' बनकर सारा काम करता है। 'ब्राउजिंग' अर्थात् ज्ञानलोक का संचार, ई-बैंकिंग, ई-वाणिज्य, ई-प्रशासन, खेल, चैट-गपशप, मनोरंजन, ई-कान्फ्रेंस, शिक्षा, योगासन, पाक कला, अध्यात्म, बागवानी...जो भी गतिविधि याद आए सब इसमें है और जिन गतिविधियों की आपने कल्पना नहीं की होगी वह भी यहाँ है। केवल 'सर्च' करने की जरूरत है। यह अजीब दुनिया देश-काल के बंधन के बिना सबकी अपनी है और इस विचित्र संसार के निर्माता हम सब विश्व-मानव हैं। आप अपना साइट बना सकते हैं और बने-बनाए साइट में जाकर अपनी प्रतिक्रिया व्यक्त करते हुए बहस में भाग ले सकते हैं।

इंटरनेट के उपयोग के मुख्य क्षेत्र पाँच हैं :

1. ई-मेल

2. बातचीत, गपशप (चैटिंग)
3. ई-बैंकिंग
4. ई-कॉमर्स
5. ई-प्रशासन

इंटरनेट और हिंदी

इंटरनेट पर अंग्रेजी का ही वर्चस्व है, लेकिन अन्य भाषाएँ भी पीछे नहीं हैं। पहले कठिनाई थी, अब नहीं है। आज जब जापान, चीन, थाईलैंड जैसे देश अपनी भाषा और लिपि में बिना किसी रुकावट के काम कर सकते हैं, तो हम क्यों नहीं? अन्य भारतीय भाषाओं की बात यहाँ न करें, तो कम-से-कम हिंदी में अब यह सुविधा उपलब्ध है। भारतीय भाषाओं (और हिंदी के साथ भी) यह कठिनाई है कि अलग-अलग समाचार-पत्र, पत्रिकाएँ तथा पोर्टल अपने-अपने फॉण्ट इस्तेमाल करते हैं, इसलिए उनमें विविधता होती है। यह ठीक है कि इससे उनकी पहचान बनी रहती है और कलात्मक प्रस्तुति में आसानी रहती है, किंतु जब तक इंटरनेट के उपभोक्ता उनके फॉण्ट को अपने कंप्यूटर में डाउनलोड नहीं कर लेते, तब तक उनका उपयोग नहीं कर सकते। हालाँकि यह करना सरल है। आप संबंधित वेबसाइट से उन फॉण्ट्स को ले सकते हैं। इसके बिना हमें उस बदले हुए फॉण्ट की जगह 'जंक सामग्री' (चित्रलिपि या कुछ विचित्र-से चिह्न) ही दिखाई देंगे। सभी संस्थाएँ या वेबसाइट यदि एक-जैसे फॉण्ट्स का उपयोग करें, तो यह कठिनाई दूर हो सकती है।

इस दिशा में सी-डैक, पुणे ने 'लीप ऑफिस', आइएसएम ने इस्फॉक, इंडियापेज जैसे बहुभाषी फॉण्ट्स के सॉफ्टवेयर-कार्यक्रम उपलब्ध कराए हैं। इससे हमारी समस्या बहुत कुछ हल हो चुकी है। कई विदेशी कंपनियाँ भी इस प्रयास में जुटी हैं। जैसे—अमेरिकन कंपनी ट्रांसपेरेंट लैंग्वेज की ओर से तैयार किया गया विश्व की सौ भाषाओं का सॉफ्टवेयर 'यूनीटाइप ग्लोबल राइटर 98' जिसमें हिंदी ही नहीं संस्कृत, उर्दू, पंजाबी, मराठी, बंगाली, तमिल, तेलुगू के फॉण्ट एक ही की-बोर्ड पर उपलब्ध हैं।

इंटरनेट पर भारतीय भाषाओं के आगमन का पहला अवसर हिंदी पोर्टल 'वेब दुनिया' को मिला। बेव दुनिया के संस्थापक एवं मुख्य कार्यकारी अधिकारी श्री विनय छजलानी हैं। इंटरनेट पर हिंदी एवं अन्य भारतीय भाषाओं के समन्वय विषयक उनकी परिकल्पना का परिणाम है वेब दुनिया। विश्व की पहली वेबसाइट 'नई दुनिया कॉम', पहली बहुभाषी ई-मेल सेवा 'ई-पत्र' और पहला हिंदी पोर्टल 'वेब दुनिया कॉम' इंटरनेट पर लाया गया, तब उम्मीद नहीं थी कि इसका इतना स्वागत होगा।

'ई-पत्र' की उल्लेखनीय विशेषताएँ हैं :

(1) बहुभाषी ई-मेल सेवा।

(2) किसी भी भाषा के टंकण का ज्ञान अनिवार्य नहीं।

(3) साधारण रोमन अंग्रेजी की-बोर्ड से ही कोई भी व्यक्ति ई-मेल टाइप करके प्रेषित कर सकता है।

(4) ध्वन्यात्मक लिप्यंतरण की अनूठी पद्धति का प्रयोग।

(5) किसी भी भाषा के फॉण्ट डाउनलोड करने की आवश्यकता नहीं।

यह सुखद संभावना व्यक्त की जा रही है कि हमारे देश में इंटरनेट का प्रचलन बढ़ने के साथ आधी आबादी ऐसी होगी जो इसका इस्तेमाल अपनी मातृभाषा में करेगी, न कि अँग्रेजी में। दुनिया में अँग्रेजी न बोलने वाले देशों का उदाहरण इस बात का संकेत है। यदि आप यह समझते हैं कि इंटरनेट की भाषा केवल अँग्रेजी है, तो शायद आप पूरी तरह सही नहीं हैं। इंटरनेट प्रयोग करने वाली विश्व की 45 प्रतिशत आबादी के लिए नेट पर अँग्रेजी दूसरी भाषा है। आने वाले समय में गैर-अँग्रेजी भाषी लोगों की बहुत बड़ी संख्या इंटरनेट का इस्तेमाल करने लगेगी। ऐसे में यह आवश्यकता अनुभव की गई है कि इंटरनेट को स्थानीय भाषाओं के और अधिक अनुरूप बनाया जाए। इसी का परिणाम है हिंदी सहित नौ भारतीय भाषाओं में डोमेन नेम की शुरुआत। 'नेटवर्क साल्यूशंस' के एशिया-प्रशांत क्षेत्र में *मैनेजिंग डाइरेक्टर* अर्थात् चांग के अनुसार उनकी कंपनी द्वारा दी जा रही इस सुविधा में भाषाओं की सीमाएँ टूटेंगी और लोग अपनी मातृभाषा में इंटरनेट पर आसानी से और ज्यादा-से-ज्यादा लोगों के साथ संचार कर सकेंगे।

वर्तमान में भारत में लगभग 46 लाख लोग इंटरनेट का प्रयोग कर रहे हैं। यह संख्या लगातार बढ़ रही है। आने वाले वर्षों में यह आँकड़ा 75 लाख और सन् 2005 तक साढ़े तीन करोड़ से भी अधिक हो जाने का अनुमान है।

और अब तो जल्दी ही वायस सर्फिंग सेवा शुरू हो जाएगी। तब माउस की क्लिक-क्लिक से छुटकारा मिल जाएगा। इंटरएक्टिव स्पीच टेक्नॉलोजी से यह काम होगा। कुल मिलाकर इंटरनेट का परिदृश्य हिंदी भाषाभाषी समाज के लिए बहुत उज्ज्वल है।

विज्ञापन की भाषा

विज्ञापन एक कला है, जो उपभोक्ताओं को इतना प्रभावित कर देती है कि वे विज्ञापित वस्तु को खरीदने के लिए बाध्य हो जाते हैं। यह विज्ञापन ही है, जो बहुत बड़े समाज में किसी भी उत्पादन की साख जमा देता है और उसके विक्रय में वृद्धि कर देता है। जैसा कि 'लीच' ने कहा है कि विज्ञापन की परिभाषा में चार तत्त्वों का समावेश होना आवश्यक है—1. उत्पादित वस्तु, 2. माध्यम, 3. श्रोता, दर्शक या पाठक, और 4. लक्ष्य।

एक टेलीविजन विज्ञापन के मुख्यतः पाँच प्रकार्य होते हैं—(अ) किसी उत्पाद

की ओर दर्शकों का ध्यान आकर्षित करना। (ब) उस उत्पाद के खरीद का प्रतिदान माँगना। (स) दर्शकों में उस उत्पाद के प्रति इच्छा जाग्रत करना। (द) उत्पाद की पूर्ति को नियमित रखना। (य) आमंत्रित करना।

इन प्रकार्यों को पूरा करने के लिए विज्ञापनों की भाषा पर विशेष ध्यान दिया जाता है।

माध्यम की दृष्टि से विज्ञापन मुख्य रूप से तीन प्रकार के होते हैं :

(1) मुद्रित माध्यम के विज्ञापन, जैसे—समाचार-पत्र, पत्रिकाएँ आदि के विज्ञापन।

(2) श्रव्य माध्यम के विज्ञापन, जैसे—रेडियो या लाउडस्पीकर के विज्ञापन।

(3) श्रव्य-दृश्य माध्यम के विज्ञापन, जैसे—फिल्म और टेलीविजन के विज्ञापन।

टेलीविजन (दूरदर्शन) के लिए जब विज्ञापन तैयार किए जाते हैं, तब चित्रों या दृश्यों के साथ-साथ संगीत तो रहता ही है, भाषा भी अपने रोचक और नाटकीय रूप में काम करती है। उसमें कई तरह के अर्थ छिपे रहते हैं। अलग-अलग तरह के विज्ञापनों के लिए उन्हीं के अनुसार अलग तरह की भाषा का इस्तेमाल किया जाता है।

जिन विज्ञापनों को हम देखते या पढ़ते हैं, उनके कई प्रकार हमें दिखाई पड़ते हैं। कुछ विज्ञापन ऐसे होते हैं, जो सार्वजनिक सेवा प्रस्तुत करने वाले होते हैं, कुछ ऐसे होते हैं जिनमें सरकारी या अर्द्ध-सरकारी सूचनाएँ होती हैं (जैसे—इनकम टैक्स संबंधी जानकारी या सरकार की उपलब्धियों की सूचना आदि)। कुछ विज्ञापन ऐसे होते हैं, जिनमें व्यक्तिगत सूचनाएँ हो सकती हैं (जैसे—कुछ खो जाने या मिल जाने की जानकारी वाले विज्ञापन), कुछ विज्ञापन ऐसे होते हैं, जो वैवाहिक श्रेणी के होते हैं, या टेंडर नोटिस, नौकरी की विज्ञप्तियाँ, सार्वजनिक सूचनाएँ देने वाले होते हैं। इन सबसे अलग व्यावसायिक श्रेणी के विज्ञापन होते हैं, जो विशुद्ध रूप से उत्पादन के प्रचार-प्रसार के लिए होते हैं। सबसे अधिक संख्या व्यावसायिक विज्ञापन की हुआ करती है। यही कारण है कि जब हम विज्ञापन की चर्चा करते हैं, तो हमारे सामने व्यावसायिक विज्ञापन की छवि ही उभर कर आती है, लेकिन सच्चाई यह है कि केवल व्यावसायिक विज्ञापन ही एकमात्र विज्ञापन नहीं हैं, अन्य तरह के विज्ञापन भी हुआ करते हैं। इन सभी तरह के विज्ञापनों की भाषा तथा उनकी प्रस्तुति में अंतर रहता है। यह अंतर इन विज्ञापनों के उद्देश्य के कारण आ जाता है। साथ ही भाषा और विज्ञापन के 'लक्ष्य-समूह' (Target Group) के कारण भी होता है अर्थात् यह देखा जाता है कि यह विज्ञापन किन लोगों के लिए है? बच्चों के लिए, घरेलू महिलाओं के लिए, वृद्धों के लिए, युवाओं के लिए या नौकरीपेशा लोगों के लिए अथवा किसानों के लिए, श्रमिकों के लिए, ट्रक मालिकों के लिए या अन्य लोगों के लिए।

इस विचार से विज्ञापनों को दो वर्गों में बाँटना ठीक रहेगा :

(1) औपचारिक, तथा

(2) अनौपचारिक।

तदनुसार उनमें से मुख्य रूप से, औपचारिक तथा अनौपचारिक दो तरह की भाषा प्रयोग की जाती है।

आइए हम टेलीविजन विज्ञापनों की भाषा पर उदाहरण-सहित विचार करें।

(1) औपचारिक विज्ञापनों की भाषा–औपचारिक विज्ञापनों की भाषा व्यावसायिक या अनौपचारिक प्रकार के विज्ञापनों की भाषा से भिन्न होती है। इस तरह के विज्ञापनों का उद्देश्य किसी तरह का माल बेचना नहीं होता, बल्कि विचारों या सेवाओं की सूचना समाज के तरह-तरह के वर्गों तक पहुँचाना होता है। इन विज्ञापनों का मुख्य उद्देश्य होता है अधिक-से-अधिक लोगों तक सही और प्रामाणिक सूचनाएँ पहुँचाना, उनमें जागरूकता पैदा करना, विश्वसनीयता पैदा करना, उनके हितों की ओर ध्यान आकर्षित करना।

आपने देखा होगा कई विज्ञापन ऐसे होते हैं, जिनमें लिखा रहता है–"....... द्वारा जनहित में जारी।" औपचारिक विज्ञापनों के कुछ उदाहरण देखें, इससे हमें इस तरह के विज्ञापनों की भाषा का बोध स्वतः ही हो जाएगा।

उदाहरण 1. स्वतंत्रता की 52वीं वर्षगाँठ पर

राष्ट्र को समृद्ध और सुदृढ़ बनाने हेतु आइए हम सब संकल्प लें...

* रेलगाड़ियों को अनावश्यक रूप से नहीं रोकेंगे।
* टिकट लेकर ही यात्रा करेंगे।
* यात्रा के दौरान ट्रेन अथवा स्टेशन पर किसी अजनबी का दिया हुआ खाना या पेय पदार्थ ग्रहण नहीं करेंगे।
* रेल संपत्ति की चोरी नहीं करेंगे।
* रेलगाड़ियों तथा प्लेटफॉर्म को साफ-सुथरा रखेंगे।
* विस्फोटक या ज्वलनशील पदार्थ लेकर सफर नहीं करेंगे।
* किसी भी लावारिस या अनजान वस्तु को नहीं छुएँगे। ये विस्फोटक हो सकते हैं।

पूर्वोत्तर रेलवे

आपकी सुरक्षित यात्रा के लिए...

उदाहरण 2.

पूरब से सूर्य उगा, फैला उजियारा।
जागी हर दिशा-दिशा, जागा जग सारा।
चलो पढ़ायें। कुछ कर दिखायें।।

–राष्ट्रीय साक्षरता मिशन

ये औपचारिक विज्ञापन हैं, किंतु दोनों ही दो तरह की भाषा लिए हुए हैं।

लेकिन स्पष्ट है कि इस तरह के विज्ञापनों की भाषा औपचारिक, संस्कृतनिष्ठ, सरल, सीधी अर्थात् अभिधायुक्त होती है। टेलीविजन पर ऐसे विज्ञापन दिखाते समय आवश्यकता के अनुसार दृश्य जोड़ दिए जाते हैं। जैसे—पहले उदाहरण में तेज गति से लहरदार पटरियों पर दौड़ती हुई रेल का दृश्य, यात्रियों को आराम से सफर करते हुए दिखाना, राष्ट्रीय ध्वज तिरंगा को आसमान में लहराते हुए दिखाना, किसी लावारिस पड़ी सामग्री को बार-बार दिखा देना आदि बातों को जोड़ा जा सकता है। इसी तरह दूसरे उदाहरण में सूर्योदय का दृश्य, चिड़ियों की चहचहाहट, बच्चों को अपने माता-पिता या दादा-दादी की उँगली थामकर स्कूल जाते हुए दिखाया जा सकता है।

जो औपचारिक विज्ञापन सूचना प्रदान करने वाले होते हैं, उनमें कई बार संबंधित विभाग की तकनीकी शब्दावली का प्रयोग भी किया जाता है। जैसे—आयकर-विभाग के विज्ञापनों में पैन नंबर, रिटर्न फाइल करना या बीमा के विज्ञापन में प्रीमियम अदा करना, गृह ऋण आदि शब्दों का प्रयोग स्वाभाविक रूप से किया जाएगा।

इस तरह के विज्ञापनों का उद्देश्य समान है—नागरिकों में जागरूकता पैदा करना, स्वाभिमान पैदा करना, उन्हें उनके हित की सूचना देना आदि।

(2) **अनौपचारिक विज्ञापनों की भाषा**—औपचारिक विज्ञापनों से अलग अनौपचारिक विज्ञापन हैं। इनमें मुख्य लक्ष्य प्रायः उपभोक्ताओं को अपना माल बेचना होता है। उन्हें आकर्षित और प्रेरित करना होता है, कि वे अमुक ब्रांड के माल को ही खरीदें। ऐसे विज्ञापन तर्क देते हैं, भावनाओं को उभारते हैं, ग्लैमर पैदा करते हैं। तदनुसार उनकी भाषा भी रोचक, आकर्षक, नाटकीय, दृश्य और भावों के अनुसार कोमल, कठोर, कामुक या हर्ष-विषाद-करुणा या हास्यपूर्ण शब्दावली से युक्त कुछ भी हो सकती है। व्यंग्य-विनोदपूर्ण शब्दावली का प्रयोग तथा रोचक संवाद ऐसे विज्ञापनों की आत्मा होते हैं। इनका दृश्यों और संगीत के साथ सामंजस्य बिठाया जाता है। ऐसे विज्ञापनों में संस्कृतनिष्ठ शब्दावली के साथ-साथ अन्य भाषाओं के शब्दों का समावेश भी रहता है, विशेष रूप से अंग्रेजी की आम बोलचाल की शब्दावली का धड़ल्ले से प्रयोग किया जाता है। ऐसे प्रयोग सजीवता लाते हैं, नाटकीयता और रोचकता की भी सृष्टि करते हैं।

अनौपचारिक विज्ञापन के कुछ उदाहरण इस प्रकार हैं :

उदाहरण 1. दाँतों में दर्द? नया **टूथपेस्ट ट्राई** किया? दाँतों के साथ **एक्सपेरीमेंट**? कभी नहीं। दाँतों को चाहिए सुरक्षा। **सुपर** शक्ति-युक्त...**टू वे एक्शन** एक इसका *असरदार* झाग दाँतों में सड़न पैदा करने वाले कीटाणुओं का *खात्मा* करे, दो कीटाणुओं के *खिलाफ* बनाए सुरक्षा कवच।

उदाहरण 2. *खुशियों* का **ऑफर,**...दिल से... सारे के सारे **प्रोडक्ट्स** पर, **वारंटी** पर **वारंटी** है, **रेफ्रिजरेटर** और **टेलीविजन** पर, बढ़िया से बढ़िया **एक्सचेंज ऑफर, जीरो परसेंट फाइनेन्स स्कीम** है, *आखिरी* दिन है, साथ में **सूटकेस** और **ट्राली फ्री है...**जल्दी

से जल्दी...के दिल से।

इन दो उदाहरणों में भाषा का प्रयोग ध्यान देने योग्य है। अंग्रेजी के बहुत-से शब्दों का सहज रूप में प्रयोग किया गया है, जिन्हें हमने **मोटे अक्षरों** में दिखाया है। साथ ही उर्दू के ऐसे शब्दों का भी प्रयोग किया गया है, जो आम प्रचलन में हैं। इन्हें हमने *इटेलिक* अक्षरों में दिखाया है। हम इन शब्दों के स्थान पर यदि शुद्ध हिंदी के शब्दों का प्रयोग करेंगे, तो शायद बात नहीं बनेगी। हाँ, कुछ शब्दों के स्थानापन्न प्रयोग किए जा सकते हैं।

विज्ञापनों की भाषा पर विचार करते हुए *डॉ. हरिमोहन* ने लिखा है कि, ''ऐसा अनिवार्य नहीं है कि बिना अँग्रेज़ी या उर्दू के शब्दों के हम शुद्ध हिंदी में अच्छे विज्ञापन नहीं लिख सकते। अवश्य लिख सकते हैं। इनका प्रभाव भी अच्छा पड़ता है, किंतु तर्क दिया जाता है कि व्यापक जनसमुदाय, विशेष रूप से अँग्रेजी भाषी लोग या हिंदीतर भाषा-भाषी लोग उन्हें समझने में कठिनाई अनुभव कर सकते हैं। हमारे विचार से इस तर्क में इतना बल नहीं है। जब अँग्रेजी न जानने वाला व्यक्ति अँग्रेजी शब्दावली की बहुलता वाले विज्ञापनों को समझ सकता है, तब शुद्ध हिंदी के सरल शब्दों वाले विज्ञापनों को हिंदीतर भाषा-भाषी या अँग्रेजी भाषा-भाषी व्यक्ति क्यों नहीं समझ सकता? हमें लगता है कि बात यहाँ समझने-समझाने की कम है, अँग्रेजी से प्रभावित मध्यवर्ग को 'खिचड़ी भाषा' में अपने उत्पादन लोकप्रिय करने के लिए हल्केपन, रोचकता और नाटकीयता को अपनाने की बात अधिक है। इस 'खिचड़ी भाषा' का नाम 'हिंग्लिश' है।''

अब हम एक ऐसे विज्ञापन का उदाहरण देखें, जिसमें शुद्ध हिंदी के शब्दों का बहुत ही सहजता के साथ प्रयोग किया गया है—

बेटी—(अपने बालों से परेशान होती हुई)...माँ मुझे लड़का बना दो।...

माँ—(प्यार से) बेटा, यही तो तेरा गहना है।

बेटी—ये गहना टूटता-झड़ता है।

माँ—अच्छे से अच्छा साबुन नाकाम। मैंने अपने परिवार को दिया एक अटूट रिश्ता। अटूट रिश्ता।

पीछे से पुरुष-स्वर—साबुन से बाल टूटते-झड़ते हैं। नया...(प्रोडक्ट का नाम) दे लगातार पोषण। बाल इतने स्वस्थ कि दमके-दमके-दमके...

माँ—(मुस्कुराकर) अब भी लड़का बनेगी?

(संगीत के साथ)....जीवन-भर देख-भाल। दे इतना स्वस्थ बाल कि दमके-दमके-दमके...

प्रश्न उठता है कि क्या इस सीधे-सरल विज्ञापन को भला कौन नहीं समझ लेगा?

इसी तरह एक उदाहरण और देखें, जो बहुत ही सरल तथा काव्यात्मक है।

इसमें भी सामान्य बोलचाल की हिंदी (हिंदुस्तानी) का प्रयोग है–

देखो-देखो हर चेहरे को,
मेरा दिल मचलता देखो,
कोमलता को मन से छू लो,
जीवन में क्या रौनक लाए।...
ऐसी मासूमियत दिन-भर रहे कैसे?...(प्रोडक्ट का नाम) से।

कुल मिलाकर हम यह पाते हैं कि अनौपचारिक विज्ञापनों की भाषा में मुख्य रूप से निम्नांकित विशेषताएँ मिलती हैं :

(1) प्रायः सभी तरह के शब्दों का प्रयोग। ये शब्द शुद्ध संस्कृतनिष्ठ तत्सम भी हो सकते हैं, तद्भव भी और देशज भी। साथ ही इनमें अँग्रेजी तथा उर्दू-फारसी के शब्दों का भी मेल रहता है। यह आश्चर्य की बात है कि हिंदी के अतिरिक्त भारतीय भाषाओं के शब्दों का प्रयोग बहुत कम मिलता है।

(2) भाषा में प्रवाह होता है। लयात्मकता विज्ञापन में जान डाल देती है।

(3) रोचकता, चमत्कारपूर्णता, नाटकीयता, चटपटापन, लक्षणा और व्यंजना शक्ति से परिपूर्ण वाक्यों का प्रयोग भी किया जाता है।

(4) भाषा में ध्वनिमूलकता रहती है। ध्वनिमूलक वैचित्र्य से आशय है ध्वनि का बार-बार प्रयोग। इससे विज्ञापन सुनने में भी अच्छा लगता है और वह याद हो जाता है। कहें कि जुबान पर चढ़ जाता है।

(5) तुकबन्दी और काव्यात्मकता का प्रयोग विज्ञापन की भाषा का महत्त्वपूर्ण गुण है।

(6) तुलनात्मकता भी विज्ञापन की विश्वसनीयता बढ़ाती है। इसलिए ऐसे विज्ञापनों की भाषा में पारदर्शिता और सरलता होती है।

(7) अतिशयोक्ति का प्रयोग।

(8) मुहावरों तथा लोकोक्तियों का प्रयोग।

(9) श्लिष्ट पदों का प्रयोग ताकि विज्ञापन में कम-से-कम शब्दों में अधिक-से-अधिक अर्थपूर्ण बात कही जा सके।

(10) संवाद-योजना, प्रश्नसूचकता, विस्मयबोधकता अनौपचारिक विज्ञापनों की भाषा के सर्वप्रमुख गुण हैं।

इस प्रकार हम यह भी पाते हैं कि औपचारिक विज्ञापनों की भाषा सीधी, अभिधामूलक, पारिभाषिक शब्दावली के प्रयोग से युक्त, प्रायः नीरस हो सकती है; किंतु अनौपचारिक विज्ञापनों की भाषा सदैव सरल-सरस, जीवंत, प्रवाह या लययुक्त तथा कोमल होती है।

मीडिया की तकनीकी शब्दावली

(यहाँ इलैक्ट्रॉनिक मीडिया में प्रयोग किए जाने वाले मुख्य तकनीकी शब्दों को समझाया जा रहा है। इस तकनीकी शब्दावली को रेडियो-टेलीविजन पत्रकार अथवा इन जन-माध्यमों से जुड़े किसी भी व्यक्ति के लिए जानना अत्यावश्यक है। चाहे आप इन माध्यमों के लिए लेखन कार्य करें, वार्ताकार या उद्घोषक, समाचार वाचक या अभिनेता, निर्माता, निर्देशक आदि के रूप में कार्य करना चाहें, इस शब्दावली का प्रारंभिक ज्ञान आपके लिए उपयोगी रहेगा। यों तो इन कार्यों के लिए अलग-अलग पाठ्यक्रम हैं, जिनमें संबद्ध विषयों का ज्ञान विस्तारपूर्वक कराया जाता है, फिर भी सामान्य रूप से इन माध्यमों से जुड़ने के लिए यह शब्दावली उपयोगी सिद्ध होगी।)

Action

शूटिंग के दौरान निर्देशक द्वारा कहा गया शब्द, जिसका अर्थ है कैमरा चालू हो चुका है, अब कलाकार पूर्व निर्धारित अभिनय शुरू करें।

Actor

पात्र या अभिनेता, जो फिल्म या टी.वी./रेडियो कार्यक्रम में हिस्सा लेता है।

Adept

किसी लेखक द्वारा लिखी कहानी या उपन्यास को फिल्म, टी.वी. सीरियल आदि बनाने के लिए लेना। उसको फिल्मी रूप देना।

Adliv

बिना किसी पांडुलिपि की सहायता से कैमरे के सामने पूरे भाव के साथ बोलना।

Angle

कैमरा रखने का कोण या ढंग। शूटिंग के समय कैमरे को विभिन्न कोणों पर रखा

जाता है, ताकि इच्छित भाव एवं दृश्य को सफलतापूर्वक पकड़ा जा सके। विभिन्न कोणों के मुख्य रूप से निर्माण-प्रयोग इस प्रकार हैं—लगभग 50° = (1) स्टूडियो की शूटिंग में सामान्यतः यह सबसे चौड़ा लैंस एंगल है। (2) यदि विषय कैमरे के नज़दीक है तो वाइड शॉट बनाने के लिए इस एंगल का प्रयोग होता है। (3) सैट का आकार, क्षेत्र, दूरी, माप को यह लैंस एंगल और अधिक बढ़ा देता है। (4) यदि पात्र कैमरे की तरफ आ या जा रहा है, तो उसे भी यह एंगल बढ़ा देता है। (5) इसके प्रयोग से डॉली की मूवमेंट बढ़ जाती है। (6) यह कोण तेज़ गति वाले विषयों को आसानी से फ्रेम कर लेता है। (7) क्षेत्र में बहुत अच्छी गहराई मिलती है। (8) इस एंगल से कैमरामैन सरलतापूर्वक कैमरा चला सकता है, किंतु कभी-कभी तेज़ रोशनी की चमक इस लैंस एंगल पर अधिक पड़ती है। साथ ही यह ध्यान रखना होता है कि पात्र का चेहरा इस एंगल में लैंस के बहुत पास आ जाने पर बहुत बड़ा और विकृत हो जाता है। लगभग 35 डिग्री = (1) यह एंगल प्रायः छोटी वस्तुओं के क्लोज़ अप शॉट लेने के लिए प्रयोग किया जाता है, लेकिन ध्यान रहे कि कैमरे की परछाईं आने की संभावना रहती है। (2) क्षेत्र (Field) में अधिक गहराई (Depth) के कारण फोकस आसानी से हो जाता है। सही फ्रेमिंग के लिए कैमरे को हिलाया भी जा सकता है। कैमरामैन को सहजता मिलती है, क्योंकि यह एंगल डॉली मूवमेंट तथा गति में सहज है। (3) यह एंगल विषय तथा कैमरे में अधिक दूरी तथा जगह (स्पेस) व्यक्त करता है।

लगभग 25° = (1) अच्छा कैमरा चलाने के लिए यह एक प्रभावी लैंस एंगल है, जो तस्वीर में स्वाभाविकता लाने के लिए अधिकांश रूप में अपनाया जाता है। (2) क्लोज़-अप, टाइटल आदि शूट करते हुए यह एंगल विषय और कैमरे के बीच अच्छी जगह छोड़ता है। इससे निर्माण-सहायक को अपना कार्य करने में सुविधा रहती है। (3) इस एंगल में लगभग सभी शॉट के साथ संबंधित क्षेत्र की गहराई ठीक रहती है। लंबे शॉट के लिए भी यह पर्याप्त है, फिर भी क्लोज़-अप के विषयों को यह बिना फोकस के बैक ग्राउंड से अलग रखता है।

लगभग 15° = (1) थोड़ी दूरी से क्लोज़-अप लेने के लिए यह एक महत्त्वपूर्ण नैरो एंगल (पास का कोण) है। (2) इस एंगल से हम समूह में खड़े व्यक्तियों को अलग-अलग शूट कर सकते हैं। (3) डॉली मूवमेंट के लिए यह लैंस एंगल बहुत कम प्रयोग किया जाता है। (4) दृश्य की गहराई इस एंगल में सिकुड़ती नज़र आती है। और वह शॉट से शायद ही मेल खाती है। (5) कैमरामैन को कैमरा चलाने में बहुत ध्यान देना पड़ता है।

लगभग 10° = (1) यह लैंस एंगल करीब 3.5 मीटर से क्लोज़-अप लेने की क्षमता रखता है, लेकिन इसमें दृश्य की गहराई कम हो जाती है। (2) फ्रेम/ दृश्य भरा हुआ मिलता है। (3) यदि क्लोज़-अप में विषय इधर-उधर हिलता है, तो उसके

अनुसार सही प्रकार से कैमरा हिलाना कठिन हो जाता है। (4) इस एंगल पर कैमरा चलाना अनुभवसिद्ध कैमरामैन से ही संभव है।

लगभग 5° = (1) लैंस एंगल बहुत दूरी पर रखे कैमरे से क्लोज़-अप लेने के लिए प्रयोग किया जाता है। (2) यह लोगों के क्लोज़-अप लेने के लिए उपयोगी नहीं क्योंकि थोड़ा-सा भी चेहरा हिलने पर वह फ्रेम से बाहर चला जाएगा। (3) इसमें क्षेत्र तथा दृश्य की गहराई लगभग समाप्त हो जाती है। (4) इस एंगल पर कैमरा चलाना बहुत कठिन है। कारण कि गतिशील विषय को इस एंगल पर कैमरे द्वारा पकड़ पाना बहुत मुश्किल हो जाता है।

बहुत-सी परिस्थितियों में कैमरे से क्लोज़-अप शॉट लेने में कोई कठिनाई नहीं होती। कैमरे में लगे जूम लैंस तथा क्लोज़-अप लेने के लिए डॉली इन करने से विषय के नज़दीक जाया जा सकता है। लेकिन समस्या यह आ सकती है कि लाँग शॉट लेने के लिए अधिकतम चौड़ाई नहीं मिल पाती। आप एक बार अपने कैमरे से पूरा जूम इन करके न्यूनतम फोकस लैंथ तक पहुँच गए हैं और जितना आप अधिकतम पीछे जा सकते हैं, उतना कैमरे को पूरा पीछे ले जाकर भी देख लिया है। सेट पर लगी कुछ वस्तुएँ अब भी फ्रेम में नहीं आ रही हैं। इस विचार से हर लोकेशन या सेट पर अधिकतम लाँग शॉट जरूर देख लेना चाहिए, ताकि आप यह जान सकें कि आपको कैमरा कहाँ रखना है। किस वस्तु या विषय को क्या स्थान देना चाहिए।

किसी कैमरे के लैंस का आड़ा (Horizontal angle) इस फार्मूले से पता कर सकते हैं–676/फोकल लैंथ = आड़ा एंगल, इस सूत्र तथा स्टूडियो फ्लोर-योजना के प्रयोग से यह पता किया जा सकता है कि हमारा कुल लाँग शॉट सभी संदर्भगत सेट तथा विषयों को फ्रेम कर सकता है अथवा नहीं। उदाहरण के लिए आपके कैमरे में अधिकतम चौड़ा जूम लैंस 12 एम एम है। आपको किसी सभा की शूटिंग करनी है, जिसमें बहुत सारे लोग हैं। कैमरा बीच में रखा है और पूरे सेट को फ्रेम में लेना है। आप फार्मूले से जान सकते हैं–

676/12 = 56° अर्थात् वाइड एंगल लैंस 12

56° का आड़ा एंगल (Horizontal angle) देगा। एक सस्ते प्रोट्रेक्टर (Protractor) द्वारा निर्देशक फ्लोर-योजना पर सबसे दूर रखे कैमरे से 56° मापता है। इस प्रकार वह काग़ज पर ही जान सकता है कि इस कैमरे से मुझे सेंट का पूरा शॉट मिल पाएगा अथवा नहीं। और वह आवश्यकतानुसार अन्य शॉट की योजना बना सकता है।

विभिन्न लैंस एंगल के अपने लाभ और सुविधाएँ हैं, लेकिन उनकी कुछ हानियाँ भी हैं। इसलिए निर्देशक तथा कैमरामैन का विशेषरूप से एंगल के प्रयोग के सभी पहलुओं पर सावधानीपूर्वक विचार कर लेना चाहिए। उदाहरण के लिए सामान्य लैंस (20°-27°) में फ्रेम स्वाभाविक लगता है, फोकस की गहराई भी संतोषजनक होती

है और कैमरा चलाना भी आसान रहता है, लेकिन इसमें कठिनाई यह है कि छोटी जगह में वाइड शॉट नहीं मिल पाता। विस्तृत शॉट लेने के लिए कैमरे को विषय के पास भी जाना पड़ सकता है। इसी तरह वाइड एंगल छोटा फोकस लैंस (30° से अधिक) कम दूरी पर कैमरा रखे हुए भी वाइड शॉट लेने में सक्षम है। विशेष रूप से कम जगह में कैमरा चलाने में सहजता रहती है। दृश्य या क्षेत्र की गहराई अधिक होने के कारण फोकस करना आसान रहता है। कम जगह को भी बढ़ाकर दिखाया जा सकता है। यह नाटकीय या हास्यपूर्ण शॉट लेने के लिए उपयोगी है। क्षेत्र में अधिकतम गहराई (maximum depth in the field) प्रदान करता है। लेकिन इसका नुकसान यह है कि कई बार गहराई अस्वाभाविक (artificial or un natural) लगती है। वाइड एंगल लेते समय तस्वीर विकृत होने की संभावना रहती है, विशेषरूप से तब जब विषय कैमरे के पास हो। यही नहीं, क्लोज़-अप लेते हुए विषय पर कैमरे की छाया पड़ने की संभावना रहती है। साथ ही रोशनी की कोई किरण लैंस पर चमक पैदा कर सकती है। इसके विपरीत नैरो एंगल लंब फोकस (20° से कम) दूर के विषय/वस्तु को पास ले आता है। ऐसे विषयों के क्लोज़ शॉट भी लिए जा सकते हैं, जिनके पास जाना संभव नहीं हो। कैमरे से दूर की वस्तुएँ भी पास दिखाई देती हैं। यदि बैकग्राउंड अच्छी नहीं है, तो फोकस कम किया जा सकता है। कई सतहों की रूपरेखा की महत्ता कम की जा सकती है। लेकिन इसकी हानि यह है कि दृश्य की गहराई कम हो जाती है। यदि आप अधिक गर्मी में काम कर रहे हैं तो गर्म हवा या भाप तस्वीर को टेढ़ा कर देगी। चपटी वस्तु अस्वाभाविक प्रतीत होगी। कैमरा चलना थोड़ा असहज रहता है।

Animation

फिल्म बनाने की एक विशेष पद्धति जिसमें हल्के परिवर्तन के कई सारे चित्रों को एक शृंखला में सूट करके स्थिर चित्रों के गतिमान होने का भ्रम उत्पन्न किया जाता है। यह पद्धति विशेषतौर पर कार्टून फिल्मों में प्रयुक्त होती है।

Announcer

उद्घोषक। रेडियो अथवा टी. वी. कार्यक्रम शुरू होने से पूर्व कार्यक्रम संबंधी या अन्य आवश्यक घोषणाएँ करने वाला।

Ancher

किसी टी. वी. कार्यक्रम को संचालित करने वाला अभिनेता या अभिनेत्री।

Aperture

कैमरे के लैंस के खुलने का आकार जो सामान्यतः 'F' स्टॉप में नापा जाता है।

Arch

कैमरे को ट्रॉली में रखकर गोलाकार घुमाना। इससे विषय तो वहीं स्थिर रहता है, पीछे की वस्तुएँ घूमती प्रतीत होती हैं।

(विशेष देखिए camera movement)

Arch Lamp

कैंडल पावर के सोलर या आर्क लैंप स्टूडियो में रोशनी फेंकने वाले विद्युत लैंप होते हैं। विषय को प्रकाशित करने के लिए इनका उपयोग विभिन्न कोणों एवं रंगों के अनुसार किया जाता है।

(विशेष देखें Lighting)

Art Still

अभिनेता या अभिनेत्रियों के विशेष रूप से खींचे गए फोटोग्राफ़्स।

Aspect ratio

टी. वी. सेट के पर्दे की लंबाई और चौड़ाई। चार यूनिट चौड़ा और तीन यूनिट लंबा।

Asstt. Director

सहायक निर्देशक। यह निर्देशक का दायाँ हाथ है। निर्माण-कार्य के अनुसार सहायक के कार्य होते हैं। वह रिहर्सल से लेकर अंत तक साथ रहता है तथा लोकेशन का चुनाव करने में भी सहायता करता है। आवश्यकता और बजट के अनुसार सहायक निर्देशक कई हो सकते हैं। उन्हें अलग-अलग काम सौंपे जा सकते हैं। शूटिंग से पूर्व सब सामान की सूची, एक जैसे दृश्यों का लेखा-जोखा और कलाकारों के काम करने के दिन इत्यादि बातें सहायक निर्देशक के पास अंकित रहते हैं। किस कलाकार को किस दिन, किस स्टूडियो में शूटिंग के लिए पहुँचना है, हीरो-हीरोइन के साथ जिस एक्स्ट्रा को काम करना हो उसको समय देना, एक जैसे दृश्यों में जिस-जिस कलाकार को भाग लेना है आदि बातें सहायक निर्देशक की नोट-बुक में अंकित रहती हैं, ताकि शूटिंग में कोई अव्यवस्था न हो। *(विशेष–Chief Asstt. Director तथा Director भी देखें।)*

Back down

फिल्म के दृश्यों और सिनेरियों को एक ही फिल्म के दृश्यों के लिहाज के अलग कर देना।

Back ground

पश्च भूमि या पृष्ठभूमि। पीछे का दृश्य।

Back ground music

पश्च संगीत या पार्श्व संगीत। दृश्य के वातावरण तथा कलाकार की भावना को गति देने वाला परदे के पीछे का चरित्र।

Back ground light or back lighting

पार्श्व प्रकाश। इसे 'सैट लाइट' भी कहा जाता है। वह प्रकाश जो केवल बैक ग्राउंड पर पड़ता है। अर्थात जिस चीज़ या व्यक्ति का शॉट लेना हो उसके पीछे की ओर से रोशनी फेंकना। *(देखें–Lighting प्रकाश व्यवस्था के प्रकार)*

Back projection

उद्घोषक या प्रेजेंटर के पीछे किसी खास तस्वीर की प्रोजेक्शन की सहायता से उपलब्ध कराने की तकनीक या ऐसी पद्धति जिसमें किसी दूर के स्थान के किसी दृश्य का चित्र लेकर उसे स्टूडियो के पर्दे के ऊपर प्रस्तुत किया जाता है और उसके सामने फिल्मी कलाकार हाव-भाव प्रदर्शित करते हैं। इससे यह भ्रम होता है कि उक्त कलाकार उसी दूर वाले स्थान पर चल-फिर रहे हैं। नाच-गा रहे हैं।

Beta cam

नया इलैक्ट्रॉनिक मूवी कैमरा जिसमें नव विकसित अत्यंत संवेदनशील कैसेट लगती है। इसके परिणाम अन्य मूवी कैमरों की अपेक्षा श्रेष्ठ होते हैं। आजकल अधिकांश टी. वी. केंद्र इन्हीं कैसेट्स पर बने कार्यक्रमों की माँग करते हैं।

B.G.

चलती कमेंट्री के साथ पीछे से आने वाली विशेष प्रभावों की ध्वनि या संगीत।

Big close up (B.C.U.)

ऐसा क्लोज़ शॉट जिसमें मुख्य रूप से ओठ या आँखें दिखाई जाएँ! *(विशेष देखें : Shot)*

Black

कलर बार का सबसे गहरा काला रंग और रेकॉर्डिंग के समय टेलीविजन के फेड-आउट करने के लिए प्रोड्यूसर के निर्देश।

Blocking

टेलीविजन स्टूडियो के फर्श पर कलाकारों के लिए पूर्व निर्धारित निशान, जिनके भीतर रहकर ही उन्हें अभिनय करना होता है।

Box set

स्टूडियो में चार दीवारों की सहायता से बनाया गया सेट जिसमें दरवाजे या खिड़कियाँ आदि भी होते हैं।

Busy

जब किसी फ्रेम में कई सारी चीज़ें एक साथ दिखाने की कोशिश की जाती है तो तस्वीर अस्पष्ट और आँखों को चुभने वाली हो जाती है इसे busy कहा जाता है।

Camera group

कैमरा समूह। कैमरामैन तथा उसके सहयोगियों का दल। इनमें सर्वोपरि है कैमरामैन। उसके साथ कई सहायक होते हैं, जो कैमरा-नियंत्रण में सहायता करते हैं। डॉली तथा ट्रॉली चलाते हैं।

Camera movements

कैमरे की गतियाँ। शूटिंग के दौरान कई बार कैमरे को एक स्थान से दूसरे स्थान पर ले जाना होता है, ताकि इच्छित दृश्य पकड़ा जा सके। हो रहे एक्शन के साथ चला जा सके। एक फिल्म या टी. वी. कार्यक्रम में कैमरे को दाएँ-बाएँ, ऊपर-नीचे, आगे-पीछे हिलाया जाता है, ताकि दर्शक को होने वाले प्रत्येक क्षण का एक्शन पूरे प्रभाव के साथ देखने को मिल सके। इस प्रकार कैमरे को घुमाने से दर्शक स्वयं को स्क्रीन पर अनुभव करता है और उसे ऐसा आभास होता है कि जीते-जागते पात्र स्वयं उसकी ओर बढ़ रहे हैं। मूवी कैमरे को मुख्य रूप से निम्न प्रकारों से चलाया जाता है–

(अ) **पैन (PAN)** इसमें कैमरा दाएँ से बाएँ या बाएँ से दाएँ घूमता है। इसके बिना दृश्य अधूरे रह जाते हैं। कैमरे को पैन इसलिए किया जाता है कि–(1) हो

रहे एक्शन के साथ चला जा सके। (2) प्रतिक्रिया दिखाई जा सके। (3) दृश्य-रचना का समायोजन किया जा सके। (4) एक-एक वस्तु या विषय को क्रमवार दिखाया जा सके। (5) दो व्यक्तियों या वस्तुओं में भौतिक संबंध स्थापित कराया जा सके। (6) दृश्य को अभिनेता की दृष्टि से संपूर्ण विवरण के साथ दिखाया जा सके।

(ब) टिल्ट (TILTS) इसमें कैमरे को स्टैंड पर रखे हुए ही नीचे से ऊपर या ऊपर से नीचे किया जाता है। ऐसा करने के तीन उद्देश्य हैं–(1) सीन में एक नाटकीय प्रभाव लाना। (2) हो रहे एक्शन को पूरा करना। (3) किसी वस्तु, विषय या पात्र को प्राथमिक परिचय अथवा सूक्ष्म वर्णन देना।

(स) डॉली (DOLLYS) इसमें कैमरे को स्टैंड के साथ-साथ जमीन पर ट्रेक बिछा कर उन पर डॉली आगे-पीछे चलाई जाती है। डॉली एक उपकरण विशेष है, जिस पर कैमरा रखा जाता है। शॉट के दौरान डॉली को धक्का देकर विषय के पास या दूर ले जाया जाता है। ऐसा करने का उद्देश्य होता है–(1) दृश्य का क्षेत्र बदलना। किसी वस्तु या विषय को अधिकतर बेहतर दिखाने के लिए उसके पास कैमरा ले जाया जाता है। (इसे डॉली इन कहेंगे)। (2) किसी पात्र या विषय को विशेष प्राथमिकता देने के लिए हम डॉली पीछे करके उस पात्र या विषय का संबंध आसपास के वातावरण से स्थापित करते हैं। (3) हो रहे एक्शन के साथ चलना।

(द) ट्रक (TRUCKS) (अथवा क्रैब) यह कैमरा मूवमेंट भी डॉली के ऊपर कैमरा रखकर किया जाता है, लेकिन इसमें कैमरे को आगे-पीछे न ले जाकर, दाएँ-बाएँ या गोलाई में ले जाते हैं। इस कैमरा गति का उद्देश्य होता है–(1) शॉट के विषय या वस्तु के पीछे की चीज़ें दिखाकर गहराई का स्पर्श प्राप्त करना। (2) वस्तु या पात्र को एक पंक्ति में पीछे से आगे या आगे से पीछे दिखाना। (3) दौड़ती हुई वस्तुओं, रेल या घोड़े आदि के साथ कैमरा भी उसी गति से दौड़ाया जाता है ताकि पीछे गहराई मिल सके। (4) स्क्रीन के आर-पार जाते विषय के साथ चलने के लिए।

(य) पैडेस्टल (PEDESTALS) यह कैमरा गति प्रायः बड़ी फिल्मों में प्रयुक्त होती है। इसमें कैमरा ऊपर से बहुत नीचे अथवा नीचे से बहुत ऊपर की ओर अचानक ले जाया जाता है। इस काम के लिए क्रेन की आवश्यकता होती है। कैमरा मैन और कैमरा दोनों क्रेन पर रहते हैं। पैडेस्टल करने का उद्देश्य होता है ऊँचाई का स्पर्श देना। दृश्य को विराटता, व्यापकता अथवा गहनता देना। वस्तुओं का दार्शनिक बल भी कम हो सकता है।

(र) जूम (ZOOMS) जूम एक प्रकार का लैंस है जो कैमरे में लगा होता है। आजकल प्रायः सभी प्रकार के कैमरों में विभिन्न शक्तियों के जूम लैंस लगे होते हैं। जब इस लैंस को आगे किया जाता है (या कहें जूम इन किया जाता है) तो वहीं खड़े होकर कैमरे के सामने के पात्र, विषय, वस्तु का क्लोज़-अप तक लिया जा सकता है। इसी प्रकार क्लोज़-अप से शॉट शुरू करके लॉंग शॉट में जाया जा

सकता है ('ज़ूम आउट' करके)। इसका उद्देश्य होता है–(1) एक दृश्य का क्षेत्र बदलना। (2) कैमरे में दृश्य का क्षेत्र घटाना-बढ़ाना। (3) दृश्य में नाटकीय एवं सौंदर्यात्मक प्रभाव लाना।

(ल) आर्क (चाप) ट्रक (या क्रैब) में कैमरा ट्रॉली से ऊपर रखकर उसे दाएँ से बाएँ या बाएँ से दाएँ सीधी दिशा में ले जाया जाता है। जबकि आर्क (चाप) में उसे अर्द्ध गोलाकार या पूर्ण गोलाकार घुमाते हैं। इससे मूल विषय तो वहीं स्थिर रहता है, किंतु उसके पीछे की वस्तुएँ घूमती प्रतीत होती हैं। आर्क का उद्देश्य होता है–(1) दृश्य का प्रभाव बदलना, (2) बैकग्राउंड या आगे की वस्तुएँ हटाना या उन्हें शामिल करना। (3) जब विषय चले तो उसे फिर कंपोज़ करना। (4) किसी नई सूचना या नए विषय का उद्घाटन। (5) यदि कोई विषय ग़लत जगह खड़ा है, तो आर्क शॉट द्वारा वह गलती सुधर सकती है। (6) विषय को दूसरे एंगल में देखना।

Camera rehershal

कैमरे, माइक्रोफोन तथा अन्य सभी उपकरणों की उपस्थिति में रिकॉर्डिंग से पूर्व किया गया अन्तिम रिहर्सल या पूर्वाभ्यास।

Camera script

कैमरामैन के लिए मूल स्क्रिप्ट के आधार पर बनाई गई स्क्रिप्ट जिसमें उसके लिए तकनीकी निर्देश लिखे होते हैं।

Caption (Caps)

कैमरे के सामने लिखी या छपी सूचनाएँ। चित्र–शीर्षक।

Cassette

दृश्यों एवं ध्वनियों को रिकार्ड करने वाली चुंबकित टेपयुक्त विशेष कैसेट जो मूवी कैमरे में लगती है। इसके अलग-अलग फार्मेट बाज़ार में उपलब्ध हैं। जैसे–VHS, S-VHS, U-Matic Low Band, U-Matic Hi-Band, betacam आदि। VHS आम कैसेट है, जो साधारण मूवी कैमरों में प्रयुक्त होती है। कुछ समय पूर्व तक U-Matic कैसेट का प्रयोग टी. वी. कार्यक्रम तैयार करने के लिए खूब होता था। अब भी होता है। लेकिन इधर कुछ वर्षों से नवीनतम 'बीटाकैम' फार्मेट चल पड़ा है। श्रेष्ठ परिणामों के लिए इसी की माँग है। कैसेट्स विभिन्न आकारों में मिलते हैं। छोटा साइज़ प्रायः शूटिंग के लिए होता है, बड़ा साइज़ संपादन में इस्तेमाल होता है। (यों संपादन छोटे साइज़ में भी हो सकता है।) छोटे साइज़ की अवधि 20 मिनट और बड़े साइज़ की अवधि 10, 20, 30, 60 मिनट की होती है। साइज़ का तात्पर्य कैसेट

की हाउसिंग से है। अर्थात् बाहरी आकार। मिनट अवधि का आशय है कि कैसेट के भीतर जो Tape या Ribbon है, उस पर कितनी अवधि की शूटिंग की जा सकती है; या कितने समय का कार्यक्रम रिकार्ड किया जा सकता है।

कैसेट के अंदर या टेप (रिबन) होता है, वह आम कैसेट के टेप (रिबन) जैसा ही दिखाई देता है, किंतु उसमें चुंबकीय पर्त (Magnetic coating) होती है, जिस पर दृश्य तथा ध्वनि रिकार्ड किए जाते हैं। यह रिबन बहुत चिकना होता है।

यू मैटिक टेप (रिबन) की चौड़ाई 3/4 इंच होती है (घरेलू वीडियो कैसेट VHS के रिबन की चौड़ाई से 1/4 इंच अधिक)। इस टेप (रिबन) पर विभिन्न ट्रेक (Track) होते हैं, जिन पर सिग्नल रिकार्ड किए जाते हैं। इस चित्र से ट्रेक्स की स्थिति समझी जा सकती है–

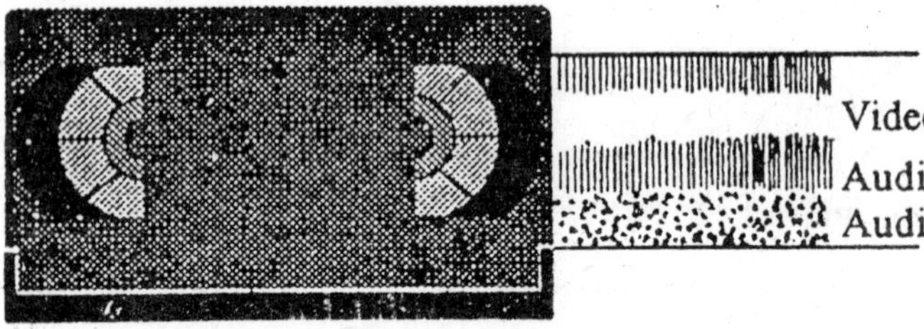

चित्र

जैसाकि चित्र में दर्शाया गया है, एक यू-मैटिक टेप पर 4 ट्रेक होते हैं। CTL ट्रेक का आशय है कंट्रोल ट्रेक। यह ट्रेक वीडियो तथा अन्य वी. सी. आर. प्रणाली को नियंत्रित करता है। इसलिए इसका होना बहुत आवश्यक है। यदि यह ट्रेक खराब हो जाएगा, तो तस्वीर हमेशा हिलती रहती है। कंट्रोल ट्रेक के नीचे Video ट्रेक है, जहाँ पर वीडियो के सिग्नल रिकार्ड होते हैं। यदि इस क्षेत्र पर कोई गड्ढा या लाइन आ जाए तो वह स्क्रीन पर तस्वीर के साथ दिखाई देती है। वीडियो ट्रेक के नीचे ऑडियो ट्रेक होते हैं। ये दो हैं। वीडियो के नीचे होता है CH-II और उसके नीचे CH-I इन दोनों पर एक जैसी या अलग-अलग ध्वनियाँ रिकार्ड की जा सकती हैं। संगीत और संवाद भरे जा सकते हैं। रेडियो के लिए चुंबकित कैसेट प्रयुक्त होती हैं, जिन पर ध्वनियाँ ही रिकार्ड की जा सकती हैं।

Caste

फ़िल्म अथवा दूरदर्शन कार्यक्रम में काम करने वाले मुख्य कलाकारों की सूची।

Chief Assistant Director

मुख्यि सहायक निर्देशक—काम की आवश्यकता और बजट के अनुसार किसी फिल्म अथवा दूरदर्शन कार्यक्रम के निर्माण में निर्देशक के साथ कई सहायक निर्देशक काम करते हैं। यह संख्या एक भी हो सकती है और अनेक भी। इनमें से एक वरिष्ठ सहायक निर्देशक होता है, जिसे मुख्य माना जाता है। रिहर्सल तथा फिर शॉट के दौरान वह शॉट को क्रमवार आयोजित करता है। स्क्रिप्ट के अनुसार निर्देशक को बताता रहता है कि अगला शॉट कौन-सा और कैसा है। संपादन (Editting) के समय भी वह साथ रहता है और स्क्रिप्ट के साथ बताता रहता है। वह कार्यक्रम की अवधि का ध्यान रखता है। *(देखें–Asstt. Director, Director)*

Close up

सिर से गरदन तक का शॉट। किसी भी व्यक्ति या वस्तु का पास से लिया गया शॉट जो BCU से थोड़ा बड़ा, लेकिन काफी पास से लिया गया शॉट होता है। समाचार वाचक आमतौर पर इसी शॉट में समाचार पढ़ते हैं। *(विशेष देखें–Shot)*

Commentary

रेडियो के क्षेत्र में प्रायः आँखों देखे विवरण को प्रस्तुत करना 'कमेंटरी' कहलाता है। फिल्म तथा दूरदर्शन (टी. वी.) में परदे के पीछे से बोलने की आवाज़ या किसी मैच, टूर्नामेंट, विशेष आयोजन में विवरण देने वाला स्वर। विशेषरूप से डॉक्यूमेंटरी फ़िल्मों में दृश्यों के पीछे से विवरण प्रस्तुत करने वाला कलात्मक स्वर।

Composition

सामान्यतः यह दृश्यों को व्यवस्थित करने का तरीका है, ताकि एक आकर्षक प्रभाव मिल सके। लेकिन यह इससे कहीं अधिक है। कंपोजीशन के माध्यम से साधारण-सी चीज़ों अथवा स्थितियों को असाधारण बनाया जा सकता है। निर्देशक एक दृश्य इस अनूठे ढंग से कंपोज करा सकता है कि दर्शकों के मन में आशा, भय, प्यार, उत्साह, घृणा, शक्ति, करुणा, आदि के भाव जाग्रत हो सकें।

सामान्यतः तीन प्रकार के कंपोजीशन हमें अपने दिन-प्रतिदिन के कार्य व्यवहार में प्रयुक्त हुए दिखाई देते हैं–

(1) आकार के आधार पर (2) व्यवसाय के आधार पर (3) चुनाव या चयन के आधार पर।

जब हम अपना दृश्य कंपोज करने के लिए बिल्कुल मुक्त होते हैं, तब प्रथम आधार की परिस्थितियाँ बनती हैं। एक चित्रकार जो बिल्कुल खाली कैनवास पर

चित्रकारी शुरू करता है तो वह आरंभ से ही अपने अनुसार रंग, रेखा, छाया-प्रकाश, (शेड) आदि का चुनाव करता है। उसे किसी निश्चितता एवं सूक्ष्मता की परवाह नहीं होती। उसे अपने मनोनुकूल कोई रचना करनी होती है। इस प्रकार की स्वतंत्रता कैमरे के लिए शायद ही देखने को मिलती है।

अब हम दूसरा आधार देखें (व्यवस्था)। इस स्थिति में एक मनमोहक दृश्य प्राप्त करने के लिए हम कैमरे के सामने सोच-समझकर विषय एवं वस्तुएँ रखते हैं। उन्हें व्यवस्थित करते हैं। एक सैट डिज़ाइनर उचित स्थान पर फर्नीचर, चित्र, फूल, सजावटी सामान आदि रखकर व्यवस्था देता है। ताकि एक व्यवस्थित, आकर्षक और मनोवांछित दृश्य मिल सके। कभी-कभी तो एक छोटी-सी वस्तु भी कैमरामैन की सहायता करके उचित कंपोजीशन दे देती है। उससे कल्पनातीत अर्थ-विस्तार हो जाता है। प्रायः एक डिज़ाइनर प्रयोग की दृष्टि से कंपोजीशन बनाता है। बिल्कुल हिसाब से कंपोजीशन व्यवस्था करने के स्थान पर वह मूड तथा देश-काल की तैयारी करता है। विशेषरूप से प्राकृतिक परिस्थितियों की व्यवस्था करने में यह भय बना रहता है कि परिणाम कृत्रिम न लगे। इसलिए इस ओर अधिक सचेत रहना पड़ता है।

चुनाव का चयन के आधार पर कंपोजीशन एक चुनौतीपूर्ण परिस्थिति है। इसमें कैमरामैन या निर्देशक कैमरे को एक चुनी हुई जगह रख देता है और वहीं से वह शॉट को कंपोज करता है। इसमें कैमरे के सामने की विषयवस्तु को नहीं छोड़ा जा सकता। इस प्रकार के शॉट प्रायः समाचार, घटनाएँ आदि में मिलते हैं, जहाँ हम विषय को नहीं छोड़ सकते और केवल कैमरे का स्थान बदल-बदल कर नए-नए शॉट कंपोज करते हैं।

कंपोजीशन के लिए फ्रेम का समायोजन करना होता है। एक शॉट को इस प्रकार नियंत्रित किया जाता है कि कैमरा वहीं आए, जहाँ हम चाहते हैं। आसपास के दृश्य को भी काटकर मध्य दृश्य पर कैमरा केंद्रित किया जा सकता है, ताकि फ्रेम सही बने। कैमरे का लैंस एंगल घटा-बढ़ाकर और कैमरे का स्थान बदलकर (ऊपर-नीचे-दाएँ-बाएँ-आगे-पीछे करके) हम उसी आकार के शॉट में नवीनता ला सकते हैं।

यों तो दृश्य कंपोजीशन निर्देशक के नज़रिए पर निर्भर करता है। विषय के ट्रीटमेंट के आधार पर भी कंपोजीशन करना होता है। अधिकांश निर्देशक व्यस्तता के कारण हर दृश्य को स्वयं कंपोज नहीं कर पाते। इसलिए वे कैमरामैन को अपना मंतव्य समझा देते हैं और कह देते हैं कि इस आवश्यकता को देखते हुए क्लोज़-अप, समूह शॉट तथा लैंस एंगल, फ्रेम आदि कंपोज कर लें।

यद्यपि कंपोजीशन के कोई निश्चित नियम या सिद्धांत नहीं हैं। फिर भी कतिपय तकनीकी बातों का ध्यान रखा जाए तो बहुत अच्छे परिणाम मिल सकते हैं। शॉट को कंपोज करना महज़ दृश्यों को फ्रेम में फिट करना नहीं है, बल्कि दर्शकों के विचारों

को, भावों को, अपनी फिल्म के संदेश सूत्र के साथ बाँधना है। यदि हम दृश्यों को उचित ढंग से संयोजित नहीं करेंगे तो दर्शक उन्हें अपने तरीके से (हमारे उद्देश्य से अलग) ग्रहण करेंगे, अपनी अलग प्रतिक्रिया देंगे। इससे हमारी फिल्म या हमारा सीरियल अपने उद्देश्य से भटक जाएगी।

कंपोजीशन में सदैव अनुपात (Proportions), फ्रेमिंग (Framing), दृश्यों की समानता, माप एकत्रण (Unity and order) तथा दृश्यों की लय (Visual rhythm) का ध्यान रखना होता है।

Continuity

निरंतरता। कहानी की शृंखला या क्रम। किसी रेडियो, टी. वी. कार्यक्रम या फिल्म के निर्माण में निरंतरता (Continuity) का ध्यान रखा जाता है। अन्यथा क्रम टूटने की संभावना रहती है। स्थान, देश-काल, वातावरण, पात्र, पात्रों की वेशभूषा, पात्रों का मेकअप इत्यादि फिल्म या कार्यक्रम की कथा के अनुरूप समान बने रहने चाहिए। उदाहरण के लिए आपको एक स्थान के बाद दूसरे स्थान पर एक शॉट लेना है। निश्चित है कि इस बीच में पात्रों की मनोदशा ही नहीं, उनका मेकअप भी बदल गया होगा। प्रकाश में परिवर्तन आया होगा। इसलिए आवश्यक है कि अगले शॉट में पात्र बिल्कुल वैसे के वैसे दिखाई देने चाहिए जैसे पहले शॉट में थे, लाइट वही हो, मेकअप वही हो, वस्तुएँ आदि वही हों। बड़ी फिल्मों में निर्देशक अपने साथ प्रायः एक या दो सहायक मात्र इसलिए रखते हैं कि वे कंटीन्युटी देखते रहें। प्रायः ऐसा होता है कि स्क्रिप्ट के अनुसार उसी क्रम से शूटिंग नहीं होती। अलग-अलग लोकेशन पर अलग-अलग दृश्य लिए जाते हैं। बाद में उन्हें जोड़ा जाता है।

एक निर्माण कार्य के दौरान प्रायः निम्नांकित कंटीन्युटी का ध्यान रखा जाता है–

(1) **तकनीकी कंटीन्युटी (Technical continuity)** यदि हम एक शॉट के बीच इंटरकट प्रयोग कर रहे हैं, तो इंटरकट भी मुख्य शॉट से मिलने चाहिए। इसी तरह क्लोज़-अप लेना हो तो क्लोज़-अप में रंग, ब्राइटनेस, लाइट की दिशा, शेड, शॉट की ऊँचाई, एंगल आदि समान होने चाहिए।

(2) **दृश्य कंटीन्युटी (Pictiorial continuity)** एक शॉट में जैसा वातावरण है, वही वातावरण दूसरे शॉट में भी होना चाहिए। उदाहरण के लिए किसी शॉट में बादल घिरे मौसम का वातावरण है, आपने उस शॉट से जुड़ा दूसरा शॉट अगले दिन लिया। उसमें खूब धूप है। ऐसा नहीं होना चाहिए। दोनों में बादल घिरे वातावरण को रखा जाना चाहिए।

(3) **पर्यावरणीय कंटीन्युटी (Environmental continuity)** यदि आप किसी नए स्थान से भी शूटिंग कर रहे हों, तो भी लोकेशन वही लगनी चाहिए।

(4) **भौतिक कंटीन्युटी (Physical continuity)** एक साथ आने वाले शॉट में अभिनेता या पात्रों की वेशभूषा वही रहनी चाहिए। यही बात दृश्य में आने वाली भौतिक वस्तुओं या विषयों के संबंध में भी ध्यान देने की है।

(5) **दिशा कंटीन्युटी (Direction continuity)** जिस दिशा में और जिस दूरी पर दो पात्र/विषय/वस्तुएँ हैं, वही दिशा और दूरी उस दृश्य के प्रत्येक शॉट में रहनी चाहिए।

(6) **समय, घटना और कार्य की कंटीन्युटी (Continuity of time, event and action or performance)** यदि आप कोई दृश्य फिल्मा रहे हैं, जिसमें मोमबत्ती जल रही है, घड़ी एक समय बता रही है या कोई पात्र सिगरेट पी रहा है, तो समय के साथ-साथ इनमें परिवर्तन आ जाना चाहिए। अतः प्रत्येक ओ. के. शॉट के बाद इन चीज़ों की स्थितियों में समय के अनुसार बदलाव दिखाया जाना चाहिए। समय या स्थान के दृश्य में कोई आकस्मिक जम्प नहीं आना चाहिए। यदि किन्हीं परिस्थितियों में लगातार शॉट में आपको कोई कंटीन्युटी टूटती हुई मिले तो संपादन करते समय उसमें कोई नया कट जोड़ सकते हैं। जैसा किसी मौजूद पात्र का क्लोज़-अप या अन्य कोई संदर्भगत शॉट। यह शॉट जोड़कर आप फिर वापस दृश्य में आ सकते हैं और टूटी हुई कंटीन्युटी को पकड़ सकते हैं। हाँ, इतना ध्यान रखें कि एक ही एक्शन या एक ही शॉट फिर से न आ आए।

यदि आप एक एक्शन सीन या मारधाड़ वाले दृश्य का फिल्मांकन कर रहे हैं और पात्रों के एक्शन तथा हाव-भाव को कई तरीकों से फिल्मा रहे हैं, तो ध्यान रखना चाहिए कि सभी शॉट में पात्र एक ही प्रकार के हाव-भाव तथा एक्शन करे।

(7) **संबंध कंटीन्युटी (Relation continuity)** जिस संबंध का दृश्य चल रहा हो, उससे संदर्भगत ही कट लगाना चाहिए, अन्यथा जम्प आ जाएगा।

(8) **ध्वनि कंटीन्युटी (Audio continuity)** यह दो तरह की होती है—तकनीकी और कलात्मक। स्मरण रखना चाहिए कि तकनीकी दृष्टि से ध्वनि का लेबल प्रत्येक शॉट में एक-जैसा रहे। ध्वनि की टोन, बास स्तर भी समान रहें।

इसी तरह कलात्मक ध्वनि कंटीन्युटी के लिए एक संपादित दृश्य में ध्वनि-वातावरण भी समान होना चाहिए। अर्थात्—बैकग्राउंड ध्वनि, ईको इफैक्ट किसी एक शॉट में हैं तो वे आगे भी रहें।

(9) **संवाद कंटीन्युटी (Dialogue Continuity)** यह ध्यान रखें कि हर शॉट जब कट हो तो संवाद न कटे। संवाद पूरी तरह स्पष्ट और प्रवाहयुक्त होने चाहिए। किसी भी स्थिति में वाक्य न टूटें, और संवाद एक-दूसरे से जुड़े हुए हों।

(10) **ध्यान कंटीन्युटी (Attention continuity)** हमेशा यह प्रयास रहना चाहिए कि दर्शक का ध्यान स्क्रीन पर रहे। इसके लिए प्रत्येक शॉट के ध्यान केंद्र का आपस में संबंध होना चाहिए।

Crane

विशेष यंत्र जिस पर बैठकर कैमरामैन ऊँचाई से और ऊपर की ओर जाता हुआ अथवा विपरीत दिशा में (नीचे) शॉट लेता है।

Crawe

पर्दे पर ऊपर या नीचे से ऊपर चलती लिखित सूचनाएँ।

Credit

ऐसे व्यक्तियों के नामों की सूची जिन्होंने किसी भी रूप में किसी कार्यक्रम के निर्माण में सहयोग दिया है। प्रायः कार्यक्रम के अंत में यह सूची दी जाती है।

Cross cut

विरोधी चेष्टाएँ दिखाना।

Cut

एक शॉट से दूसरे शॉट की ओर जाने के लिए पिछला दृश्य कट किया जाता है। कट शब्द कहकर निर्देशक कैमरामैन को चेतावनी देता है कि टेक के अंत में कैमरा रोक ले। ग़लत शॉट होने पर भी कट कहकर कैमरा रोक लिया जाता है और 'री टेक' लिया जाता है। कट एक निश्चित समय तथा स्थान पर किया जाता है। कट लगाते समय मुख्य रूप से इन तथ्यों का ध्यान रखना चाहिए :

(1) यदि आपको हो रहे एक्शन में कट करना है, तो एक्शन के दौरान ही कट कर लेना चाहिए। एक्शन शुरू होने से पहले अथवा बाद में नहीं।

(2) जल्दी-जल्दी या बार-बार कट करना ठीक नहीं। इससे दर्शक परेशान हो उठता है। यह एक भ्रांत धारणा है कि जल्दी-जल्दी कट करने से आप किसी कार्यक्रम को गति दे सकते हैं।

(3) यदि मध्य स्क्रीन पर कोई एक्शन चल रहा हो तो कभी भी कट करके साइड एक्शन पर नहीं जाना चाहिए। यदि कोई पात्र साइड पर है तो उसे एक्शन से ही कट द्वारा स्क्रीन पर या फ्रेम में लाना चाहिए। उदाहरण के लिए यदि कोई अभिनेता बाईं ओर चला और फ्रेम से बाहर हो गया। अब अगला कट होगा कि वह दाईं ओर से फ्रेम में प्रवेश करेगा।

(4) एक पैन करते शॉट को एक स्थिर कैमरे वाले शॉट पर कभी कट मत कीजिए। यद्यपि ऐसा करना संभव है, लेकिन इसमें बहुत सावधानी बरतनी होती है।

(5) यदि कोई शॉट पिछले शॉट से मेल नहीं खा रहा है तो कट नहीं लगाना

चाहिए। ऐसे में डिजाल्व या किसी अन्य प्रकार का प्रयोग किया जा सकता है।

(6) दूर के कैमरा एंगल शॉट या दृश्यों के क्षेत्र में कट नहीं करना चाहिए। यथा—टॉप एंगल से एकदम लो एंगल शॉट या फुल लाँग शॉट के एकदम क्लोज़-अप।

(7) यदि आप कट का प्रयोग किसी संगीत पर कर रहे हैं तो आपको कट वहाँ करना चाहिए जहाँ संगीत का कट आएगा। कहने का अर्थ यह है कि संगीत के आधार पर दृश्य में कट आएगा। यदि संगीत की गति तीव्र है तो शॉट भी उसी प्रकार से कट किए जाएँगे।

(8) एक जैसे शॉट में कट करने की कोई आवश्यकता नहीं होती। याद रखें कि हर कट के पीछे कुछ न कुछ मंतव्य होता है।

Cyc

साइक। स्टूडियो की दीवार पर लगा सलेटी रंग का पर्दा—साइक्लोरामा।

De Focus

एक दृश्य से दूसरे दृश्य में आने का एक तरीका। इसमें कैमरे द्वारा एक शॉट का फोकस धीरे-धीरे हटा लिया जाता है और फिर दूसरे शॉट को भी हटे हुए फोकस के साथ जोड़कर धीरे से जोड़ लिया जाता है। यानि, शॉट का जोड़ हटे हुए फोकस पर लगता है।

Director

निर्देशक। फिल्म अथवा किसी भी दृश्य-श्रव्य माध्यम में कार्यक्रम तैयार कराने वाला सर्वाधिक महत्त्वपूर्ण व्यक्ति निर्देशक होता है। निर्देशक का कार्य एक संस्था में वहाँ हो रहे कार्यक्रम निर्माण के आधार पर निर्भर करता है। स्क्रिप्ट लिखता है, सेट आदि देखता है, कलाकारों से रिहर्सल करवा कर, उन्हें निर्देश देते हुए अभिनय करवाता है, निर्माण-व्यवस्था में लगे लोगों का मार्ग-दर्शन करता है और फिल्म या दूरदर्शन का कार्यक्रम अपनी कल्पना एवं प्रतिभा का उपयोग करते हुए शूट करवाता है। अंततः वह संपादन के समय भी उपस्थित रहता है। वह एक विशेषज्ञ भी होता है और आल राउंडर भी। कुछ कार्यक्रमों में निर्देशक का काम प्रस्तुतकर्ता का भी हो सकता है, जैसे—दूरदर्शन, वीडियो मैगज़ीन आदि में कई कहानियों को मिलाकर एक पूरा कार्यक्रम निर्देशक द्वारा प्रस्तुत किया जाता है। इसी तरह तकनीकी क्षेत्र के निर्देशक भी होते हैं, जो अपने विषय क्षेत्र में प्रवीण होते हैं। संगीत निर्देशक भी होते हैं।

एक निर्देशक की यूनिट में कई लोग होते हैं।

(विशेष : देखें Unit)

निर्देशक का कार्य सर्वाधिक जिम्मेदारी वाला होता है। उसे अपने सहायकों से लेकर अभिनेताओं तथा तकनीकी पक्ष से जुड़े लोगों से काम लेना होता है। अपनी कल्पना को पूरी योग्यता और क्षमता का इस्तेमाल करते हुए साकार करना होता है। अतः उसे बहुज्ञ होना चाहिए। अनुशासन-प्रवीण होना चाहिए। उसके कार्यों की सूची बहुत लंबी है। फिर भी संक्षेप में एक निर्देशक के प्रमुख कार्य इस प्रकार हैं :

(अ) निर्माण से पूर्व योजना-निर्माण का चरण :

(1) स्क्रिप्ट को जाँच कर, यथावश्यक संशोधन-परिवर्द्धन करना।
(2) स्टूडियो-सेट का निरीक्षण करना।
(3) अभिनेताओं तथा कैमरामैन आदि को शॉट समझाना, ताकि वास्तविक शूटिंग के समय सभी सूक्ष्मताओं पर ध्यान दिया जा सके।
(4) सभी तकनीकी निर्देशकों तथा प्रकाश-नियंत्रकों से विचार-विमर्श करना, ताकि इच्छित कलात्मक एवं सौंदर्यात्मक प्रभाव प्राप्त करने में सुविधा रहे। सभी का सहयोग बना रहे।

(ब) रिहर्सल

जब प्रारंभिक चरण पूरा हो जाता है, तो निर्देशक अपनी यूनिट के साथ स्टूडियो में रिहर्सल कराता है।

(स) शूटिंग से पूर्व आवश्यक निर्णय लेना

(1) कैमरे से विभिन्न स्थान एवं एंगल का निर्णय।
(2) दृश्यों के क्षेत्र का निर्णय।
(3) कैमरा संचालन का निर्णय।
(4) दृश्यों के विभिन्न परिवर्तनों का निर्णय।

(द) शूटिंग का चरण

विभिन्न दृश्यों को कहानी की माँग के अनुसार इच्छित प्रभाव के साथ फिल्माने के लिए यूनिट के सहयोगियों तथा कलाकारों को निर्देश देना।

(य) संपादन (एडिटिंग) का चरण

संपादक के पास बैठकर संपादन कराना।

मोटेतौर पर देखें तो निर्देशक पूरे कार्यक्रम की संकल्पना करता है। वह फिल्म या टी. वी. कार्यक्रम के बन जाने तक उस संकल्पना को लगातार जीता है और उसे बेहतर से बेहतर बनाने के लिए कोई कोरकसर नहीं छोड़ता।

सर्वप्रथम निर्देशक **कार्यक्रम की संकल्पना** करता है। वह आइडिया (विचार) को फिल्म का रूप देने की संकल्पना करता है। उसका उद्देश्य, मार्केट, माँग और मूल्य देखता है। इसके बाद कार्यक्रम की अवधि तय करता है।

इसके बाद **यूनिट का चुनाव** किया जाता है। निर्माता के साथ बैठकर बजट को अंतिम रूप देता है। निर्माण की योजना बनाई जाती है। कार्यक्रम कब तक तैयार करना है, इसकी रूपरेखा बनती है। तदनुसार प्रचार-प्रसार की व्यवस्था भी की जाती है।

आइडिया को स्क्रिप्ट का रूप दिया जाता है। निर्देशक, निर्माता, लेखक, सलाहकार (और आवश्यक हुआ तो कभी-कभी मुख्य अभिनेता) साथ बैठकर स्क्रिप्ट पर चर्चा करते हैं और उसे अंतिम रूप देते हैं।

इसके बाद कुशल पात्रों, अभिनेताओं का चयन किया जाता है। तकनीकी कार्यों की व्यवस्था में निर्माता के साथ निर्देशक भी रुचि लेता है। वह कैमरा, लाइट, ध्वनि के यंत्र, टेलीसिने, वी. सी. आर., स्पेशल इफैक्ट के यंत्रों के प्रबंध को स्वयं देखता है और संतुष्ट होने का कार्य आरंभ करता है।

रिकार्डिंग अपनी देख-रेख में करता है और अपने सहायक निर्देशक (या आवश्यकतानुसार एक से अधिक सहायक निर्देशकों) को उनका काम बाँट कर सबके सहयोग से कार्य संपन्न करता है। अंततः संपादन अपनी देख-रेख में कराता है।

निर्देशक के मस्तिष्क में बनी हुई फिल्म अनेक तकनीकी बारीकियों से गुजर कर परदे तक पहुँचाई जाती है। फिल्म का हर दृश्य, हर शॉट उसकी इच्छा के अनुसार लिया जाता है। अतः उसे फिल्म-निर्माण के प्रत्येक पक्ष का ज्ञान होना चाहिए।

Dissolve

एक दृश्य से दूसरे दृश्य में जाने का एक तरीका। इसमें एक दृश्य से दूसरे दृश्य में धीरे-धीरे आते हैं। एक दृश्य धीरे-धीरे जाता है और दूसरा धीरे-धीरे निकलता है अर्थात् एक चित्र दूसरे में समाहित किया जाता है। डिज़ाल्व को प्रायः समय व्यतीत करने का संदर्भ बताने के लिए प्रयोग किया जाता है। इससे सौंदर्यात्मक एवं कलात्मक प्रभाव पैदा किया जा सकता है।

दृश्य-परिवर्तन के और भी तरीके हैं। **जैसे–**

(1) कट *(देखें–Cut)*

(2) फेड *(देखें–Fade)*

(3) डी-फ़ोकस *(देखें–De Focus)*

(4) वाइप *(देखें–Wipe)*

(5) पिप्पल डिज़ाल्व *(देखें–Pipple Dissolve)*

(6) स्विशपैन *(देखें–Swish pan)*

Dolly

एक प्रकार की गाड़ी, जिस पर कैमरा तथा कैमरामैन टेक लेते समय आगे-पीछे हो सकते हैं। इससे अलग-अलग तरह के शॉट लिए जा सकते हैं।

(देखें–Camera movements)

Docking area

स्टूडियो के निकट का वह क्षेत्र जहाँ सेट की सामग्री रखी जाती है।

Double expose

एक एक्टर का किसी फ़िल्म में डबल रोल।

Dress designer

स्क्रिप्ट के अनुसार पात्रों के लिए उपयुक्त वस्त्रों का निर्माण करने वाला वेशभूषा विशेषज्ञ।

Dress rehearsal

रिकॉर्डिंग से पूर्व अंतिम कैमरा रिहर्सल।

Drop

पेण्ट किया हुआ कैनवस या प्लाईवुड का बड़ा टुकड़ा जो सेट के लिए प्रयोग किया जाता है।

Dry run

कैमरे और इलैक्ट्रॉनिक उपकरणों के बिना किया जाने वाला रिहर्सल।

Dubbing

किसी ध्वनि या चित्र या दोनों का एक रिकॉर्डिंग माध्यम से दूसरे माध्यम में स्थानांतरण। किसी एक भाषा के संवाद दूसरी भाषा में बदलना। कभी-कभी किसी पात्र की आवाज़ ठीक नहीं होती, ऐसे में उसकी आवाज़ को भी डब किया जाता है।

Editing

संपादन–यह फिल्म-निर्माण की एक रचनात्मक प्रक्रिया है। इसमें किसी फ़िल्म के शूट किए गए दृश्यों को कहानी के अनुसार कलात्मक ढंग से जोड़ा जाता है। कई बार क्रमवार शूटिंग नहीं होती। तब बिखरे हुए अलग-अलग दृश्यों को स्क्रिप्ट के

संदर्भों के अनुसार जोड़ कर संपादित किया जाता है। यह एक लंबी तकनीकी प्रक्रिया है, जो फ़िल्म को अंतिम रूप देती है। एक अच्छा संपादन खराब से खराब फ़िल्म को बहुत अच्छा बना सकता है। इसके विपरीत खराब संपादन अच्छे से अच्छे दृश्यों और पटकथा को प्रभावहीन बना देता है। निर्देशक को स्वयं भी संपादन का ज्ञान होना चाहिए और संपादन किसी प्रशिक्षित एवं सुयोग्य संपादक से ही कराना चाहिए। ध्वनि एवं संगीत भी संपादन के अंतर्गत डाली जाती है।

Essential area

घरेलू टी. वी. पर दिखने वाले चित्र का आकार।

Establishing shot

भौगोलिक रूप से स्थान को स्थापित करता हुआ शॉट। सामान्यतः लाँग शॉट।

Executive Producer

पूरी निर्माण संस्था का सर्वोच्च अधिकारी। वह पूरे व्यवसाय को सँभालता है। उसका मुख्य दायित्व है—कार्यक्रम, बजट, वित्तीय आवश्यकता, निर्माण संबंधी सभी आवश्यकताओं की पूर्ति करना।

Fade in

रेडियो में ध्वनि का धीरे-धीरे पास आते हुए तेज होते चले जाना। जैसे किसी पात्र के पदचापों की ध्वनि पहले कम सुनाई देती है फिर धीरे-धीरे बढ़ती जाती है। फिल्म या टी. वी. में जो शॉट अँधेरे से उजाले में आता है।

Fade out

रेडियो में ध्वनि का धीरे-धीरे दूर जाते हुए कम होते चले जाना। जैसे किसी पात्र के पद-चापों की ध्वनि पहले तेज सुनाई देती है, फिर धीरे-धीरे कम होती चली जाती है। फिल्म या टी.वी. में जो शॉट उजाले से अँधेरे में आता है।

Favour

एक ही शॉट में किसी वस्तु विशेष पर कैमरा केंद्रित करना या किसी कार्यक्रम, किसी वस्तु या व्यक्ति के शॉट बार-बार दिखाना।

File channel

वह व्यक्ति जो 'टेली सिने' (फिल्म) को वीडियो कैसेट पर ट्रांसफर करता है।

Fill light

स्टूडियो में किसी वस्तु या व्यक्ति पर पड़ रही छाया को समाप्त करने के लिए अतिरिक्त प्रकाश व्यवस्था। या असमान प्रकाश व्यवस्था को एक सा करने के लिए की गई प्रकाश व्यवस्था।

Flash back

कलाकारों के 'स्मृति' या 'स्वप्न' दिखाने वाले दृश्य अथवा दर्शकों को याद दिलवाने के लिए किसी पिछले दृश्य को दिखाना।

Floor manager

मंच निर्देशक–वह व्यक्ति जो टेलीविजन के प्रत्येक कार्यक्रम से जुड़ा होता है। यह अभिनेताओं के सर्वाधिक निकट होता है और हैंडफ़ोन पर निर्देशक के निर्देश सुनकर संकेतों द्वारा अभिनेताओं तथा अन्य सहयोगियों को सूचित करता है कि कहाँ बोलना है, कहाँ चुप रहना है, कहाँ तेज बोलना है, कहाँ धीमे बोलना है, कहाँ खत्म करना है आदि। यह मंच-निर्देशक का अधिकार-क्षेत्र है कि वह स्टूडियो में सब प्रकार का अनुशासन बनाए रखे तथा किसी तरह का शोर न होने दे।

Fold Back

पहले से रिकॉर्ड की गई ध्वनि को स्पीकर की सहायता से स्टूडियो में सुनना, ताकि उस ध्वनि या संगीत के साथ कलाकार अभिनय या गायन का तारतम्य बैठा सके।

Frame

कैमरे के लैंस से देखकर दृश्य का या इच्छित विषयों को केंद्र में लाना ताकि कोई पात्र या विषय परदे से बाहर न जाए। कटे नहीं। उसमें सौंदर्य और संतुलन रहे। निर्देशक कैमरे से देखकर तय करता है कि फ्रेम में क्या रखना है, क्या छोड़ना है। फ्रेम चौखटा है। मूवी कैमरे में एक फ्रेम के बाद सूक्ष्म अंतराल के बाद दूसरा फ्रेम आता है लेकिन बीच का अंतराल हमारी आँखें देख नहीं पातीं और जब तक दूसरा फ्रेम आए, आँखों में पहले फ्रेम की याद बनी रहती है। इस तरह हम क्रमिक गति और निरंतरता का एहसास करते जाते हैं। इस सिद्धांत के अनुसार यदि प्रति सेकंड कम से कम अट्ठारह फ्रेम आँख से गुजरें तो तस्वीर चलती नजर आएगी। टेलीविजन के लिए वैज्ञानिकों ने लंबी खोज के बाद इन फ्रेमों की संख्या प्रति सेकंड तीस रखी है। वीडियो फिल्म में एक सेकंड में चौबीस फ्रेम चलते हैं।

Framing

कैमरे के लैंस देखकर दृश्य का फ्रेम बनाना। जब कैमरे में एक दृश्य का फ्रेम बनाया जाता है या कंपोज किया जाता है। जैसे–दर्शकों की रुचि के अनुकूल फ्रेम का चुनाव करना। फ्रेम करते समय दृश्य की दिशा बदलना और उसके माध्यम से दर्शकों का नज़रिया बदलना। फ्रेमिंग से दृश्य का प्रभाव बदल जाता है। फ्रेम का मुख्य विषय स्थान बदलते ही अपना प्रभाव बदल देता है।

हर पात्र जो शॉट में दिखाई देता है, उसके सिर के ऊपर स्थान छोड़ा जाता है, इस खाली स्थान को हैड रूम कहते हैं।

Gobo

एक कोई ऐसा कट-आउट जिसके माध्यम से कैमरे द्वारा शॉट लेकर विशेष प्रभाव उत्पन्न किया जा सके।

Graphic

हाथ अथवा कंप्यूटर की सहायता से बनाए गए चित्र, चार्ट, ग्राफ एवं सौन्दर्यात्मक चित्र।

Graphic designer

कार्यक्रम के लिए टाइटिल बनाने का कार्य, सेट पर रंग-रोगन द्वारा सही काल का प्रभाव प्रदर्शित करना–जैसे काम करने वाला विशेषज्ञ।

Head phones

ध्वनि उत्पन्न करने वाला उपकरण जो कानों पर पहना जाता है।

Head set

हैड फोन के साथ इसमें युगल माइक्रोफोन भी लगे होते हैं।

High angle

जब कैमरा ऊँचाई से शॉट ले।

Indoor shooting

स्टूडियो के अंदर ही सेट लगा कर शूटिंग कर फिल्म का निर्माण करना।

Lapel

कालर, कमीज के बटन-होल, जेब आदि में पैन की तरह लगाए जाने वाला छोटा-सा माइक्रोफ़ोन ध्वनि यंत्र।

Leat shot

ऐसा शॉट जो दर्शकों को भ्रम में डालता है। जैसे कोई अभिनेता बहुत ऊँची मीनार से छलाँग लगाकर समीप ही गिर जाता है, लेकिन कैमरा उसे छलाँग लगाते हुए नीचे फर्श पर गिरते दिखाता है। दर्शक समझते हैं कि वह कलाकार वास्तव में इतनी ऊँचाई से छलाँग लगाकर फर्श पर गिरा है। इसी तरह किसी फिल्म में कार का गहरी खाई में गिर कर ध्वस्त होना दर्शाया जाता है। *(देखें : Shot)*

Library shot

जो दृश्य स्टूडियों की लाइब्रेरी से लेकर किसी फिल्म में जोड़े जाते हैं। ऐसे शॉट उसी फिल्म के लिए विशेष रूप से नहीं लिए जाते। बल्कि पहले कभी ले लिए गए होते हैं। आवश्यकतानुसार किसी भी फिल्म में इन्हें जोड़ लिया जाता है। जैसे–आग लगने का दृश्य, कारों का एक्सीडेंट, बाढ़ आदि के दृश्य।

Lighting

प्रकाश-व्यवस्था–प्रकाश (लाइट) का फिल्म-निर्माण में बहुत महत्त्व होता है। बिना प्रकाश-व्यवस्था के सूटिंग असंभव है। समुचित और इच्छानुसार प्रकाश-व्यवस्था करके किसी कार्यक्रम को बेहतर से और बेहतर बनाया जा सकता है। प्रकाश की अपनी भाषा होती है, जिसे एक अच्छा निर्देशक भलीभाँति समझता है। इसलिए वह प्रकाश का प्रयोग सार्थक ढंग से करता है। वह अपने संदेश को तथा मंतव्य को कलात्मक ढंग से दर्शकों तक पहुँचाता है। प्रायः यह मान लिया जाता है कि प्रकाश व्यवस्था ऐसी रखनी चाहिए कि छाया न बनने पाए; लेकिन यह सच नहीं है। छाया का प्रयोग भी उद्देश्यपूर्ण हो सकता है। विषय का संदर्भ और स्क्रिप्ट प्रकाश-व्यवस्था में सहायक होते हैं।

प्रकाश-व्यवस्था (लाइटिंग) के अनेक प्रकार हैं। इनमें से कुछ इस तरह हैं–

(1) **आधार-प्रकाश** (बेस लाइट या फाउंडेशन लाइट)–यह सामान्यरूप से पूरे सेट पर डाला जाता है, ताकि कैमरे में कोई छाया वाला क्षेत्र न रहे।

(2) **रिम प्रकाश** (रिम लाइट अथवा रिमिंग)–किसी पात्र के पीछे से इस तरह प्रकाश देना कि वह पात्र के सिर के आसपास हल्का-हल्का दिखाई दे।

(3) **माडलिंग लाइट**–पात्र की रूपरेखा और आकार स्पष्ट करने के लिए हाथ द्वारा डाला गया प्रकाश।

(4) **क्रास लाइट अथवा की लाइट**–जो विषय के सामने तथा कैमरे से 30 डिग्री 60 डिग्री आड़े लगाई गई हो।

(5) **क्रास बैक या बैक लाइट**–कैमरे से 30 डिग्री परे तथा विषय के पीछे से फेंकी गई बैक लाइट।

(6) **प्रभाव-प्रकाश** (इफैक्ट लाइट)–बैकग्राउंड में किसी विशेष क्षेत्र पर डाला गया प्रकाश।

(7) **टिप्पा प्रकाश** (बाउंस लाइट)–इस प्रकार की प्रकाश-व्यवस्था में सभी प्रकाश-स्रोतों को छत की ओर कर दिया जाता है, जहाँ से प्रकाश टकराकर हल्का हो जाता है और सभी जगह समान मात्रा में पड़ता है। प्रकाश को परावर्तक (रिफलेक्टर) या थर्माकोल शीट या साटिन कपड़े पर फेंका जाता है, जहाँ से प्रकाश टकराकर विषय पर जाता है। इसमें छाया नहीं बनती। यह प्रकाश सॉफ्ट होता है।

(8) **पश्चभूमि-प्रकाश** (बैकग्राउंड लाइट अथवा सैट लाइट)–वह लाइट जो केवल बैकग्राउंड पर प्रकाश फेंकती है।

(9) **नेत्र प्रकाश** (कैच लाइट)–वह प्रकाश जो कभी-कभी पात्रों की आँखों पर डाला जाता है।

(10) **कैमरा लाइट या हैड लैंप**–एक छोटी लाइट जो कैमरे पर लगी होती है। यह क्लोज़-अप अथवा टाइटल शूट करने के लिए उपयोगी रहती है।

(11) **केश प्रकाश** (हेयर लाइट)–पात्र के बालों पर डाला जाने वाला विशेष प्रकाश। प्रकाश-स्रोतों पर इच्छित रंग का सैलोफोन पेपर लगा कर रंगीन प्रकाश बालों पर डाला जाता है।

(12) **वस्त्र प्रकाश** (कास्ट्यूम लाइट)–एक तेज प्रकाश जो वस्त्रों की बनावट आदि को स्पष्ट करने के लिए पात्र के वस्त्रों पर डाला जाता है।

(13) **टॉप लाइट**–पात्र या विषय के बिल्कुल ऊपर से फेंका गया प्रकाश।

(14) **अंडर लाइट**–कैमरे की सीध से नीचे रखे प्रकाश-स्रोत (लाइट) से प्रकाश डालना। प्रायः लो एंगल शॉट लेते समय इस प्रकाश-व्यवस्था का प्रयोग किया जाता है। इसी प्रकार कई बार जीप, कार, ट्रेन आदि में बैठे पात्रों को अंडर लाइट द्वारा प्रकाश में ला कर दिखाया जाता है।

(15) **पार्श्व प्रकाश** (साइड लाइट)–प्रकाश स्रोत (लाइट) को लैंस की सीध से दाएँ से बाएँ सीधे कोण पर रखा जाता है, ताकि विषय की रूपरेखा स्पष्ट हो सके। यह प्रकाश-व्यवस्था प्रोफाइल शॉट के लिए उपयोगी है, लेकिन चेहरे के क्लोज़-अप शॉट के लिए ठीक नहीं है।

(16) **कंट्रास्ट नियंत्रक प्रकाश** (कंट्रास्ट कंट्रोल लाइट)–कैमरे के स्थान से फेंका गया हल्का प्रकाश, जिससे छाया समाप्त हो सके। इससे दूसरा तीव्र प्रकाश भी हल्का हो जाता है।

एक निर्देशक को प्रकाश-व्यवस्था (लाइटिंग) का अच्छा ज्ञान होना चाहिए। फिर भी शूटिंग के समय अनुभवी एवं योग्य व्यक्ति से प्रकाश-व्यवस्था का काम लिया जाना उचित है। समुचित प्रकाश-व्यवस्था के अभाव में अच्छा एवं प्रभावपूर्ण निर्माण संभव नहीं है।

Light Controller

प्रकाश-नियंत्रक—वह व्यक्ति जो स्टूडियो में प्रकाश-व्यवस्था का आयोजन करता है। प्रकाश-नियंत्रक को तकनीकी तथा कलात्मक दोनों दृष्टियों से प्रवीण होना चाहिए।

Light level

प्रकाश तीव्रता जो फुट कैंडल या lux में नापी जाती है।

Limbo

सेट का सीनिक रहित हिस्सा जहाँ केवल अँधेरा रहता है।

Live

जीवंत, सजीव या सीधा प्रसारण।

Location

स्टूडियो के बाहर का स्थान, जहाँ शूटिंग की जाती है।

Long shot

काफी बड़े क्षेत्र को शॉट में समायोजित करना। *(देखें shot)*

Looping

व्यक्ति के शॉट को इस तरह से संयोजित करना जिसमें वह व्यक्ति जिस तरफ देख रहा है उस तरफ स्थान छूटा हुआ हो।

Loose focus

किसी शॉट को 'डीफोकस' करने के लिए दिया जाने वाला निर्देश।

Make up man

पात्रों को स्क्रिप्ट और विषय की माँग के अनुसार रूप देने वाला कुशल व्यक्ति। वह इस काम के लिए कृत्रिम मेकअप (साज-सज्जा) द्वारा चेहरे को पात्र की माँग

के अनुसार रूप प्रदान करता है। सजाता है। मेकअप मैन के साथ एक-दो सहायक भी रह सकते हैं, जो शूटिंग के समय यह ध्यान रखते हैं, कि गर्मी, हवा या पानी से किसी पात्र का मेकअप खराब न हो जाए। सहायक के हाथों में प्रायः दर्पण रहता है।

Medium close up

सिर से कंधे तक का शॉट। *(देखें : shot)*

Medium mid shot

कलाकार को सिर से टखनों तक दिखाना। *(देखें : shot)*

Medium shot

थोड़े से वातावरण में सिर से पाँव तक चरित्र का पूरा नक्शा। *(देखें : shot)*

Microphone

माइक अथवा ध्वनि यंत्र।

Mid shot

क्लोज़-अप और लाँग शॉट के बीच का शॉट। *(देखें : shot)*

Mix

डिज़ाल्व की तरह, एक दृश्य को दूसरे दृश्य में मिलाना।

Montage

किसी कार्यक्रम में से चुने गए कुछ महत्त्वपूर्ण शॉट्स का संग्रह या अंश जिसे देखकर इस बात का अनुमान लग सके कि मूल कार्यक्रम में क्या है।

Multimedia

बहुमाध्यम–सूचना प्रौद्योगिकी के क्षेत्र में बहुप्रचलित शब्द। जैसा कि इसके नाम से स्पष्ट है, यह संप्रेषण के विभिन्न माध्यमों का संयोजन करके सूचना को प्रभावोत्पादक ढंग से व्यक्त करता है। संप्रेषण के ये माध्यम हैं–पाठमाला (text), श्रव्य (Audio), दृश्य (Video), आरेखिकी (graphics) तथा सजीव आरेखिकी चित्रण (animation)। बहुमाध्यम (मल्टी मीडिया) एक ऐसा एकीकृत अभिकलन परिवेश (Computing environment) है, जो आँकड़ों के विभिन्न प्रारूपों को ग्रहण करता है, संबंधानुसार

उनको एकीकृत करता है, प्रचलित करता है और उपयोक्ता के निर्देशानुसार उन्हें प्रदर्शित करता है। इसकी मुख्य विशेषताएँ हैं–घन चक्रिका (CD-ROM), श्रव्य एवं दृश्य संसाधन, श्रव्य संयोजन के लिए अग्रपट्टी (front panel access), ध्वनि विस्तारक (loud speakers)। प्रारंभ में बहुमाध्यम (multimedia) का प्रयोग विज्ञापन, सजीव आलेख चित्रण तथा फ़िल्मों में विशिष्ट प्रभाव (Special effect) उत्पन्न करने के लिए हुआ था। अब इससे भी आगे यह एक ऐसा व्यावसायिक उत्पाद बन चुका है, विशेष रूप से घनी चक्रिका (CD-ROM), जो किसी भी विषय, क्षेत्र या व्यक्ति विशेष के विषय में विकल्प के अनुसार रोचक ढंग से सूचना प्रस्तुत करता है।

Music print

फिल्म के वे प्रिंट, जिनमें ध्वनि (Sound) भरी गई हो।

Mute

मूक फिल्म दृश्य जिसमें कोई ध्वनि न हो।

O.B.

आउट साइड ब्राडकास्ट का संक्षिप्त नाम। स्टूडियो से बाहर की जाने वाली कोई रिकॉर्डिंग या सजीव प्रसारण।

Off camera

ऐसा कार्य जिसमें कैमरे की आवश्यकता न हो। जैसे फिल्म में कमेंट्री बोलना।

Out door shooting

स्टूडियो से बाहर किसी स्थान पर शूटिंग पर फिल्म बनाना।

Pan

शॉट लेते समय कैमरे को दाएँ-बाएँ घुमाना। कैमरे को पैन इसलिए किया जाता है ताकि एक्शन के साथ-साथ चला जा सके, दृश्यों को क्रम में जोड़कर दिखाया जा सके, अनावश्यक विषयों को फ्रेम से हटाया जा सके, अलग-अलग वस्तुओं को एक साथ जोड़ा जा सके, कारण अथवा प्रभाव दर्शाया जा सके, दो वस्तुओं या विषयों में संबंध बताया जा सके, बहुत बड़े क्षेत्र का विस्तृत रूप दिखाया जा सके।

(देखें : camera movement)

Pause

विराम–किसी संवाद या वाचन में विराम। ठहराव।

Pipple dissolve

डिजॉल्व का एक रूप, जिसमें एक दृश्य धीरे-धीरे जाता है, तो दूसरा धीरे-धीरे उभरता है। लेकिन इसमें दोनों दृश्य आते-जाते समय हिलते-डुलते रहते हैं। जैसे पानी में लहरें उठती हैं। इस पद्धति का प्रयोग प्रायः फ्लैशबैक में किया जाता है। इसे 'ऑडियो आसीलेटर' नामक यंत्र की सहायता से पैदा किया जाता है।

Play back

किसी व्यक्ति (गायक) द्वारा गाए हुए गीत का रिकॉर्ड बजाकर किसी अभिनेता का उसी प्रकार के हाव-भाव व्यक्त करना, ओठ आदि हिलाना, ताकि दर्शक को यह भ्रम हो जाए कि यह गीत अभिनेता स्वयं गा रहा है। पुनः अभिनय करना। संगीत प्रधान कार्यक्रम की फिल्मिंग के लिए पहले से रिकॉर्ड किए गए संगीत को प्ले करके उस पर कलाकार कैमरे के सामने अभिनय करता है।

Positive print

प्रदर्शित की जानी वाली साफ़-सुथरी फिल्म।

Producer

निर्माता–यह वह व्यक्ति है जो किसी कार्यक्रम के निर्माण का दायित्व सँभालता है। निर्माण के लिए विशेषज्ञों का चुनाव करता है, जिनमें निर्देशक भी सम्मिलित है। वह कार्यक्रम के लिए नवीन संकल्पनाएँ प्रस्तुत करता है तथा निर्माण एक निश्चित तिथि तक पूरा हो, इसका भी ध्यान रखता है। अंतर्विभागीय तालमेल (coordination) रखता है। लेखकों के साथ बैठकर स्क्रिप्ट पर बातचीत करता है। रिहर्सल, लोकेशन शूटिंग तथा निर्माण के प्रत्येक चरण में साथ रहता है। निर्माता एवं निर्देशक के समुचित तालमेल और आपसी समझ (under-standing) के अभाव में कोई फिल्म, रेडियो या टी. वी. कार्यक्रम नहीं बन सकता।

Primary movements

कैमरे के सामने होने वाला एक्शन या गतिविधियाँ।

Production manager

निर्माण प्रबंधक–यह निर्माता तथा निर्देशक के प्रति उत्तरदायी रहता है, जिसका मूल

उद्देश्य होता है किसी भी फिल्म या कार्यक्रम का निर्माण आबंटित बजट के अनुरूप हो। साथ ही निर्माण-कार्य के लिए आवश्यक उपकरण, सामान आदि जुटाने का काम भी करता है।

Proportions

अनुपात–कंपोजीशन का एक महत्त्वपूर्ण पक्ष। फिल्म में सौंदर्य लाने के लिए यद्यपि कोई निश्चित फार्मूला नहीं होता, फिर भी विशेषज्ञ प्रायः अनुपात-नियम की बात करते हैं। बड़े चित्रकारों, शिल्पकारों आदि के अनुपात का ध्यान रखते हुए सौंदर्य की सृष्टि की है। किसी भी कलाकृति में अनुपात का प्रयोग आँखों को अच्छा लगता है।

PROS

प्राप्स–प्रापर्टी सेट आदि में इस्तेमाल होने वाली वस्तुएँ।

Recording

रेडियो के क्षेत्र में कार्यक्रम का ध्वन्यांकन और फिल्म तथा टेलीविजन के क्षेत्र में दृश्यों एवं ध्वनियों का इलैक्ट्रॉनिक यंत्रों, कैमरा आदि के माध्यम से अंकन। यह फिल्म-निर्माण का एक चरण है। स्क्रिप्ट-चयन और स्क्रिप्ट निर्माण के बाद पात्रों का चुनाव होता है, काग़जी निर्माण प्रक्रिया पूरी की जाती है, रिहर्सल आदि पूरा किया जाता है तब रिकॉर्डिंग का चरण आता है। निर्देशक की देख-रेख में प्रायः मल्टी कैमरा सैटअप द्वारा रिकॉर्डिंग की जाती है। इसमें तीन या चार कैमरे लगते हैं और स्क्रिप्ट के अनुसार अभिनेता अपना एक्शन करते हैं। निर्देशक एक बार में एक कैमरे का नंबर बोल कर अलग-अलग से रिकार्ड करता है। कभी कैमरा-1 से कभी कैमरा-3 कभी कैमरा-2 या कैमरा-4 से। इस प्रकार एक बार में ही अलग-अलग कैमरों की सहायता से अलग-अलग एंगल्स से रिकॉर्डिंग कर ली जाती है। यदि साधन सीमित हैं और निर्माण कार्य बहुत बड़े बजट का नहीं है तो एक ही कैमरे का प्रयोग कर लिया जाता है। ऐसे में हमें अलग-अलग शॉट उसी एक कैमरे से लेने पड़ते हैं। अतः इसमें समय अधिक लगता है।

Rehearsal

पूर्वाभ्यास या पूर्वाभिनय–अच्छे निर्माण के लिए रिकॉर्डिंग या शूटिंग से पूर्व अभिनेताओं/कलाकारों द्वारा कई बार अपनी भूमिका का गंभीरतापूर्वक रिहर्सल अवश्य करना चाहिए। सभी एक्टर्स को साथ-साथ रिहर्सल करना होता है। उनको संवाद (Dialogue), चेहरे पर भावों के उतार-चढ़ाव, चाल, एक्शन पर कार्य करना चाहिए।

इसी तरह स्टूडियो में कैमरे के साथ रिहर्सल करना होता है, ताकि सभी विषयों का सही स्थान आदि चुना जा सके, एक्शन, वीडियो तथा ध्वनि (संवाद आदि) को अंतिम रूप दिया जा सके। *(देखें : Camera rehearsal)*

Resolution

टी. वी. स्क्रीन पर आने वाली तस्वीर की डिग्री जिसका संबंध तस्वीर की गुणवत्ता से होता है।

Retake

किसी दृश्य का बार-बार फिल्माना। किसी दृश्य को छोटा चित्रित करना। सर्वोत्तम परिणाम प्राप्त करने के लिए रिटेक लेना आवश्यक होता है।

Reming

प्रकाश-व्यवस्था का एक प्रकार। इसमें किसी पात्र के पीछे से प्रकाश फेंका जाता है, ताकि पात्र के सिरे के आसपास हल्की-हल्की रोशनी दिखाई दे।

(देखें : Lighting)

Ribbon mike

विशेष प्रकार का माइक्रोफोन जो झटकों और तेज हवा आदि के प्रति बहुत संवेदनशील होता है।

Scanning area

किसी भी चित्र का हिस्सा, जो कैमरे द्वारा पुनः उत्पादित करके स्टूडियो में मॉनीटर पर दिखाया जाता है, उस चित्र का कुछ हिस्सा प्रसारण के दौरान घरों में टी. वी. सेट पर कट जाता है, विशेष रूप से किनारों से। इसी को scanning area कहते हैं।

Scenario

दृश्यलेख अथवा दृश्य-विधान। फिल्म अथवा किसी टी. वी. सीरियल की कहानी को अंतिम रूप देते हुए दृश्यों में बाँटकर लिखना। दृश्य-लेखक कहानी को बिंबों के रूप में सोचता है और तदनुसार कई टुकड़ों में बाँटकर दृश्यलेख तैयार करता है। फिल्म या टी.वी. सीरियल का निर्माण इसी स्क्रिप्ट के आधार पर होता है। इसी अनुसार 'शॉट-शीट' तैयार की जाती है। *(देखें : Shot sheet)*

Script

दृश्यावली–वह कॉपी, जिसमें सिनेरियो तथा संवाद आदि लिखे हों।

Set

स्टूडियो में निर्मित कृत्रिम वातावरण। यह काम सेट डिज़ायनर अपने सहयोगियों की सहायता से निर्देशक के परामर्श पर स्क्रिप्ट के अनुसार तैयार करता है। आजकल एक-एक फिल्म में करोड़ों रुपए के व्यय से एक-एक भव्य सेट तैयार किया जाता है।

Set Controller

स्क्रिप्ट के अनुसार सेट खड़ा करने वाला विशेषज्ञ।

Set designer

स्क्रिप्ट की माँग के अनुसार सेट तैयार करने वाला विशेषज्ञ। वह सेट की संकल्पना और फिर उसका आयोजन करता है, ताकि स्क्रिप्ट के अनुसार देशकाल एवं वातावरण तैयार किया जा सके।

Sequence

कथानक के एक विशेष हिस्से से संबंधित दृश्य। यह शब्द किसी पुस्तक या उपन्यास के एक अध्याय का पर्याय भी हो सकता है। शॉट्स की एक शृंखला, जो एक खास विषय से जुड़ी हो या फिल्म के किसी एक घटनाक्रम या स्थिति को समाहित किए हो।

Shot

कैमरे से बिना रुके एक बार में उतारी गई फिल्म का टुकड़ा। फिल्म या टी. वी. कार्यक्रम के निर्माण के समय निर्देशक प्रारंभिक पात्र फ्रेमिंग (Performer Bluscking) कर लेता है और तब अपनी स्क्रिप्ट एवं फ्लोर योजना पर जा कर कैमरा शॉट बनाने का कार्य आरंभ करता है। यह इसलिए किया जाता है ताकि पूरी स्क्रिप्ट शॉट में बँट जाए। पात्रों, यंत्रों आदि का पता चल जाए। अच्छा निर्देशक सदैव कैमरा फ्रेमिंग, पात्र फ्रेमिंग की योजना बना कर रखता है, ताकि पात्र कैमरे का सामना सही ढंग से कर सके और आपको वही शॉट मिले, जो आप चाहते हैं।

आवश्यकतानुसार शॉट कई प्रकार के होते हैं। मुख्य इस प्रकार हैं–

(1) **मीडियम शॉट**–सिर से पाँव तक थोड़े से वातावरण में चरित्र का पूरा

नक्शा।

(2) **मीडियम मिट शॉट**–पात्र को सिर से टखनों तक दिखाना।

(3) **मिड शॉट**–कलाकार को सिर से हाथों की लंबाई अथवा कमर तक दिखाना।

(4) **मीडियम क्लोज़-अप**–सिर से कंधे तक।

(5) **क्लोज़-अप**–सिर से गर्दन तक।

(6) **बिग क्लोज़-अप**–चेहरे की भाव भंगिमाओं, ओठ या आँखों आदि को दिखाना।

(7) **प्रोफाइल शॉट**–जिसमें पात्र के चेहरे की साइड ली जाती है।

ये शॉट कैमरा मूवमेंट से इच्छानुसार लिए जा सकते हैं।

जब निर्देशक कैमरा शॉट बनाता है तो वह सदैव कुछ बातों का ध्यान रखता है, जैसे एक्शन का संबंध आर-पार शूटिंग (Cross shooting) से रहे, एक स्टूडियो से दूसरे स्टूडियो में जाने की योजना आदि।

एक अभिनेता का प्रभावी और सबसे अच्छा शॉट प्रायः वह होता है, जो उसके सामने से लिया जाए। इसे क्रासिंग शॉट कहते हैं। *(देखें–Crossing Shot)*

Shot sheet

निर्देशक अपने लिए सदैव एक शॉट शीट तैयार करता है, ताकि शूटिंग उसी के अनुसार की जाए। एक पूर्ण स्क्रिप्ट के लिए यह बहुत आवश्यक है। इसमें प्रत्येक कैमरा तथा प्रत्येक दृश्य के लिए संकेत अंकित किए जाते हैं। एक शॉट शीट का नमूना देखें–

चिह्न	*अर्थ*
C-1/C-2...	कैमरे का नंबर। जो यह बताता है कि इस कैमरे से टेक होगा। यदि इसके नीचे कोई पंक्ति अंकित हो तो किसी विशेष शब्द या एक्शन पर इस कैमरे का कट आएगा।
WS	– वाइड शॉट
MS	– मीडियम शॉट
BS	– बस्ट शॉट
CU	– क्लोज़-अप
E cu/x cu/Bcu	– एक्सट्रीम क्लोज़-अप/बिग क्लोज़-अप
2-SHT	– टू शॉट
3-SHT	– थ्री शॉट
	कंधे के ऊपर से शॉट (Over the shoulder shot)
FG/BG	– फोर ग्राउंड/बैकग्राउंड शॉट
ROLL Q	– फ़िल्म या वी. सी. आर. रिकार्ड शुरू करने के लिए

Q	– क्यू (Cue) कैसेट को निर्धारित जगह पर लाने के लिए
ANNC	– उद्घोषक (एनाउंसर)
SOF/SOT	– फ़िल्म पर ध्वनि/टेप पर ध्वनि (Sound on Film/Sound on tape)
SFX	– स्पेशल इफैक्ट
C/K	– क्रोमा की
NSRT	– इंसर्ट
DIS	– डिज़ाल्व
X TO	– कैमरे के आगे से पात्र का एक स्थान से दूसरे स्थान पर जाना

किसी भी अच्छी शॉट शीट में प्रत्येक कैमरे के शॉट का शुरू से अंत तक विस्तारपूर्वक वर्णन रहता है। बहुकैमरे (Multi camera) में सभी कैमरामैन के पास शॉट शीट रहे तो बहुत अच्छा रहता है। उन्हें अपना काम करने में सुविधा रहती है। वह अपना-अपना अगला शॉट तत्काल तैयार कर लेते हैं। एक बार निर्देशक कैमरे से कट लेता है, वह कैमरा तुंरत दूसरे शॉट पर चला जाएगा। इसमें सहायक निर्देशक को भी सुविधा रहती है। सहायक निर्देशक शॉट शीट देखकर प्रत्येक कैमरे को नंबर से सूचित कर देगा। ऐसा करना हैड फ़ोन या इंटरकाम पर लंबे निर्देश को भी कम करता है। समय की बचत भी होती है। उदाहरण के लिए 'कैमरा-2, शॉट-12' कहना सरल है और जल्दी कहा जा सकता है, जबकि 'कैमरा-2, पात्र का क्लोज़-अप लेकर उसे दरवाजे से बाहर जाने तक फ्रेम में रखो' कहना असुविधाजनक है।

Shot transitions

दृश्य परिवर्तन–एक दृश्य से दूसरे दृश्य में अर्थात् एक शॉट से दूसरे शॉट में जाना। हमें यह ध्यान रखना होता है कि शॉट से शॉट में हमेशा निरंतरता (कंटीन्युटी) बनी रहे और इसके लिए विभिन्न शॉट जोड़ने होते हैं। शॉट से शॉट जोड़ने के कई तरीके हैं। इसे 'शॉट ट्रांजिशन' कहा जाता है। इसके लिए तीन मुख्य तरीके हैं। ये तरीके हैं–(1) कट, (2) डिज़ॉल्व, (3) फेड। इनके अतिरिक्त-डी फोकस, वाइप, पिप्पल वाइप, स्विशपेन आदि तरीकों का भी प्रयोग किया जाता है। *(देखें : इनको यथास्थान)*

Shooting

फ़िल्म या टी. वी. कार्यक्रम का निर्माण करना। कैमरों के द्वारा दृश्यों की रिकार्डिंग।

Silent

मूक फ़िल्म या ध्वनि युक्त फ़िल्म को मूक रूप में चलाना।

Sound asstt.

ध्वनि सहायक–ध्वनि तकनीशियन इनको निर्देश देता है। रिकार्डिंग शूटिंग के समय यह माइक, बूम आदि पकड़ते हैं, ध्वनियंत्रों की देख-रेख करते हैं और उन्हें नियंत्रित भी करते हैं।

Sound technician

ध्वनि तकनीशियन–रिकार्डिंग/शूटिंग के समय ध्वनि का पूरा ध्यान रखना होता है। ध्वनि का लेबल, स्तर, गुणवत्ता, टोन आदि का नियंत्रण करने वाला विशेषज्ञ ध्वनि तकनीशियन होता है। वह संपादन के समय भी ध्वनि का नियंत्रण करता है। ध्वनि-प्रभाव भी पैदा करता है। संगीत भी अच्छी तरह रिकार्ड करता है।

Special effect

विशेष प्रभाव–फिल्म अथवा टी. वी. कार्यक्रम में इलैक्ट्रॉनिक उपकरणों के उपयोग से अनोखे दृश्यों एवं ध्वनियों आदि से विशेष प्रभाव पैदा करना। जैसे–जूतों की आवाज, दरवाजा खुलने की आवाज, आँधी, तूफान या पानी बरसने की ध्वनि आदि। यह कार्य इस काम के विशेषज्ञ करते हैं। मल्टीमीडिया इस काम में बहुत सहायक है। आग के दृश्य, बर्फ के धमाके, गीत गाते हुए मंथर गति के पात्रों का हवा में दौड़ना या उड़ना आदि जाने-पहचाने विशेष प्रभाव हैं। इसी तरह का एक बहुत अच्छा उदाहरण है फ़िल्म 'हमसे है मुकाबला' में फिल्माया गया वह गीत, जिसमें नर्तक प्रभुदेवा का चेहरा गायब हो जाता है और हैट तथा जूते ब्रेक डांस करते हैं! एडिटिंग के दौरान भी विशेष प्रभाव (special effect) पैदा किए जाते हैं। आपको याद होगा फिल्म जुरासिक पार्क कंप्यूटर पर विशेष प्रभावों के साथ बनाई गई थी।

Studio

प्रसार-कक्ष–यह ध्वनि एवं ताप नियंत्रक विशेष कक्ष होता है, जिसमें रिकार्डिंग और इनडोर शूटिंग की जाती है। तदनुसार इसमें उपकरण, प्रकाश, सेट, फर्नीचर आदि रहते हैं।

Sun gun

बाहरी छायांकन में प्रयुक्त होने वाली विशेष प्रकार की लाइट जिसे हाथ में लेकर इधर-उधर भी किया जा सकता है।

Super

किसी व्यक्ति का नाम या पद किसी स्थान विशेष का नाम समय, कथ्य का अनुवाद, सार संक्षेप या अन्य सूचनात्मक विवरण किसी दृश्य के ऊपर देना।

Super impose

ऊपर-नीचे दो शॉट प्रिंट करना, ताकि वह स्क्रीन पर एक ही समय में साथ-साथ दिखाई पड़ें।

Swish pan

शॉट ट्रांजिशन का एक तरीका। एक प्रकार का कैमरा-पैन, जिसमें कैमरे को दाएँ से बाएँ या बाएँ से दाएँ इतनी तेजी से घुमाया जाता है कि तस्वीर स्पष्ट दिखाई नहीं देती। पुरानी फिल्मों में यह बहुत होता था। किसी पात्र को एक स्थान से दूसरे स्थान पर ले जाने के लिए स्विशपैन तरीके का प्रयोग होता है। दो शॉट के बीच में इस प्रकार का एक शॉट दिया जाता था।

Take

किसी शॉट का रिकार्डिंग। एक दृश्य के एक बार में कैमरा लेकर लिए गए चित्र का टुकड़ा। पूरी फिल्म या टी. वी. कार्यक्रम में ऐसे बहुत से टेक लिए जाते हैं, जिनमें से सर्वोत्तम चित्रों को छाँटकर संपादन किया जाता है। उन्हें जोड़कर व्यवस्थित फिल्म तैयार की जाती है। सुविधा के लिए और अच्छे परिणाम प्राप्त करने के लिए एक ही दृश्य के कई टेक ले लिए जाते हैं।

Tape

सामान्यतः वीडियो कैसेट को टेप कह दिया जाता है। कई कैसेट उपयोग में आते हैं, इसलिए सुविधा के लिए उन्हें अलग-अलग नंबर दे दिए जाते हैं, ताकि संपादन के समय इच्छित दृश्य उनमें से लिए जा सकें। *(देखें : Video tape)*

Technical director

तकनीकी निर्देशक–यह सभी तकनीकी विशेषज्ञों में सर्वोच्च होता है। इसका उत्तरदायित्व है, तकनीकी दृष्टि से कार्य का आकलन करना, यह ध्यान रखना कि गुणवत्ता की दृष्टि से कार्यक्रम बेहतर बने, अपने सहायकों को तकनीकी निर्देश देना।

Telecine

प्रोजेक्टर विशेष, जिसकी सहायता से फिल्म का प्रसारण किया जाता है।

Tilt

एक प्रकार का कैमरा मूवमेंट, जिसमें इच्छित एंगल से शॉट लेने के लिए कैमरे को ऊपर से नीचे या नीचे से ऊपर लाया जाता है। *(देखें : Camera movement)*

Title

शीर्षक–फिल्म अथवा टी. वी. कार्यक्रम का शीर्षक। इसे अत्यंत प्रभावपूर्ण बनाने की चेष्टा की जाती है क्योंकि आपका प्रथम प्रभाव दर्शकों तक टाइटल द्वारा ही पहुँचता है। यह कार्यक्रम को नवीनता, शैली, कलात्मक स्पर्श देता है। सूचना और मार्गदर्शन टाइटल का प्रमुख उद्देश्य है। टाइटल-निर्माण में अक्षरों तथा संख्याओं को अर्थपूर्ण व्यवस्था दी जाती है। फ़िल्मों में टाइटल देने में कल्पना का प्रयोग करते हुए, सौंदर्य, कलात्मकता और नवीनता दी जाती है। इस दिशा में कई प्रयोग किए गए हैं।

Title song

शीर्षक गीत–किसी फिल्म या टी. वी. कार्यक्रम के शुरू में बजने वाला अर्थपूर्ण गीत। यह फिल्म या टी. वी. कार्यक्रम की थीम को उजागर करता है, उसके उद्देश्य या संदेशों को रेखांकित करता है।

Trolly

पहियों वाली एक छोटी-सी गाड़ी, जिस पर कैमरा रखकर शूटिंग की जाती है। आवश्यकतानुसार इसे आगे-पीछे खींच कर कैमरा मूवमेंट होता है।

(देखें : Cemera movement)

Unit

निर्देशक के साथ किसी फिल्म या टी. वी. कार्यक्रम के निर्माण से जुड़े व्यक्तियों का समूह। इन सबके अपने-अपने उत्तरदायित्व होते हैं। फिल्म निर्माण एक टीमवर्क है। अतः सबका अपना योगदान होता है। एक यूनिट में प्रायः निम्नांकित व्यक्ति/विशेषज्ञ सम्मिलित रहते हैं–

एक्ज़ीक्यूटिव निर्माता, निर्माता, निर्देशक, सहायक-निर्देशक, मुख्य सहायक निर्देशक, फ्लोर मैनेजर, निर्माण प्रबंधक, वीडियो टेप चैनल, फिल्म चैनल, उद्घोषक, लेखक, अभिनेता, तकनीकी निर्देशक, विज़न मिक्सर, सेट डिज़ाइनर, मेकअप मैन, वेशभूषा विशेषज्ञ, ग्राफिक डिजाइनर, प्रकाश-नियंत्रक, वीडियो नियंत्रक, कैमरामैन, ध्वनि तकनीशियन, ध्वनि सहायक, सेट नियंत्रक, बिजली वाले सहायक, स्पेशल इफैक्ट डिजाइनर।

इनके केंद्र में निर्देशक रहता है और इन सबके सहयोग से उनकी योग्यता एवं क्षमताओं का अधिकतम लाभ लेते हुए फिल्म या टी. वी. कार्यक्रम का निर्माण करता है।

Umatic

एक प्रकार का टेप फॉर्मेट। कैसेट और उसी के अनुसार कैमरा एवं वी. सी. आर. होते हैं। तदनुसार संपादन की प्रक्रिया होती है।

Unity and order

एकत्रण–जब हम एक शॉट को पूरी तरह कंपोज कर लेते हैं तो हमें उस फ्रेम में सभी विषय या वस्तुएँ एकाकार प्रतीक होती हैं और उनमें एक पूर्णता का आभास होता है। एकत्रण के बिना निर्देशक को अधूरापन लगता है और चीज़ें या विषय फ्रेम में बिखरी-सी लगती हैं। इसलिए फिल्म निर्माण के दौरान यह ध्यान रखना चाहिए कि यथासंभव विषय में एकत्रण रहे, आपस में संबंध बना रहे। हर आने वाले शॉट में कंटीन्युटी बनी रहनी चाहिए। *(देखें–Continuity)*

Video

किसी प्रसारण का चित्र पक्ष।

Video controller

वीडियो नियंत्रक–यूनिट का वह सदस्य जो वीडियो यंत्रों को नियंत्रित कर यह सुनिश्चित करता है कि वीडियो का स्तर उच्चकोटि का बना रहे।

Video effects

विभिन्न यंत्रों की सहायता से वीडियो पर स्पेशल इफैक्ट्स पैदा करना।

Video tape

वीडियो और ऑडियो रिकार्डिंग के लिए प्रयुक्त मैगनेटिक टेप।

Video tape channel

वी. सी. आर. को चलाने वाला वह व्यक्ति जो टी. वी. कार्यक्रम को रिकार्ड या प्ले करता है।

Vision mixer

एक मशीन विशेष और उस मशीन से काम लेने वाला विशेषज्ञ।

Visual rhythm

दृश्य-लय–फिल्म अथवा टी. वी. कार्यक्रम में एक लयबद्धता होनी चाहिए तभी दर्शक आकर्षित होते हैं। नए-नए प्रकार के दृश्य हों, दृश्य के अनुसार संगीत हो, जैसा दृश्य हो उसी के अनुसार कट का प्रयोग किया गया हो, तब लयबद्धता बनती है। संगीत और काव्य में हम सुनकर लय की पहचान करते हैं, जबकि फिल्म या टी. वी. कार्यक्रम में हम आँख तथा कानों के सहयोग से लय को पकड़ते हैं।

(देखें : Composing)

Wipe

एक दृश्य से दूसरे दृश्य के बीच प्रयुक्त संक्षिप्त इलैक्ट्रॉनिक प्रभाव, जो समय या स्थान के परिवर्तन को दिखाने के लिए प्रयोग किया जाता है। दृश्य परिवर्तन अथवा 'शॉट ट्रांजिशन' का एक तरीका, जिसमें एक दृश्य दूसरे दृश्य द्वारा वाइप कर दिया जाता है। स्क्रीन पर एक दृश्य आ रहा होता है और दूसरा दृश्य एक ओर से आकर पहले वाले दृश्य के ऊपर आ जाता है। वाइप के कई प्रकार हो सकते हैं, जैसे–ऊपर, नीचे, दाएँ, बाएँ, बीच में या कोने में। वाइप करने के लिए 'स्पेशल इफैक्ट जैनेरेटर' का प्रयोग करना होता है। *(देखें : Shot transition)*

Writer

लेखक–यूनिट का महत्त्वपूर्ण सदस्य। यह स्क्रिप्ट तैयार करता है। एक लेखक कुछ सहायकों और उस विषय के विशेषज्ञों का सहयोग भी ले सकता है, ताकि प्रामाणिक सूचना और शोध करके सामग्री जुटाई जा सके। यह एक कलात्मक व्यक्ति है, जिसमें कल्पनाशीलता, कलात्मक अभिरुचि और सामाजिक रुझान पहचानने का गुण होता है। आज के लेखक को फिल्म या टेलीविजन के लिए लेखन कार्य करने हेतु इन माध्यमों के व्याकरण, कार्यप्रणाली इत्यादि का जानकार होना चाहिए। तभी वह अच्छा लेखन कर सकेगा।

Zoom

कैमरे के लैंस का आगे-पीछे जाकर निकट-दूर का दृश्य लेना। किसी शॉट में आब्जेक्ट की ओर बढ़ता कैमरा लैंस 'जूम-इन' कहलाता है, जबकि कैमरा लैंस का किसी आब्जेक्ट से दूर हटना 'जूम-आउट'।

(अ) रेडियो और दूरदर्शन से संबंधित शब्दावली

आँखों देखा हाल	रेडियो या दूरदर्शन पर किसी समारोह, खेल आदि का साथ-साथ वर्णन।
उद्घोषक	कार्यक्रम शुरू होने के ठीक पहले उसके बारे में सूचना देने वाला व्यक्ति।
टेलीफिल्म	दूरदर्शन के लिए विशेष रूप से तैयार की गई फिल्म। इसका निर्देशन करते समय दूरदर्शन के छोटे पर्दे की सीमाओं का ध्यान रखा जाता है।
दर्शक अनुसंधान	दूरदर्शन के कार्यक्रमों का लाभ उठाने वाले व्यक्तियों से संपर्क करके कार्यक्रमों के बारे में उनकी राय जानना। यह संपर्क प्रसारण के माध्यम, डाक से या घर-घर प्रतिनिधि भेजकर किया जा सकता है।
दृश्य-श्रव्य	जो कार्यक्रम देखा और सुना जा सके, जैसे—फिल्में या दूरदर्शन के प्रोग्राम।
धारावाहिक	ऐसे कार्यक्रम, जो सप्ताह के नियत दिन, नियत समय पर एक ही शीर्षक से प्रसारित किए जाते हैं।
परिचर्चा	कई व्यक्तियों को आमंत्रित करके उनके साथ किसी विषय पर किया गया विचार-विमर्श। एक नियत व्यक्ति 'परिचर्चा' का प्रारंभ संचालन और उपसंहार करता है।
पूरक	दो कार्यक्रमों के प्रसारण के बीच यदि कुछ समय खाली रह जाए तो उसे संगीत, चित्र आदि देकर भर देते हैं। इसे 'पूरक' कहा जाता है।
प्रसारण	रेडियो या दूरदर्शन से कार्यक्रमों को श्रोताओं और दर्शकों तक पहुँचाने की क्रिया।
प्रायोजित कार्यक्रम	ऐसे रोचक कार्यक्रम जो विज्ञापन करने की इच्छुक कंपनियों द्वारा रेडियो या दूरदर्शन पर प्रस्तुत किए जाते हैं। इसके लिए वे निर्धारित शुल्क देती हैं और उन्हें कार्यक्रम के शुरू होने से पहले और बाद में अपनी वस्तु या सेवा का विज्ञापन करने

के लिए समय दिया जाता है। अब यह मध्य में कई बार टुकड़ों में ब्रेक के रूप में दिए जाते हैं।

राष्ट्रीय कार्यक्रम — वे कार्यक्रम जो देश में स्थित सभी केंद्रों द्वारा प्रसारित (रिले) किए जाते हैं।

रूपक — किसी व्यक्ति, घटना आदि पर तैयार किया गया विशेष कार्यक्रम।

वृत्तचित्र — प्रायः किसी विषय या घटना पर बनाई गई छोटी फिल्म, जो कल्पित कहानी पर आधारित न होकर अपने विषय को रोचक ढंग से किंतु यथार्थ रूप में प्रस्तुत करती है।

शॉट — फिल्म छायांकन में कैमरे के एक फोकस (दृश्य-विशेष) में लगातार खींचे गए चित्र।

श्रोता-अनुसंधान — रेडियो सुनने वालों के घर चिट्ठी या अपने प्रतिनिधि भेजकर अथवा फोन के माध्यम से कार्यक्रमों के बारे में उनकी राय जानना।

समाचार-वाचक — रेडियो अथवा दूरदर्शन पर समाचार पढ़ने वाला व्यक्ति।

साक्षात्कार — व्यक्ति विशेष को आमंत्रित करके उससे किसी विषय पर प्रश्न पूछना तथा उसके विचार जानना।

साप्ताहिकी — आने वाले सप्ताह के कार्यक्रमों की झलकी प्रस्तुत करने वाला कार्यक्रम।

सामयिकी — ताजा महत्त्व की घटनाओं पर प्रकाश डालने वाला कार्यक्रम।

सीधा प्रसारण — किसी समारोह, घटना या खेल का तात्कालिक (तुरंत) प्रसारण।

(ब) संपादकीय विभाग से संबंधित पारिभाषिक शब्दावली

समाचार — किसी अनोखी या असाधारण घटना की अविलंब सूचना, जिसके बारे में लोग पहले से जानते हों और तुरंत जानने की इच्छा रखते हों।

समाचार पत्र — जिसमें प्रतिदिन ताजे से ताजे समाचार दिए जाते हों और विज्ञापन, टिप्पणियाँ, साहित्यिक लेख, संपादक के नाम पत्र आदि भी दिए जाते हों।

संपादक — अख़बार में जो कुछ छपता है उसका चयन और नियंत्रण करने वाला व्यक्ति। अख़बार में छपने वाली प्रत्येक पंक्ति के लिए संपादक ही उत्तरदायी होता है।

समाचार संपादक — यह संपादक और समाचार कक्ष तथा प्रेस कक्ष के बीच की कड़ी होता है। संपादक की इच्छाओं और विचारों को कार्यक्रम

में बदलने की जिम्मेदारी इसी की होती है।

उप-संपादक — समाचार पत्र कार्यालय में प्रतिदिन आने वाले समाचारों के ढेर में से काम के समाचार निकालने वाला व्यक्ति। इसे समाचार चुनने वाला भी कहा जाता है।

संपादक मंडल — समाचारों के सम्यक् और विधिवत् प्रकाशन का उत्तरदायित्व संपादक-मंडल पर होता है। इसके अंतर्गत प्रधान संपादक, समाचार संपादक और मुख्य उप-संपादक आते हैं।

संवाददाता — अपनी बुद्धि की चतुराई से स्थानीय, राष्ट्रीय, अंतर्राष्ट्रीय आदि विविध प्रकार के समाचार खोजकर अख़बार को भेजने वाला व्यक्ति। जो समाचार उसके चारों ओर घटित होते रहते हैं, उसे उनमें से रुचिकर समाचार चुनकर पाठक तक पहुँचाना होता है।

विशेष संवाददाता — पत्र का वेतनभोगी कर्मचारी, जो मुख्यतया संसद, विधानमंडल या सरकारी कार्यालयों से संपर्क रखता है और प्रमुख रूप से राजनीतिक या कूटनीतिक क्षेत्रों के समाचार देता है।

विदेश संवाददाता — किसी दूसरे देश में रहकर वहाँ के समाचार भेजने वाला व्यक्ति विदेश संवाददाता कहलाता है।

सहायक संपादक — संपादक का सहयोगी। संपादकीय लेख तथा टिप्पणियाँ लिखने की जिम्मेदारी इसी की होती है।

स्टाफर — पत्र का वेतनभोगी कर्मचारी, जिसका कार्य समाचार एकत्रित करके प्रतिदिन कार्यालय में भेजना होता है।

स्ट्रिंजर — अंशकालिक संवाददाता। इन्हें प्रकाशित सामग्री के आधार पर पारिश्रमिक दिया जाता है।

स्वतंत्र पत्रकार/ फ्री लांसर — वह पत्रकार जिसका किसी विशेष समाचारपत्र से संबंध नहीं होता और जो अपनी इच्छानुसार स्वतंत्र रूप से किसी भी पत्र के लिए लिख सकता है।

समाचार समिति — समाचार समिति सामूहिक रूप से विभिन्न क्षेत्रों के समाचा[illegible] के संकलन, संपादन और प्रसारण की व्यवस्था कर[illegible] है। यह अपनी सामर्थ्य के अनुरूप क्षेत्रीय, प्रादेशिक, रा[illegible] और अंतर्राष्ट्रीय स्वरूप धारण कर सकती हैं।

समाचार भारती — समाचार भाषाओं में समाचार वितरित करने [illegible] लिए इसकी स्थापना की गई। यह समाचारों के स[illegible]थ महत्त्वपूर्ण विषयों पर सूचनात्मक लेख भी भेज[illegible]। इसका केंद्रीय

एसोसिएटेड न्यूज़ — यह अभी हिंदी में संवाद प्रेषित [illegible]

एंड फीचर्स	कार्यालय जयपुर में है।
यूनाइटेड न्यूज ऑफ इंडिया	इसका संक्षिप्त नाम यू. एन. आई. है। यह अंग्रेजी में समाचार भेजती है विदेशी समाचारों के लिए इसने 'एसोसिएटेड प्रेस ऑफ अमरीका' पश्चिमी जर्मनी की 'डॉयट्रश प्रेस एजेंसी' और यूगोस्लाविया की 'तानयुग' से समझौता कर रखा है। इसकी हिंदी सेवा ही 'वार्ता' है।
इंडिया न्यूज एंड फीचर एलाइंस	यह समिति हिंदी, तेलेगु, उर्दू, गुजराती, मराठी, तमिल, कन्नड़, असमी और मलयालम में समाचार भेजने की व्यवस्था करती है। यह लगभग सात हजार शब्दों की सामग्री प्रतिदिन भेजती है।
हिंदुस्तान समाचार	यह हिंदी, पंजाबी, बंगाली, उड़िया, मराठी, गुजराती, मलयालम, उर्दू और अंग्रेज़ी में समाचारों का वितरण करती है। यह भी लगभग सात हजार शब्दों के समाचार प्रतिदिन भेजती है।
नेशनल प्रेस ऑफ इंडिया	इसकी स्थापना 1937 में लखनऊ में हुई। यह हिंदी में ही समाचारों का वितरण करती है।
नीयर एंड फ़ार ईस्ट न्यूज	इस समाचार समिति की स्थापना लंदन में हुई। यह समाचारों के अतिरिक्त लेखों का भी वितरण करती है। यह आवश्यकतानुसार हिंदी, उर्दू, बांग्ला, तमिल तथा अंग्रेजी में समाचार वितरित करती है। नई दिल्ली, कोलकाता और चेन्नई में भी इसके कार्यालय हैं। यह समिति भारतीय भाषाओं में हजारों शब्द प्रतिदिन प्रेषित करती है।
न्यूज ब्यूरो	समाचार पत्र समूहों ने अपने 'न्यूज ब्यूरो' स्थापित कर रखे हैं, जो सीमित रूप में समाचार समिति का काम करते हैं, जैसे–'टाइम्स ऑफ इंडिया न्यूज सर्विस' तथा 'इंडियन एक्सप्रेस न्यूज सर्विस'।
ए. बी. सी.	यह 'ऑडिट ब्यूरो ऑफ सरकुलेशन" का संक्षेप है। यह पत्र-प्रसार की जाँच करने वाली संस्था है।
प्रेस ट्रस्ट ऑफ इंडि (पी. आई.)	यह एशिया की सबसे बड़ी समाचार समिति है। समाचार को टेलीप्रिंटर लाइनों द्वारा सीधे ही भेजने का इसका अपना प्रबंध है। यह अंग्रेज़ी में समाचार प्रसारित करती है। इस समिति के बाहर की समाचार समितियों से समझौते हैं। 'रायटर' और 'एजेंसी फ्रांस प्रेस' समाचार समितियाँ क्रमशः लगभग बीस हजार और आठ हजार शब्दों के समाचार प्रतिदिन प्रेस ट्रस्ट ऑफ इंडिया को भेजती हैं। इसकी हिंदी सेवा भाषा है।

(स) विज्ञापन से संबंधित शब्दावली

प्रतीकाक्षर	विज्ञापन के नीचे दिए गए वे संक्षिप्त शब्द, जिनसे विज्ञापनदाता का बोध होता है।
राष्ट्रव्यापी विज्ञापन	बड़े-बड़े अख़बारों में एक साथ दिए गए विज्ञापन, ताकि वस्तु या सेवा का प्रचार पूरे राष्ट्र में एक साथ हो सके।
लघु विज्ञापन	पट्टी के रूप में दिया गया छोटा-सा विज्ञापन। अब ये काफी लोकप्रिय हो रहे हैं।
वर्गीकृत विज्ञापन	वे विज्ञापन जो विषयों के अनुसार बाँटकर छापे जाते हैं। उदाहरण के लिए 'आवश्यकता है', 'वैवाहिक', 'टेंडर नोटिस', आदि।
विज्ञापन-आय	समाचार पत्र को विज्ञापनों के प्रकाशन से होने वाली आमदनी। आजकल अक्सर यह उनकी कुल आय का बहुत बड़ा अंश होती है।
विज्ञापन-एजेंसी	वे व्यावसायिक प्रतिष्ठान, जो पारिश्रमिक लेकर अपने ग्राहकों की ओर से विज्ञापन-सामग्री तैयार करने और उसे प्रकाशित कराने का काम करते हैं।
विज्ञापन-प्रति	विज्ञापन के लिए तैयार की गई सामग्री, जिसमें लिखित अंश के साथ-साथ चित्र आदि भी शामिल होते हैं।
वैयक्तिक विज्ञापन	व्यक्तिगत सूचनाओं के प्रचार के लिए दिए गए विज्ञापन, जैसे—प्रीतिभोज, विवाह, फोन नंबर के परिवर्तन आदि से संबंधित विज्ञापन।
वैवाहिक विज्ञापन	वे विज्ञापन जो कन्या या वर की खोज के उद्देश्य से दिए जाते हैं।
संस्थागत विज्ञापन	समाचार पत्र द्वारा अपनी ही संस्था या अखबार के बारे में प्रकाशित किया गया विज्ञापन।
सजावटी विज्ञापन	चित्रों या विभिन्न आकार के अक्षरों से सजे विज्ञापन।
स्तम्भ-दर/ कालम-दर	वर्गीकृत विज्ञापनों के लिए समाचार पत्र 'कालम इंच' के हिसाब से पैसा लेते हैं। यह 'स्तम्भ-दर' या 'कालम-दर' कहलाती है।

●●●